朱雷新刊布吐魯番文獻研究

王啓濤 著

巴蜀書社

圖書在版編目（CIP）數據

朱雷新刊布吐魯番文獻研究 / 王啓濤著. —成都：
巴蜀書社，2022.7
ISBN 978-7-5531-1690-7

Ⅰ. ①朱…　Ⅱ. ①王…　Ⅲ. ①出土文物—文獻—研究
—吐魯番地區　Ⅳ. ①K877.94

中國版本圖書館 CIP 數據核字（2022）第 053777 號

ZHULEI XINKANBU TULUFAN WENXIAN YANJIU
朱雷新刊布吐魯番文獻研究　　王啓濤　著

責任編輯　黄鳳嬌　周昱岐
封面設計　冀帥吉
出版發行　巴蜀書社
四川省成都市錦江區三色路 238 號新華之星 A 座 36 樓
郵編：610023
總編室電話：(028)86361843　發行科電話：(028)86361856
網　　址　www.bsbook.com
經　　銷　新華書店
照　　排　四川勝翔數碼印務設計有限公司
印　　刷　成都市金雅迪彩色印刷有限公司（028—84842345）
版　　次　2022 年 7 月第 1 版
印　　次　2022 年 7 月第 1 次印刷
成品尺寸　170mm×240mm
印　　張　10
字　　數　170 千
書　　號　ISBN 978-7-5531-1690-7
定　　價　58.00 元

目　録

一、《吐魯番出土文書補編》所收文書來源

朱雷先生（1937－2021），浙江海鹽人，武漢大學教授、博士生導師。1937年5月24日出生於上海市，1959年7月本科畢業於武漢大學歷史系，1962年7月獲武漢大學歷史系中國古代史專業碩士學位，隨後留校任教。1988年獲"國家有突出貢獻中青年專家"稱號。曾任武漢大學中國三至九世紀研究所所長、國務院學位委員會學科評議組成員、國家社科基金評審組成員、中國唐史學會會長、中國敦煌吐魯番學會理事等職。專攻魏晉南北朝隋唐史暨敦煌吐魯番文書研究，是當年唐長孺先生領銜的"吐魯番出土文書"整理小組的主要參加者之一，出版了《朱雷敦煌吐魯番文書論叢》（上海古籍出版社，2012年）、《敦煌吐魯番文書研究》（浙江大學出版社，2016年）等專著。2021年8月10日，朱雷先生在武漢去世。

由朱雷著、新疆維吾爾自治區博物館編的《吐魯番出土文書補編》（巴蜀書社，2022年），是國家社會科學基金重點項目結項成果。

《吐魯番出土文書補編》（以下簡稱《補編》）所收録的文書，大多是當年唐長孺先生團隊（以下簡稱"唐團隊"）整理出版《吐魯番出土文書》時因種

種原因漏出者①，朱先生對這批文書予以編號、録文刊布。如72TAM169：29/6a《高昌僧法寶等僧尼財物疏》，乃朱雷先生從内容、格式、筆迹、朱筆點畫等角度入手，考定爲唐團隊當年刊布《吐魯番出土文書》釋文本第二册、圖文本第壹册《高昌僧僧義等僧尼財物疏》之漏出部分；72TAM169：29/1b《高昌僧僧渕等僧尼財物疏》，乃朱雷先生從内容、格式、筆迹、朱書尺寸，以及“渕”字的特殊寫法，考定爲《吐魯番出土文書》釋文本第二册、圖文本第壹册《高昌僧智副等僧尼財物疏》之漏出部分；72TAM170：29/1a《高昌僧智西等僧尼得施財物疏》，乃朱先生考定爲《吐魯番出土文書》釋文本第二册、圖文本第壹册《高昌僧義遷等僧尼得施財物疏》之漏出部分；72TAM170：29/1b《高昌僧道嵩等僧尼得施財物疏》，乃朱先生考定爲《吐魯番出土文書》釋文本第二册、圖文本第壹册《高昌僧僧明等僧尼得施財物疏》之漏出部分。又如73TAM206：42/11—11《唐貞觀廿三年（649）榆樹辯辭爲婢死事》，乃當年唐團隊已經刊布的吐魯番阿斯塔那二〇六號墓出土的《武周永昌元年（689）麴氏墓誌》及十五件文書之漏出殘片；73TAM519：31/1—1、1—2、1—3、1—4、2—1、2—2、2—3、2—4《高昌延壽九年（632）閏八月侍講馬太岳等傳用刺薪車數奏》，乃《吐魯番出土文書》釋文本及圖文本漏收文書②。又如，關於阿斯塔那一八四號墓文書，朱雷先生指出：“昔年已刊布本墓所出文書於《吐魯番文書》釋文本第八册、圖文本第四册，今又檢得漏出女屍紙鞋一雙，兩内底亦糊有文書，今做録文予以刊布。”又如60TAM314：08《唐專行軍糧案殘牒》，亦爲昔年漏出有字剪紙殘片，雖有出土墓號，然無文書編號，

---

① 唐長孺先生團隊整理出版的《吐魯番出土文書》，直到今天依然代表了吐魯番文獻的整理水準（朱雷先生是這個團隊的重要成員）。參見王啓濤《論朱雷先生在文獻學上的成就》，中國社會科學網2021年12月5日“中國史”欄目；王啓濤《絲綢之路語言新探》，第六章《從乾嘉之學到義寧之學——唐長孺先生在語言文字學領域的貢獻》，北京：社會科學文獻出版社，2021年，第290—355頁。

② 此爲1973年吐魯番阿斯塔那第五一九號墓所出文書，唐團隊已收録該墓文書二件，文書圖版和録文見唐長孺主編《吐魯番出土文書》（釋文本），北京：文物出版社，1991年，第四册第123頁；唐長孺主編《吐魯番出土文書》（圖文本），北京：文物出版社，1992年，第貳册第71頁。

朱雷先生新予文書編號。

《補編》所收文書，讓長期從事吐魯番文獻整理與研究的海内外同仁耳目一新。比如以下一件文書，應該屬於迄今爲止比較少見的“雇人上槽契”，06TAM602：25/1—3《唐龍朔三年（663）范歡慶雇人上槽契》：“［龍］朔三年八月十六日▭，［交］用銀錢十五文▭［槽］，當番一次拾［伍］▭留官罪，及東西□▭［當］，不干歡慶［之］▭［兩］［和］［立］［契］，畫［指］爲記，錢主范，受雇毛伏德 E，知見人趙武相 E，（後缺）”① 關於本件文書的墓葬背景和具體内容，朱雷先生指出：“本墓爲夫妻合葬，夫後亡，女屍所着紙鞋中拆出文書殘片多件，有紀年者爲唐龍朔三年（663）。本件多有殘損，但行 3 云‘當番一次拾伍’，行 4 云‘留官罪’，與 60TAM338 號墓之《唐顯慶三年（658）西州高昌縣范歡慶（引者按：進）雇人上烽契》相比較，知是雇人上槽契。唐西州設有官驛，其内置槽以飼驛馬，‘上槽’爲唐之雜徭。”我們還發現了一件内容與之相關的吐魯番文書，2001SYMX1：1—6＋2001SYMX1：1—7《武周雇高昌縣人康黑奴替番上契》（榮、李、孟 368）②：“（前缺）▭□交用銀錢陸，銅錢貳▭［文］，雇高昌縣生康黑奴替▭若□□槽官▭逐箇並▭康，其錢▭過期限，今▭不知，更［不］▭□指爲記。錢主▭替上□▭保生▭知見▭（後缺）”今考“槽”本指馬槽（一槽喂多匹馬），也

---

① “E”是畫指符號。此件文書可以與上烽契進行比較，60TAM338：32/4—1＋60TAM338：32/4—2《唐顯慶三年（658）西州高昌縣范歡進雇人上烽契》（2—244～245）：“［顯］［慶］三［年］十一［月］二日，交河府衛士范歡進［交］用銀錢柒文，雇前庭府衛士白憙歡用▭▭［拾］五日。若有逋留，官罪，一▭范悉不知。若更别使，白計日還錢。□▭▭［兩］主和可立契，獲指爲信‖。錢主范歡進 E。”（“2—244～245”表明此件文獻圖版見於唐長孺主編圖録本《吐魯番出土文書》，北京：文物出版社，1992 年，第貳册，第 244 頁～245 頁，全書體例同。）

② “榮、李、孟 338”表明此件文獻圖版見於榮新江、李肖、孟憲實主編《新獲吐魯番出土文獻》，北京：中華書局，2008 年，第 368 頁。

指養馬之所，唐代西州長行坊的傷病馬匹[①]，均送牧馬所分群牧養，群下又分槽，群有群頭，槽有槽頭。吐魯番文書中有“上槽馬”，即在馬槽喂養的馬；

① “長行”即長途行走，“長行坊”是唐代地方官府交通機構之一（可能主要存在於唐帝國的西北邊），亦即遠行坊，管理長行牲畜，承擔官府交通運輸任務，屬傳驛，負責邊塞軍事政務、官使往來及使者隨身行李、通訊交通等遠行後勤物資供應的機構。在西州，長行坊掌管西州境内諸驛馬匹的供給和調配，由兵曹參軍進行軍事化管理，並直接對州都督負責，以蓄養馬匹爲主，兼及驢牛。長行坊是長行牲畜的圈養場所、發出機構及管理機構（參考陳國燦：《鄯善縣新發現的一批唐代文書》，《吐魯番學研究》2005年第2期）。又有“長行馬”，與“遠行馬”義近而有别，長行馬主要用於管内以及與鄰州、周邊緑洲國家之間的遠端交通運輸（包括迎送使者、托運使者的簡便行李）與通信使用。實際上是高昌國遠行馬的後身。長行馬爲唐西州之物，而遠行馬爲高昌國之物。另外，長行馬往往由長行坊這種官方機構所養（供給踖和草料），而遠行馬多屬民户私人爲官府所飼養；又有“長行馬價”，唐西州的長行馬往往來源於百姓的“户備馬”，此户備馬既可以納馬，也可以納錢，其錢或許還可分期交納，實際上是向民户徵收的差科。又有“長行驢”即遠行驢。又有“長行小作”即爲長行馬、驢等提供飼料等（小作田、驛田等專門提供苜蓿茭草等飼料，可能也包括爲使人提供服務）的城周圍營田，也可能是指種植長行坊用的粟、草土地的農民（或屬徵發服役，或屬租佃）。又有“長行使”，即專門負責本地區的館驛和傳送之事的使職（比如北庭都護府便有設置）。吐魯番出土文獻中有非常豐富的長行馬和長行坊資料，如OR.8212/554Ast. IX. 6. 02－03（二，02c）《唐總章二年（669）至咸亨元年（670）西州長行坊死馬處置帳歷》（沙、吴1－101）、64TAM35：38（a）《武周某館驛給乘長行馬驢及粟草帳》（3－531）、64TAM35：28《武周如意元年（692）里正李黑收領史玄政長行馬價抄》（3－517）、日本橋本關雪藏蒲昌府文書（録文可據［日］日比野丈夫《唐代蒲昌府文書的研究》，《東方學報》第33册）、OR. 8212/557Ast. Ⅲ. 4. 095《唐神龍元年（705）交河縣爲長行官馬致死上西州兵曹狀》（沙、吴1－113）、OR. 8212/557Ast. Ⅲ. 4. 095《唐神龍元年（705）天山縣爲長行馬致死上西州兵曹狀》（沙、吴1－115）、OR. 8212/558Ast. Ⅲ. 4. 094《唐神龍元年（705）西州都督府兵曹處分長行死馬案卷》（沙、吴1－117、118）、OR. 8212/563Ast. Ⅲ. 4. 074《唐神龍元年（705）赤亭鎮爲長行馬致死營内事牒》（沙、吴1－126）、2006TAM607：2－4背面《唐景龍三年（709）後西州勾所勾糧帳》（榮、李、孟42）、OR. 8212/529Ast. Ⅲ. 4. 092《唐景龍三年（709）尚書省比部符及檢校長行使牒》（沙、吴1－60）、73TAM506：4/32－9之一《唐天寶十三載（754）長行坊申勘十至閏十一月支牛驢馬料帳歷》（4－467）、73TAM509：23/8－2（a）《唐開元某年西州蒲昌縣上西州户曹狀爲録申刈得苜蓿秋茭數事》（4－323）、73TAM506：4/32－10之一《唐天寶十三載（754）交河郡長行坊具一至九月踖料破用帳請處分牒》（4－480）、73TAM506：4/32－1之一一《唐天寶十四載（755）交河郡某館具上載帖馬食踖歷上郡長行坊狀》（4－431）、73TAM214：166《唐軍府領物牒（一）》（3－162）、73TAM506：4/32－1之一《唐天寶十四載（755）交河郡某館具上載帖馬食踖歷上郡長行坊狀》（4－421）、72TAM230：54（b）《唐館驛文書事目（一）》（4－83）、73TAM506：4/32－1之三《唐天寶十四載（755）交河郡某館具上載帖馬食踖歷上郡長行坊狀》（4－423）、73TAM506：4/38《唐上元二年（761）柳中縣界長行小作具元收破用粟草束數請處分狀》（4－554）、73TAM506：4/39《唐上元二年（761）柳中縣城具禾草領數請處分狀》（4－555）、73TAM506：4/40（a）之一《唐上元二年（761）蒲昌縣界長行小作具收支飼草數請處分狀》（4－556）、64TAM36：7（a）《唐給料錢歷》（4－14）。

有“槽官”，即養馬場所的負責人（一種雜徭）；有“槽頭”，即掌管長行坊馬驢雜畜出使以及在槽喂養護理的人（往往由健兒充當，此處之“頭”，猶如“團頭”“馬頭”之“頭”）；有“州槽”，即州的養馬場所。OR. 8212/557Ast. Ⅲ. 4. 095《唐神龍元年（705）天山縣爲長行馬致死上西州兵曹狀》（沙、吴1—115）[①]：“天山縣爲申州槽送使長行馬在路致死所由具上事。州槽長行馬壹疋，赤敦同敬。”73TAM506：4/32—19之一《唐天寶十四載（755）交河郡長行坊具諸館預給及不給馬料數請勘會牒》（4—541）：“得前典王仙鷹欵，先得兩槽及諸館狀，［請］預支貯供飼帖馬者，依會元額支案，斛㪷先已支訖，今更不合給付。”64TAM29：98《武周（?）達匪等驛申報馬數文書》（3—351）：“［兵］曹▭□□［驛］馬五十三▭　▭［在］達匪▭　▭［三］疋五十二疋［見］［在］，欠上槽馬一疋，狼泉［驛］［馬］五▭　▭撿上件驛馬報者▭　▭除▭數［如］［前］▭”73TAM506：4/32—1之三《唐天寶十四載（755）交河郡某館具上載帖馬食蹭歷上郡長行坊狀》（4—423）：“同日，細馬伍▭［伍］㪷，付槽頭張瓌，判官楊千乘。”73TAM506：4/32—15之一〇《唐天寶十四載某館申十三載三至十二月侵食當館馬料帳歷狀》（4—508）：“▭日郡坊帖李大夫細馬壹疋，食青麦壹㪷，付槽頭王獻玉。”2006TAM607：2—2背面《唐景龍三年（709）後西州勾所勾糧帳》（榮、李、孟48）：“八石五斗五升，州槽巡察使勾徵。五斗五升青稞，徵王素。八石粟，三石氾智，二石王素，三石竹應。”又同件文書：“二石二斗五升，景龍二年夏季支度勾徵。三升六合大麦，州槽妄破，亶行折納青稞。二石二斗一升四合，給陰達中館供客不招，徵蘇仁。”[②]

又比如，《補編》收録了以下一件文書，對我們了解高昌世家大族“張”姓對佛教的信仰非常有幫助。72TAM170：29/2（b）《高昌僧道嵩等僧尼得施

---

① “沙、吴1—115”表明此件文獻圖版見於沙知、吴芳思《斯坦因第三次考古所獲漢文文獻（非佛經部分）》，上海：上海辭書出版社，2005年，第1册第115頁，全書體例同。

② “槽”字原卷作“措”，乃俗写。

財物疏》："□□□［二］萬丈取張壂［中］□□□"從這件文書可以看出："張壂中"是僧尼財物施主①，張姓是高昌国的高门大族，張姓人出任国王左右重要官职"殿中"，説明其与最高权力的接近，而高昌國官方崇信佛教，張姓更不例外②。

① "壂中"即"殿中"，(《集韻·霰韻》："殿，《博雅》：'堂堭，壂也。'通作殿。")本爲掌御前供奉的機構，亦指其官員和工作人員，由此可見張姓作爲世家大族與王廷和王權的密切關係。吐魯番文書中"壂中"數見，66TAM50：9（a）《高昌重光三年（622）條列虎牙氾某等傳供食帳一》(1－376)："次壂中楊傳：白羅麺貳皃，市宍糸節，胡氏子糸升，作湯餅供世子夫人食。"66TAM50：9（b）《高昌重光三年（622）條列虎牙氾某等傳供食帳二》(1－377)："楊壂中傳，一節，細面一斗，供鎮軍食；次肉二節，細面一斗，供史壂中。"69TAM142：1《高昌兵部殘文書附記馬匹帳》(1－407)："□□□［麴］□□，［兵］□□□［孫］建珍，［兵］□□□歡□，［兵］□□□延［伯］。□□令白馬壹匹，麴□憙騂馬壹匹：壂中阿仲赤馬壹匹；□郎鼻子瓜馬，將石兒留馬，焦郎中青馬壹匹，赤馬壹匹，麴僧兒紫馬壹匹。"吐魯番文書中又有"壂中將軍"，乃禁衛武官，此官職早在晉武帝時就已置，負責殿内保衛任務，凡朝會宴飨時，身著將軍服，立侍左右，同時負責皇城諸門，隋朝開皇二年後不置，麴氏高昌時期，屬於將軍戎號第五等級，是雜號將軍的最低級，戍衛兵將中加官的最高級。又有"壂中中郎將"亦爲戍衛兵將，官品可能是第六等級，又有"壂中中郎"，即壂中中郎將（"中郎"本是秦漢宮廷侍衛諸郎之一，晉及南北朝諸王公府軍府多置從事中郎爲僚屬)。73TAM504：32《高昌延壽五年（628）王伯瑜墓表》（侯、吴 351)："延壽五年戊子歲，九月乙巳朔，廿日甲子。故太原王王伯瑜，初民部參軍，轉碑堂將，遷壂中中郎將，春秋七十二，殯埿斯墓。"黄文弼掘《高昌章和十八年（548）氾靈岳墓表》(侯、楊 39)："章和十八年歲次壽星，夏六月朔辛酉，九日己巳，田地郡虎牙將軍，内幹將轉交河郡宣威將軍、壂中中郎領三門散望將。"高昌國官制往往借鑒北魏，檢《魏書》卷一一三《官氏志》："中黄門令。門下録事。尚書都令史。主書令史。殿中侍御史。中謁者僕射。中黄門冗從僕射。以前上階。"又檢《魏書》卷一一三《官氏志》："殿中將軍。皇子侍郎。大長秋丞。以前上階。"侯燦指出："殿中應是殿中將軍之省，非指殿中中郎將，殿中中郎將省稱中郎。"氏著《再論麴氏高昌的將軍戎號與宿衛兵將》(上)，載《吐魯番學研究》2006 年第 1 期，引文見第 122 頁。又參考侯燦、吴美琳《吐魯番出土磚誌集注》，成都：巴蜀書社，2003 年，第 37 頁、第 40 頁、第 65 頁、第 231 頁、第 508 頁。又參見徐連達《中國歷代官制詞典》，合肥：安徽教育出版社，1991 年，第 180 頁。

② 吐魯番文獻中有"張寺"，乃張姓人捐資或修建的佛寺，见於 72TAM151：59. 61《高昌某年郡上馬帳》(2－93)、72TAM151：99. 100《高昌合計馬額帳》(一)(2－94)。

二、《吐魯番出土文書補編》所收文書的價值

《補編》收録的吐魯番出土文書，具有很高的歷史學和語言學價值，今試論之。

（一）歷史學價值

《補編》收録的吐魯番出土文書，其歷史學價值至少體現在以下八個方面：行政、法律、交通、民風、勞役、民族、經濟、喪葬。

1. 行政

《補編》所收録的文書爲我們提供了高昌國世家大族任職的情况，比如有關“馬”姓人士擔任高昌國侍講、“張”姓人士擔任高昌國虎牙將軍的歷史細節，同时還给我們提供了“史”姓粟特人、“辛”姓少數民族人士与高昌国王廷的密切关系。這從以下一組文書可以看出：73TAM519：31/2－3、2－2《高昌延壽（624－640）某年某月一日侍講馬太岳等傳用西北坊四月劑刺薪奏》：“［　　］一日，侍講馬太岳、虎牙將軍張延懷貳□□：用西北坊四月劑張祐相剌薪［　　］［　　］仏畐妻、左養胡、孟歡岳、張住海、張石兒、□願兒、令狐海悦、闞海住、闞元保［　　］曹思相、王張孫、麹岳子、鞏歡憧、侯延□、□海祐、任懷願、馮阿相子、馬相懷、高［　　］［　　］真回、宋懷兒、氾明亮、令狐歡子、右貳拾□□，付索善

伏、供大廚下用。次傳：孟▭ ▭薪壹車，付索善伏、供大廚下用。次二日侍□□□□虎牙將軍張延懷貳人傳：▭ ▭壹車，范相保壹車，右貳車付明相▭ ▭薪壹車，史仏住壹車，趙相▭ ▭［蓿］（後缺）”①73TAM519：31/2—4、1—2《高昌延壽九年（632）閏八月侍講馬太岳等傳用刺薪車數奏》：“▭□侍講馬太岳、虎牙將軍□□□貳人傳：用西北坊張延懷▭ ▭［張］善海、高懷儒、左海智、闞▭延、毛客兒、氾阿月子、張明［俊］▭ ▭□、高六延、孟武歡、麹海悦、▭善伯、高歡岳、

---

① 在古代吐魯番，從官方到佛寺、民間，都需要刺薪（柴）。72TAM153：43《高昌殘券》（1—285）：“▭年，年与此薪貳▭ ▭［各］不得返悔。”67TAM78：20（a）《高昌傳用西北坊鄯海悦等刺薪帳》（2—41）：“▭貳人傳：用西北坊鄯海悦刺薪壹車▭保壹車，劉阿尊壹車，劉濟伯壹車▭車，劉善慶壹車，左養胡壹車，賈法相［壹］▭青守壹車，龍德相壹▭ ▭相壹車，吕嘿兒壹車，令▭ ▭□兒壹▭”67TAM377：04，03，07《高昌乙酉、丙戌歲某寺條列月用斛斗帳歷》（1—401）：“粟肆百升捌兜，用買芀貳車。”大谷4921《北館文書》（《大谷》三圖版二二）：“付司。義示。十三日。十一月十三日録事受，録事參軍付，依前恒讓白，十三日。市司，莿柴壹車准次估直銀錢壹文伍分，牒被責今月上中二旬柴估，依撿案内，件撿如前，謹牒，儀鳳二年十一月廿日，史朱文行牒，丞鞏義恭，令史建濟，並撿恒讓白。”73TAM208：23，27《唐典高信貞申報供使人食料帳歷牒（二）》（3—96）：“▭肆分，用莿柴捌分。”64TAM19：39（a），42（a），43（a）《唐永徽二年（651）牒爲徵索送冰井芀銀錢事》（3—264）：“▭芀四車々别准［銀］錢二文▭［牒］：文歡去年十二［月］知冰井芀，里正成憙□▭今藏冰時［至］▭者送向冰井。”60TAM338：32/5《唐永徽五年（654）西州高昌縣武城鄉范阿伯等納莿薪抄》（2—244）：“［武］［城］［鄉］范阿伯、張𡍮子二人各［納］▭壹車，其年七月廿一日前官令狐懷憙、前官令狐▭［曹］，三人領。”60TAM337：11/15《唐□□元年前官令狐懷憙等領范阿伯送莿薪抄》（2—227）：“▭武城鄉范阿伯送莿薪壹車，元年三月▭ ▭官令狐懷恚（憙?）、前官令狐□達二［人］□。”（此處的“莿薪”實際上是供軍國傳驛及郵遞之用的户税柴）OR. 8212/601Kao. 093《唐開元廿九年（741）西州納夫價錢抄》（沙、吴1—155）：“▭壹伯文，開元［廿］□▭頭渾永放抄。更付廿九年閏月後加税拾叁文，［開］廿▭月廿日刾頭張行福抄。▭成陽付刾頭闞大方修赤亭鎮夫價錢伍拾▭□□□□□□□▭［抄］。”高麗藏本玄應《一切經音義》卷十四《四分律》“柴薪”：“《禮記》：‘收（引者按：原作‘牧’，據《禮記》改）秩薪柴以供郊廟。’鄭玄曰：‘大（引者按：今本作‘大者’）可析謂之薪。小者謂之柴，薪施炊爨，柴給以燎也。’”在吐魯番出土文書中，“刺薪”又寫作“莿薪”“刾薪”“此薪”“此辛”（又有“莿柴”，即莉薪），是一種沙生植物，可以用作柴禾、農具和産蜜。又有“莿蜜”即“莉薪”所産之蜜，色如虎珀，成顆粒狀，微甜，可以食用、入藥、祛痰、止泄。又有“芀”即刺薪。又有“刾頭”，即莉頭，居民中負責徵收莉柴上交者。有時也代收其他的錢。又稱爲棘草木，宜充整治管道材料（夾於土砂中），高昌古代有“白芀城”，《魏書》卷一〇一《高昌傳》作“白棘城”，“棘”又稱“酸棗”，出交河縣北向庭州有戍名“酸棗”。

陰歡護、侯▭ ▭□憙，索明落、孟仕斌、氾阿海▭闞真曲、劉婆門、趙歡相、張▭ ▭□劉阿尊、宋虎兒、隗在天、□▭拾捌車付索善仕、韓相歡貳▭都合用刺薪叁拾捌車▭列用刺薪車數，列別如右，記識奏諾奉□。門下校郎臣：司空□□；行門下事鹽中將軍臣：▭行門下事□▭ ▭壬辰歲閏八月十五日民部□鷹陽將軍兼民部事臣：麴□□；民部參軍臣：索□□；民部吏臣：左□□；□部吏臣：左□□。"[①] 73TAM519：

---

① 此件文書中的有關人物又見於其他吐魯番出土文書，如果將這些文書貫通起來研究，就更具有立體感和穿透力。比如，此件文書中的"張善海"又見於以下一件文書，66TAM50：9（a）《高昌重光三年（622）條列虎牙氾某等傳供食帳一》（1－376）："肆人五日食，次傳細麵五斗，市宍一節。供看兒，阿婆三日食，次傳細麵壹斛，宍六節，床細米壹㪷，供參軍義宣、張善海二人五日食。次虎牙氾傳：市宍拾柒節，細麵壹斛，床細米壹㪷半，供襄邑夫人作食送与張郎中，次傳細麵伍㪷，市宍陸節，供送与侍郎涉弥子。""孟武歡"又見於以下一件文書，72TAM152：33（a）《唐焦延隆等居宅間架簿（三）》（2－149）："□□歡護買与張慶相，見▭宅，［東］［西］十步，南北八步，内房四口，上二口，聽上行□▭二，杗▭麴海悦，西高歡岳，南□ ▭一步，南北十二步，内右▭廁一。［和］達住□上。聽上杕▭ ▭［歡］▭司馬歡仁宅上：曳□□［西］九步，南北八步，内房三口，上二，聽上行良二，杗椽卅，廁一，東孟海仁，西孟武歡，南高歡岳，北道。""麴海悦"又見於以下一件文書，72TAM155：47《高昌張憙兒入俗銀錢殘條記》："□昌俗張憙兒銀錢貳文，司馬▭□郎焦。張歡兒、麴海悦▭二月十六日入。""陰歡護"又見於以下一件文書，72TAM155：29《高昌諸臣條列得破被氈、破褐囊、絶便索、絶胡麻索頭數奏一》（1－429）："▭［下］校郎司［空］▭ ▭［氈］貳戀，絶胡麻索肆▭ ▭陰歡護、趙舉（鼠）子▭［胡］麻［索］拾［張］▭史善伯入。［破］被氈貳［戀］，絶胡麻索肆陸張，破褐囊陸，趙車渠，賈相延貳▭麻索陸［拾］［張］，張衆護入。破被氈貳戀，侯海悦入；破被氈貳戀，威遠延虎入。破▭麻索□［張］，氾憧憙入，破被氈貳戀，夏武歡入，破被氈壹戀，夏養護入▭［破］被氈貳戀，董海珎入一未得。破被氈貳戀，明威郭延伯入未得。破被氈壹▭［悦］邊被氈貳。""趙歡相"又見於以下一件文書，64TAM24：28《唐永徽二年（651）孫䦵仁夏田契》（2－178）："永徽二年十月一日，孫䦵仁於趙歡相▭渠常田肆畝，要逕六年佃。年田壹畝，与夏價▭□［斛］。到五月内，上麦使畢；十月内，上秋□□□□［其］［月］［不］［畢］，［壹］▭［舊］哀斛中取。使▭若不净好，聽向風常取。租殊佰役，仰田主了。渠破水讁，仰佃田人了。壹年与草肆圍，與䊹壹車。兩主和可，獲指爲信。田主明元 E；夏田人孫䦵仁 E，知見□阿護 E；知見索阿側。""劉阿尊"又見於以下兩件文書，67TAM78：20（a）《高昌傳用西北坊鄯海悦等刺薪帳》（2－41）："▭貳人傳：用西北坊鄯海悦刺薪壹車▭保壹車，劉阿尊壹車，劉濟伯壹車▭車，劉善慶壹車，左養胡壹車，賈法相［壹］▭青守壹車，龍德相壹▭ ▭相壹車，吕嘿兒壹車，令▭ ▭□兒壹▭"67TAM78：22（b）、21（b）《唐吴相□等名籍》（一）》（2－52）："吴相□▭氾海祐，匡阿相，鄧秃子，曹子犖，白古堛子，龍善得，寡妻闞阿憙，劉阿尊，□□歡，劉濟伯，傅延憙，劉頭仁▭［郭］智匠，令狐亥悦，○狐明［延］，□悪奴，馬元尊，劉容慶，張老歡，□摩弥，馬歡仁。□□［德］▭［宋］□［钵］。"

31/1－3＋73TAM519：31/1－1《高昌延壽九年（632）某月十五日侍講馬太岳等傳用西北坊刺薪奏》：“▭講馬太岳、虎牙將軍張延懷▭傳用西北坊高歡住剌薪壹□氾文伯、康薗兒、劉善伯、鞏兒▭子、石子達、令狐居舉（鼠）、田㒟奴、趙▭累雄、氾海、□□□□□□□□□□□海智、白相祐兒、張海（中缺）都合用剌薪叁拾肆車。▭列用剌薪車數，列［別］如右，記識奏諸奉□。門下［校］郎臣：司空□□；行門下□壂中將軍臣：高□□；行門［下］□侍郎臣：高□□；▭年壬辰歲▭十五日民部□，鷹陽▭民部事臣：麴□□，民▭［將］軍臣：索□□，民▭吏臣：左□□，民▭吏臣：左□□。”73TAM519：31/1－4＋73TAM519：31/2－1《高昌延壽九年（632）某月十九日侍講馬太岳等傳用刺薪奏》：“▭十六日，侍講馬太岳、虎牙將軍張延懷▭用西北坊隗阿得子剌薪壹車▭胡兒、馮阿相子、良祐伯、曹祐相、石子達▭張喜伯、肯海兒、成伯延、何相熹、孫▭兒、敢（闞）元保。右拾伍車，付主薄張隆海▭□崇貳人供大廚下用。都合▭薪拾伍車。▭列用剌薪車數，列別如［右］，□［識］奏諸奉行。行門下事▭［遠］將軍臣：麴歡岳；通［事］令史臣：辛孟護；通□令史臣：史歡隆；▭年壬辰［歲］十九日民部奏；［民］部事臣：麴世緯（?）；▭事臣：索（後殘）。”①

在以上文書中，“馬”姓擔任王國侍講，足見其政治地位和文化程度之

---

① 此件文書中的“成伯延”是高昌義和時人，又見於以下一件文書，72TAM151：56《高昌買駞、入練、遠行馬、郡上馬等人名籍》（2－96）：“次傳脱侍郎慶叙。次買駞人：成□□張孟，典寺，麴元岳、張子回、竺幼宣、曹寺、左調和▭次入練人：成伯延、和元遵。次遠行馬：高憙伯▭永隆寺、常侍慶嵩、張相受、賈寺。”此件文書中的“何相憙”又見於以下一件文書，64TKM1：51《唐西州張慶貞等勘田簿（一）》（2－17）：“張慶貞，東渠卌，西段［田］▭北何相憙十二，合田▭龍不苻麻子東道十四▭北道卅三，合田二畝。”此件文書中的“麴歡岳”又見於以下一件文書，66TAM50：9（b）《高昌重光三年（622）條列虎牙氾某等傳供食帳二》（1－377）：“楊壂中傳：宍一節，細麵一斗，供鎮軍食。次宍二節，細麵一斗。供史壂中、麴歡岳、葛薩三人食。次氾傳：粟米二斗，供康禪師舍用。次傳宍三節，細麵一斗作餅，用開帳窓食。”

高[①]。“侍講”本指給皇帝（南北朝唐宋包括太子官和諸王府官）講學之官[②]，三國魏明帝景初二年（238），曾經以曹爽弟彦爲散騎常侍、侍講，北齊時有侍講張雕、馬敬德，掌講授經書，唐設置侍講學士，以講論文史。歷朝歷代的“侍講”，不衹是帝王儲君身邊的寵臣，更是學術造詣達到頂峰的人物，清趙翼《陔餘叢考》卷二六“侍讀、侍講學士、修撰、編檢”曰：“《石林燕語》謂：咸平中，始置翰林侍讀學士，以楊徽之等爲之。又置翰林侍講學士，以邢昺爲之。王阮亭《香祖筆記》引爲講讀學士之始。（亦見《宋史·真宗本紀》。又《夏侯嶠傳》：真宗二年（999）始建講讀之職，命嶠爲翰林侍讀學士。）然《通考》開元十三年（725）置集賢院侍講學士、侍讀直學士。《唐書》鄭朗爲侍講學士。則講讀學士實自唐始也。至講讀之名本起於東漢，桓榮薦門下生侍講，乃聽榮出。桓鬱以少府再入侍講。黄瓊以選入侍講禁中（俱見《後漢書》）。此侍講之始也。及六朝，則又有侍讀爲東宫官屬。《南史》到洽與陸倕對掌東宫管記，俄兼侍讀。陳天嘉中，詔顧越侍東宫讀，尋遷羽林監，侍讀如故。又江泌爲永康王侍讀，傅昭爲南郡王侍讀。《北史》：周文帝以薛慎爲宜都公侍讀。此皆唐以前侍讀之官。《唐書》：陸質爲太子侍讀。《宋史》：真宋時，馮元爲翰林侍讀，馬宗元爲翰林侍講，俱不帶學士。此又近代翰林侍讀、侍講之始也。”[③] 高昌國素來重視文史之學，尤其注重儒學[④]，世家大族“馬”姓人士擔任“侍講”，充分體現了該姓在高昌國顯赫的政治地位和學術地位。

張姓也是高昌國的高門大姓，曾經出任高昌國國王。在麴氏高昌國時代，

---

① 馬姓曾任高昌國王。

② 《後漢書》卷四《和帝紀》：“五月，京師旱。詔長樂少府桓鬱侍講禁中。”

③ （清）趙翼著，欒保群、吕宗力校點《陔餘叢考》，石家莊：河北人民出版社，2003年，第502—503頁。

④ 詳參王啓濤《吐魯番文獻合集·儒家經典卷》第一章《古代吐魯番經學繁盛的原因》，成都：巴蜀書社，2017年，第3—89頁。

不衹一位“張”姓人士擔任虎牙將軍，除了上揭文書中的“張延懷”外[①]，還有以下一件文書，86TAM386：18《高昌延和十八年（619）追贈張師兒明威將軍令》（柳417）：“令：故虎牙張師兒，昔曾從駕，躍涉山河。宜延遐筭，享茲顯任。不啚一旦奄尔潛没，孤聞矜昔，情用悼焉。故遣虎牙法悦、李延仲二人等，追贈明威將軍，魂神有靈，承茲榮號，嗚呼哀哉。九月八日。”“虎牙”官虽不大[②]，但因出入於王廷，既保驾护航，又上傳下达，地位显赫，自

---

① “張延懷”又見於以下兩件文書，2006TZJI：077《麴氏高昌張延懷等納斛斗帳》（榮、李、孟294）：“（前缺）▭[昇]（升），張延懷壹斫（斛）▭▭□叁㪷（斗），左師壹斫，善[富]▭▭昇，張善祐究（九）㪷，麴懷悦[壹]斫壹㪷▭▭成□壹斫究㪷究升，憧海師陸㪷究昇，康□▭▭[壹]斫，令狐元海大麦肆㪷柒升。吕胡兒壹斫貳㪷▭▭㪷壹升，氾智儁肆㪷，張願保捌㪷究升，智賢師伍㪷□▭▭貳斫肆㪷，令狐元海陸□▭昇，主薄寶廁叁斫捌㪷，趙□▭▭昇，竺客兒壹斫陸㪷，□▭叁㪷，鄭元祐壹斫捌㪷捌昇，□▭▭□洛忠究㪷，安客兒□▭□壹斫貳㪷，袁武祐肆㪷陸昇，▭▭斫捌㪷，康相蜜□▭□壹㪷，歡兒壹斫捌昇▭▭□隆陸㪷貳昇，□▭㪷，畦康憙捌㪷，趙善憙陸㪷▭▭斫貳㪷，趙長▭□，嚴善富叁㪷，左崇祐究㪷半，[張]▭▭□，馮阿相子▭悦師壹斫貳㪷貳升，法儁師□▭▭㪷，又宋▭㪷，田善得[叁]㪷，茂沙陸㪷，□▭▭[叁]斫肆㪷▭□伍㪷，赤獪伍㪷，董善伯貳□▭▭[受]壹斫貳㪷半▭[昇]，白弟々陸㪷捌昇▭▭□□陸㪷▭[張]財祐麦陸□▭（後缺）”68TAM103：20/1（b）《唐張延懷等名籍》（2－132）：“▭[六]十一，▭䕯五十九，▭五十九，張延懷五十五，▭五十五，湯阿鼠六十，羅明祐卌五，▭一，范明歡五十一，孫延海▭▭，田多[仁]□，郭知德▭▭桓五十，張守洛廿，張▭▭九，張横々十九，張候德▭▭十八，王才歡十八，張海守十九，匡阿▭□□德十七，左隆德十七，田嘿々十七。”

② “虎牙”即武將，往往是“虎牙將軍”的省稱，“虎牙”形容其勇猛殺敵之狀；“虎牙將軍”屬小號將軍，西漢即有。魏晉南北朝沿置，但是地位下降。北魏僅為秩正八品下。又為麴氏高昌將軍戎號之第八等級官，“武牙將軍”即虎牙將軍，唐人修史，為了避諱，將“虎”改為“武”。又指唐節度使麾下武將。60TAM329：23/4《高昌虎牙元治等傳供食帳（三）》（1－461）：“▭〔傳〕〔一〕〔九〕▭〔尼〕▭〔次〕虎牙仲達傳，一九供▭次虎牙參悦傳，四九〔供〕▭見出〔桓〕▭〔公〕主。常侍伯〔悦〕▭〔德〕□。”60TAM307：5/1（a）《高昌□善等傳供食帳（一）》（1－415）：“▭次虎牙都子傳：〔麵〕▭粟米二門，供南□〔珂〕▭▭子弟，上六人盡卅▭〔粟〕米三九次十七日▭門，供袳枽推使浮▭四人盡卅日，合用麵▭▭〔師〕得傳，麵三門，供▭〔寒〕使呼典枯合振▭▭〔麵〕▭〔次〕〔傳〕▭”72TAM155：36、38《高昌诸臣条列得破被毡毡、破褐囊、绝便索、绝胡麻索头（轉下頁）

然不容小覷。“張”姓出入於麴氏王廷上下左右，足見世家大族對高昌國的行政事務一直保持着深度影響與參與。

另外，從《補編》所收上揭文書還可以看出：侍講馬太岳、虎牙將軍張延懷擔任“傳”，可見其與高昌王的關係之密切。“傳”即傳令，在吐魯番出土文書中，往往指傳達王令書之一，主要用於宣傳、傳達高昌王的命令，或奉行高

數奏二》(1—430)：“□□歲四月廿六日，珂寒浮啚帝［豐］▭［麻］索［肆］［張］，麹郎伯住入。破▭便索究張，虎牙史元善，麹□□□□［入］。破氈貳戀、宋▭貳戀、破被氈肆，破氈壹，絶胡麻索陸拾壹張，陰▭絶胡麻索拾陸張，樊□祐入。絶便索拾張▭” 60TAM329：23/1，23/2《高昌虎牙元治等傳供食帳（一）》(1—461)：“▭珂寒使▭ ▭次虎牙［參］▭ ▭人。次虎▭ ▭傳，一門半，供▭虔大官，上一人▭ ▭次顔▭門半，供吐屯抴▭ ▭［大］官。上四人，中一人，盡。次虎牙元治［傳］，▭ ▭婆演大官別迴盡。▭ ▭供恕邏珂寒烏都倫大［官］▭ ▭次虎牙元治［傳］▭ ▭盡。［次］▭ ▭不六多取婕，次康元相▭ ▭［供］北相珂寒使吐別貪旱，上一人，盡▭ ▭［傳］二門，供卑失移［浮］［孤］使烏庾延伊利▭［次］上一人，中二人盡，▭五門，供射［尼］▭ ▭［珂］寒使吐屯▭四人盡。▭吐屯大官［別］▭九升供［貪］▭［人］盡。▭阿賴□。” 67TAM84：12/1（a）《高昌延昌十四年（574）殘奏一》(2—1)：“□□□四年甲午▭長史▭虎［牙］▭” 73TAM507：014/2（a）《高昌俗下科馬帳》(2—270)：“［俗］［下］［科］［馬］。張阿遇馬一匹，嚴寅守馬一匹，將寥得［馬］▭虎牙僧救馬一匹，傅寶子馬一匹，孫苟□［馬］▭合［俗］下［科］［馬］［八］［匹］。” 72TAM151：56《高昌買馱、入練、遠行馬、郡上馬等人名籍》(2—96)：“建武穢司馬、麹郎延武、麹郎歡悦、侍郎元護，虎牙孝悦。” 2004TBM234：11《麴氏高昌延昌三十七年（597）十二月十六日虎牙將軍康□□墓表》(榮、李、孟 97)：“延昌卅七年丁巳歲十二月十六日，虎牙將軍［康］□□墓。” 黄文弼掘《高昌延昌廿七年（587）田孝養妻蘇氏墓表》(侯、吴 182)：“延昌廿七年丁未歲，九月朔壬申開，十二日水未，虎牙將軍田孝養妻，武公蘇氏之墓表。” 67TAM78：25（a）《高昌延壽十一年（634）主客殘奏》(2—39)：“□□□□［左］［親］［侍］［散］［望］臣高□。威遠將軍麹□；客曹參軍臣陰煥子；客曹［主］［薄］［臣］□□。□壽十一年甲午歲十一月廿五［日］□□□。虎牙將軍中兵校郎領主客事高□，主客參軍［孟］□，主客主薄□□。” 66TAM50：6《高昌追贈宋懷兒虎牙將軍令》(1—380)：“孤聞矜惜，情懷悼動焉。故遣明將軍王具伯、成薩布等，追贈虎牙將軍。魂而有靈，承茲榮號，嗚呼哀哉。十二月廿四日。” 黄文弼掘《高昌延壽十一年（634）任法悦墓表》(侯、吴 375)：“延壽十一年歲次甲午，正月朔甲戌，下旬四日，西府交河郡民任法悦，新除虎牙將軍，追贈明威將軍，春秋五十鹹三。卆於辰時，以剄車靈柩，殯葬斯墓。任氏之墓表也。” 65TAM42：47《唐永徽二年（651）杜相墓表》(465)：“維永徽二年歲次辛亥，二月朔乙丑，廿日甲申，武牙將軍杜相［轉］頭武騎尉，春秋七十有一。”《新唐書》卷二百一十二《朱滔傳》：“左右將軍曰虎牙、豹略。” 關於“虎牙將軍”，參考侯燦、吴美琳《吐魯番出土磚誌集注》第 40 頁、第 231 頁；徐連達主編《中國歷代官制詞典》第 576 頁。

昌王的命令而辦理業務[①]，因此，擔任傳令之人，絶非等閑之輩，往往是世家大族人士。請比較 75TKM90：20（a）《高昌主簿張綰等傳供帳》（1－122～123)：“▭疋，㲧六張半，付索［寅］義，買厚絹，供［涑］□。▭半斤，付雙愛，供□涑。▭［出］行緤卌疋，主薄張綰傳令，与道人曇訓。▭［出］行緤五疋，付左首興，与若愍提懃。▭［出］赤違一枚，付愛（受?）宗，与烏胡慎。▭阿錢條用㲧六張，買沾纘（?)。▭［疋］，付得錢，与吴兒折胡真。▭［赤］違一枚，付得錢，与作都施摩何勃▭［緤］一疋，赤違一枚，与禿地提懃无根。▭［月］廿五日，出［緤］［二］［疋］，［付］□［富］［買］［宍］［供］□□。▭［出］㲧一［張］，▭［出］行緤▭ ▭行緤▭ ▭行緤三疋，赤違三枚，付隗已隆，与阿祝至火下。▭［張］綰傳令，［出］［疏］勒錦一張，与處論无根。▭摩何□□▭［緤］一疋，㲧五張，赤［違］□枚，各付已隆，供鍮頭▭”72TAM155：29《高昌諸臣條列得破被氈、破褐囊、絶便索、絶胡麻索頭數奏一》（1－429)：“鷹陽將軍臣麴

① 早在高昌郡時期的文書中即有“傳”，指傳達本郡最高領導人——太守的命令。75TKM88：1（a)《西涼建初二年（406 年?）功曹書佐左謙奏爲以散翟定□補西部平水事》（1－86)：“［謹］案嚴歸忠傳口令：以散翟定□□補西部平水，請奉令具刺板題授，奏諸紀職奉行。建初二年歲在庚午九月廿三日功曹書佐左謙奏。揚武長史。[來]子。功曹史安。”79TAM382：5－4a《北涼真興七年（425）高昌郡兵曹白請差直步許奴至京牒》（柳 390)：“兵曹掾范慶、史張齊白：内直參軍闞浚傳教：差直步一人至京。”

宣，威遠將軍臣麴傳，□昌令臣嚴宣，酒泉［令］臣陰宣，門下校郎臣司空傳。”[①] 68TAM99：6（a）《高昌侍郎焦朗等傳尼顯法等計田承役文書》（1－441）：“通事張益傳：索寺主德嵩師交何王渠常田一畝半。”[②] 72TAM152：22《高昌延昌六年（566）吕阿子求買桑葡萄園辭》（2－140）：“延昌六年丙［戌］□□□八日，吕［阿］□辭：子以人微産□尠少，見康□有桒蒲桃一薗，□求買取，伏彭壓下照兹所請，謹辭。中兵參軍張智壽傳令：‘聽買取。’” 64TAM10：47《高昌重光四年（623）三月殘表啓》（2－203）：“阿睍作。吏部吏▭重光四年癸未歲三月廿日，中兵參軍張□□、趙宅（?）示（?）

---

① “麴”姓作爲王族，其人士在麴氏高昌王國的王廷中擔任傳令等秘書工作極爲普遍，72TAM155：58/1《高昌延壽四年（627）閏四月威遠將軍麴仕悦奏記田畝作人文書（一）》（1－425）：“□□歲潤四月五日，田畝▭貳人，合貳人▭［軍］臣麴仕悦印。”72TAM155：58/1，58/2《高昌延壽四年（627）閏四月威遠將軍麴仕悦奏記田畝作人文書（一）（二）》（1－425）：“▭八日田畝作［人］▭［憙］［兒］貳［人］，［合］貳［人］。［威］□□軍臣麴仕［悦］□。”此件文書所載威遠將軍由麴姓擔任，是高昌國王身邊擔任秘書工作的重要成員，這再一次説明在高昌國，世家大族對高昌王廷的重要作用。69TAM138：15/1，15/5《高昌延壽四年（627）威遠將軍麴仕悦記田畝作人文書（一）》（1－444）：“丁亥歲四月十一日，□□［畝］作人［趙］善海壹人伍日作，車牛［壹］□□日作。□□［將］軍麴仕悦印。”（唐長孺注：“本件上蓋有朱印多處，印文爲‘奏聞奉信’.”）孟憲實、姚崇新指出：“‘奏聞奉信’之印使用很廣泛，上行、下行甚至帳簿和寫經，凡是經高昌王批准的，都鈐有此印。‘奏聞奉信’之印也許如中原一樣並不親由高昌王掌管，而是由門下等機關負責，但畢竟體現的是高昌王的意志，在完善文書制度的同時，加强高昌王的突出地位和作用。”氏著《“義和政變”到“延壽改制”——麴氏高昌晚期政治史探微》，《敦煌吐魯番研究》第二卷，北京：北京大學出版社，1997年，第163－188頁，引文見第179頁。“麴仕悦”在唐西州的文書裏依然出現，擔任“録事”“司馬”，檢2006TZJI：001＋2006TZJI：198a《唐永徽五年至六年（654－655）安西都護府案卷爲安門等事》（榮、李、孟305）：“□□□彼量判，謹閧。録事麴仕達勘同，永徽五年十月廿四日。府▭□曺事善積。史□□▭依判，諮，仕悦［示］。”其中的“依判，諮，仕悦示”當爲安西都護府通判官即上佐的判文，而《西域考古圖譜》下佛典附録4－2＋旅順博物館藏LM20－1467－31－01綴合之《大智度論》卷二一尾題：“西州司馬麴仕悦。”2004TBM107：3－1《唐牒》殘片（榮、李、孟56）：“▭仕悦示▭廿三日▭録事麴俊受▭亮▭廿五日。”三處之“仕悦”或爲同一人，或許在當時安西都護府與西州合署辦公。

② 對於此件文書，吴震指出“通事”所傳當是王或令尹（世子）之命令，田畝易主，田役變更或斷除，取得王國最高統治者確認並記録在案。氏著《吴震敦煌吐魯番文書研究論集》，上海：上海古籍出版社，2009年，第503頁。

二人傳傳阿歡作。校郎嚴□兒。”[①] 由此可見：擔任傳令工作最多的是“張”姓人士。原來，政令的制定固然重要，但傳達同樣重要，傳達走樣，後果不堪設想，因此自然要由世家大族人士擔當，尤其是由“張”姓這樣的王族擔任[②]，在麴氏高昌時期，“張”姓之所以與“麴”姓王廷的關係那麼親近，是因爲兩族有姻親關係，高昌王麴文泰之母與夫人均爲張姓人氏[③]，這在吐魯番

① “傳”廣泛見於吐魯番出土文書，根據這些文書，分析哪些人士擔任此項任務，非常有利於揭示高昌郡、高昌國時期最高行政機構的秘書系統、智囊系統、内務系統、後勤系統。我們初步統計“傳”類文書，還有以下數件，75TKM89：1－2《高昌章和十一年（541）都官下柳婆、無半、鹽城、始昌四縣司馬主者符爲檢校失奴事》（1－128）：“柳婆、无半、鹽城、始昌四縣司馬主者：中郎崇信傳：令刾彼縣，翟忠義失奴一人，若劒挍智處，与□□牽取。符到如令，不得違失，承旨奉行。章和十一年三月卅日都官起。都官長史麴順。”67TAM90：36，35《高昌殘辭》（1－201）：“矜許，謹辞。中兵參軍□政傳［令］聽□。”86TAM386：35—10a35－9a《高昌傳供米、麵帳》（柳433）：“□□次麴六▭□喜住高昌。次虎牙弘軓傳：面▭二斗，床米六斗，供許禪師、劉禪□、□禪師、曹禪師四人十五日食。”69TKM33：1/2（a）《高昌衆保等傳供糧食帳（一）》（1－238）：“▭衆保傳，麨廿二九五斗，付王崇真、步呵二人供官馱廿▭五日將天奴傳。麵三九，付康苟掃、張阿祐二人，供何國王兒使奚▭僧傳：麨廿五九付官人恕頽，供官柔韦羊皮二百五十枚。次中郎伽子傳：□▭ 九付陰黑兒、賈保守二人，供亜吴吐屯使由擔旦五人道粮。付嚴祐子、賈□兒二人。次中小麦一九三斗，付令狐孝文，入程頭。”73TAM517：04/10（a）《高昌都子等傳供食帳（三）》（1－263）：“▭都子傳：一九四斗，供▭ ▭［仏］奴傳：二九二升，供外▭ ▭傳：三斗半”73TAM517：04/3（a）《高昌元禮等傳供食帳（四）》（1－266）：“次傳▭葬婆演，麴郎▭校尉傳：一九，供内藏，别▭”72TAM151：101《高昌傳錢買鑼鐵調鐵供用帳》（2－108）：“▭［月］一日，虎牙懷明傳：錢肆文，用買钁鐵肆斤，付孟慶々，供▭ ▭［釘］，次傳：錢叁文，用買钁鐵叁斤，付張懷悦，供王大▭ ▭［悦］傳：錢貳文，用買钁鐵貳斤，付孟慶▭ ▭［錢］肆文，用買調鐵壹斤伍［兩］▭”又參考王素《高昌史稿·交通編》，北京：文物出版社，2000年，第508頁；［日］關尾史郎《吐魯番出土高昌國税制關係文書的基礎研究（三）》，載《新瀉大學人文科學研究》78，1990，第161頁；［日］關尾史郎《有關高昌國“遠行馬價錢”的一件史料——大谷一四六四、二四〇一號文書及其意義》，載中國文物研究所編《出土文獻研究》第三輯，北京：中華書局，1998年，第189－198頁；程喜霖《唐代過所研究》，北京：中華書局，2000年，第11—30頁。

② 《補編》所收上組文書中的“麴”姓，擔任民部□鷹陽將軍兼民部事。行門下事▭［遠］將軍。“麴”姓人士还擔任“都官长史”，75TKM89：1－1《高昌章和十一年（541）都官下交河郡司馬主者符爲檢校失奴事》（1－128）：“交河郡□［馬］者：中郎崇信傳：令刾彼郡，翟忠義［失］□一人，若劒挍智處，與守力牽取，苻到如令，不得違失，承旨奉行。章和十一年三月卅日都官起。都官長史麴順。”另外，从《補編》所收文書可以看出：“左”姓擔任高昌國民部吏，“司空”姓擔任門下校郎，“高”姓擔任行門下□壂中將軍、行門［下］□侍郎。

③ 參見錢伯泉《敦煌遺書S.2838〈維摩詰經〉的題記研究》，《敦煌研究》2007年第1期，第61－67頁。

出土文書與傳世文獻中均有記載，先看傳世文獻中的記載，唐慧立、彦悰《大慈恩寺三藏法師傳》卷一載玄奘途經高昌國時，國王麴文泰及其母張太妃與之交流的情景：“王亦不納，更使增加供養。每日進食，王躬捧盤。法師既被停留，違阻先志。遂誓不食以感其心。於是端坐。水漿不涉於口三日。至第四日，王覺法師氣息漸惙，深生愧懼。乃稽首禮謝云：‘任師西行，乞垂早食。’法師恐其不實，要王指日爲言。王曰：‘若須爾者，請共對佛更結因緣。’遂共入道場禮佛，對母張太妃共法師約爲兄弟。任師求法，還日請住此國三年，受弟子供養。若當來成佛，願弟子如波斯匿王頻婆娑羅等與師作外護檀越。仍屈停一月講《仁王般若經》，中間爲師營造行服。法師皆許。太妃甚歡，願與師長爲眷屬，代代相度。於是方食。其節志貞堅如此。後日王别張大帳開講，帳可坐三百餘人，太妃已下王及統師大臣等，各部别而聽。每到講時，王躬執香爐自來迎引。將昇法座，王又低跪爲隥，令法師躡上。日日如此。”[①] 這裏明確記載了麴文泰的母親“張太妃”。再檢吐魯番出土文書 59TAM302：35/6－3《高昌傳供物帳（一）》(2－182)：“▭［帝］，次傳▭ ▭領，供驢▭ ▭傳，壹領，［供］▭ ▭城里門下。次［傳］▭ ▭壹領，供太妃門帝▭ ▭□中女輩，次傳，壹領，供▭ ▭領，供張夫人▭” 這裏的“太妃”“張夫人”可能就是麴文泰的母親張太妃，又檢 66TAM50：9（a）《高昌重光三年（622）條列虎牙氾某等傳供食帳一》(1－376)：“細麪壹斛（斛），床細米貳斛（斗），▭十人前十五日用。次虎牙氾　傳，細麪叁斛（斛），床米陸斛（斗），粟米壹斛半，供襄邑夫人前尼道師貳人十五日食。次傳細麪貳斛（斛）伍斛（斗），床米伍斛（斗），粟米壹斛（斗）貳昇（升），供閻典祙（?）下右禪師肆人五日食。次傳細麪五斗，市宍一節，供遀兒、阿婆三日食。次傳細麪壹斛（斛），宍六節，

① 引文據（唐）慧立、彦悰著，孫毓棠、謝方點校《大慈恩寺三藏法師傳》，北京：中華書局，2000 年，第 20－21 頁。關於“更結因緣”，孫毓棠、謝方點校：“《傳》下作‘王母因師極意欲去，遂與傳香信，誓爲母子。’”

床細米壹㪷，供參軍義宣、張善海二人五日食。次虎牙氾　傳，市宍拾柒節，細麪壹斛（斛），床細米壹㪷（斗）半，供襄邑夫人作食送与張郎中。次傳細麪伍㪷（斗），市宍陸節，供送与侍郎涉弥子，次傳蘇壹㪷（斗），付明威慶懷用治赤威（韋）拾伍張。次殿中楊　傳，白羅麪貳㪷（斗），市宍叁節，胡氏（瓜）子叁昇（升），作湯餅供世子夫人食。次宣威曹　傳，油壹昇（升），用摩鎧。次陰　傳，粟米貳㪷（斗），供張夫人用作阿摩買（?）糜。次虎牙氾　傳，市宍貳節，白羅麪壹㪷（斗），供吴尚書食。次傳細麪伍昇（升），作餅，市宍壹節，供襄邑夫人前白元相食。傳細麪壹㪷，供襄邑夫人前索禪師食。重光三年壬午歲十月一日條，淩江將軍高。”這裏的“張夫人”，應該是麴伯雅的結髮妻子，也就是《大慈恩寺三藏法師傳》卷一、斯2838《維摩詰經》卷下尾部題記中的“太妃”，而“世子夫人”應該是麴伯雅之子麴文泰的正妻①。再檢66TAM50：32（a）《高昌重光三年（622）條列康鴉問等傳供食及作坊用物帳》（1－378）：“□□□［次］［傳］［宍］［一］［脚］［供］［襄］［邑］［夫］［人］［用］［作］糜。［次］［傳］［廿］［五］［節］［麪］［二］［斛］［五］［斗］，床米一斗，麪一斗，作羹，供縫作女輩食。次傳六節，麪五斗，供夫人作食，送與苟侍郎，次傳宍十節，肝肺二，羊頭一，供康禪師舍用。康鴉問傳：緂，用繫練。次傳，黑毫五斤，駝毛六斤，付阿監清毫十斤，用作氈簟緣，付張夫人房中。十一月五日，黑毫一斤。次嚴子亮傳麪四九，供白客兒

---

① “世子夫人”還有一見，66TAM50：9（b）《高昌重光三年（622）條列虎牙氾某等傳供食帳二》（1－377）：“次廿七日，氾傳，油一斗，供康禪師用。次傳，宍八節，細麪八斗，床米一斗，麪一斗，用促（供?）縫帳氈宫人食。次傳，豆一斗，供康禪師用。次傳，宍二節，白羅一斗，供鎮軍摩頓。次傳，宍三節，用作遮（?），楊壂中傳，宍一節，細麪一斗，供鎮軍食。次宍二節，細麪一斗，供史壂中、麴歡岳、葛薩三人食。次氾傳，粟米二斗，供康禪師舍用。次傳，宍三節，細麪一斗，作餅用開帳窗食。十月廿〇八日，麴郎阿住傳，麻叁束壹拔（把），供大波帳上用。次明威嚴傳，油壹昇（升），用摩鎧。次虎牙氾傳，麻一拔（把），供芈（?）頭帳上用，十月卅日，虎牙氾傳，市宍叁節，細麪叁㪷（斗），供耂（?）公主食。次壂中陽傳，市宍捌節，供世子夫人食。康將，市宍叁節，自死宍十二節，麪一九五斗，供客胡十五人賞。次虎牙氾傳，蘇一斗，供供世子送与吴尚書。次傳，市宍陸節，細麪叁九，供康禪師舍用。次壂中陽傳，繡革靴貳兩，並帝。次傳，細麪一斗二昇（升），粟米二昇，供明威慶善小兒二人［侍］［郎］［辛］［傳］，［粟］［三］［斗］［供］□［帳］［中］□□□”

一人下右七人鎧作五日食。次傳麺五斗，死宍三節，供三犒（?）一人五日食。次傳五斗，供同作人五人五日食。次傳市三節，死宍三節，麺六斗，供唐懷意一人下五人看鎧，盡卅日。曹宣威傳，油一升，用摩鎧。唐懷意傳，羊皮三枚，用鎧囊。”這裏的“夫人”“張夫人”，也是指麴伯雅的夫人。“麴”“張”二姓聯姻，還見於以下一件文書，73TAM512：14《武周長壽二年（693）張富琳墓誌》（侯、吴 592）：“上柱國張君墓誌。君諱富琳，字仁禮，西州高昌縣人也。其先出自白水，分枝中夏。子孫相繼，播業前庭。祖父連輝，皆爲國儀。祖仁，僞任廣武將軍，允文允武，乃智乃仁。父隆，僞任武賁將軍，僞駙馬都尉，身材挺特，武藝絶倫，慕化歸朝，遂稴長上校尉。君武賁將軍之小子，乃是公主之所生。貌若潘安，盈車擲果。彎弓猨泣，夏羿自慚。文武兼施，詩書竟習。”該墓誌中“君武賁將軍之小子，乃是公主之所生”明確告訴我們：主人公張富琳是麴氏王族之女的兒子。

通過以上考證，我們對麴氏高昌國世家大族尤其是張姓家族在麴氏王朝的影響力及其背後的原因就有一個比較全面的了解了。

《補編》所收上組文書，還涉及粟特姓氏“史”姓。在上組文書中，“史”姓擔任“通事令史”①。“通事”即通傳文書，北魏時已經設置，在吐魯番出土文書中，既可指舍人，又可指令史，二職並主通傳；“通事令史”即通傳文書之官，“通事令史”及“侍郎”屬於高昌王秘書機構成員，負責接受來自行政部門的文書，通傳章奏，宣傳敕令，他們是中央出納審查機構中門下機關的屬吏（隋唐以後，文案煩瑣，令史已經没有品秩，降爲三省六部及御史臺的低級

① “史”姓是昭武九姓之一，來源於昭武九國之一史國（Kesh，或 Kish，今 Shahrisabz）。考《資治通鑑》卷一九五“太宗貞觀十三年”：“自龜兹、鄯善、且末、吐火羅、焉耆、石、史、何、穆、康等國皆附之。”胡三省注：“史，或曰佉沙，曰羯霜那，居獨莫水南康居小王蘇薤城故地，南四百里，抵吐火羅。”關於“史”氏，參考姚薇元《北朝胡姓考》（修訂本），北京：中華書局，2007 年，第 419—420 頁。

事務官)，但在高昌國時代，“通事令史”往往由高門大姓或外國人擔任①。

---

① 以下是我們對吐魯番出土文書中有關“通事”的統計，可以看出擔任此職者基本上都是高昌國高門大族或能説會道、能書善寫的粟特人等外族人士。69TKM33：1/3（a），1/6（a）《高昌衆保等傳供糧食帳（三）》(1－240)：“次通事▭［斗］八升，供養師一百□□康典□經竟食。次廿二日，將天奴傳，□五□，□［四］九五斗付石子，供提懃婆演使［烏］□［郍］十人道粮。”68TAM99：6（a）《高昌侍郎焦朗等傳尼顯法等計田承役文書》（1－441)：“通事張益傳：索寺主德嵩師交何王渠常田一畝半。”67TAM84：21（b）《條列入官臧錢文數殘奏》(2－3)：“□［案］條列入官臧錢文數，列別如右，記識奏諾。［奉］□。門下校［郎］陰□；門下□□高□；通事□□［索］□；通事□□□□，通事□□□□。”72TAM170：109/4（b），109/15（b），109/10（b）《高昌僧僧明等僧尼得施財物疏（三)》(1－164)：“▭丈五尺取史通事▭匹七十丈。”60TAM339：50/3（a）《高昌某部残奏》(1－399)：“通事令史司空。侍□。史。”66TAM48：25（a），31（a）《高昌延昌二十七年（587）四月兵部條列買馬用錢頭數奏行文書》（1－338)：“謹案條列買馬用錢頭數，列［別］如右。記識奏諾奉行。門下校郎□瓊，通事令史□患，侍郎史養生。延昌廿七年丁未歲四月廿九日兵部奏，□［軍］將軍高昌令尹麴伯雅，□［衛］將軍綰曹郎中麴紹徽，□□□□□□［部］事麴歡，嚴仏畠，翟奇乃。鄭僧道。”64TAM24：35/1《高昌延昌酉歲屯田條列得横截等城葡萄園頃畝數奏行文書》(2－168)：“▭□截俗四半，交河俗二半六十步▭安樂俗八畝，洿林俗四畝，始昌俗一半，高寧僧二半，都合桃壹頃究拾叁畝半。［謹］案：條列得桃頃畝，列別如右，記識奏諾奉□。［門］下校郎麴［瓊］，通事令史麴□。”64TAM24：35/2《高昌延昌酉歲屯田條列得横截等城葡萄園頃畝數奏行文書》(2－169)：“通事令史史□□，□□□□隆□和，陰□▭酉歲九月十五日▭□□□□軍［肤］［疊］□吐諾他跛戢鍮屯發高昌令尹麴伯［雅］。”72TAM194：2《唐開元七年（719）張行倫墓誌》(侯、吴634)：“其增，高昌僞朝授明威將軍，祖，僞朝授通事教郎。”黄文弼《大凉張季宗及夫人宋氏墓表》（侯、吴7)：“河西王通事舍人，敦煌張季宗之墓表。”參考《通典》卷二二《職官四》。請比較《資治通鑑》卷七三“明帝青龍三年”：“中書侍郎東萊王基上疏曰。”胡注：“按此則魏已改通事郎爲中書侍郎矣。”《資治通鑑》卷八三“惠帝永康元年”：“遂告通事令史張林。”胡注：“通事令史，中書令史也。”《資治通鑑》卷九〇“元帝建武元年”：“軍諮祭酒賀循爲中書令，右司馬戴淵、王邃爲尚書，司直劉隗爲御史中丞，行參軍劉超爲中書舍人。”胡注：“《晉志》曰：中書，晉初置舍人、通事各一人，江左合舍人、通事，謂之通事舍人，掌呈奏案。”《資治通鑑》卷一八七“高祖武德二年”：“隋著作佐郎陸從典、通事舍人顔愍楚。”胡注：“《六典》：著作佐郎修國史。《宋百官春秋》云：常道鄉公《咸熙百官名》，有著作佐郎三人。晉制，著作佐郎始到職，必撰名臣傳一人。宋氏之初，國朝始建，未有合撰者，此制遂替。後周，春官府置著作中士，即著作佐郎之任。通事舍人，即秦之謁者。《漢書・百官表》：謁者，掌賓贊受事。《舊儀》云：謁者有缺，選郎中美鬚眉大音者補。晉初中書置舍人、通事各一人，東晉令舍人、通事兼謁者之任，通事舍人之名由此始也。隋初，罷謁者官，置通事舍人。煬帝改通事舍人爲通事謁者。顔愍楚，蓋大業前爲舍人。”關於“通事”，《八瓊室金石補正・中岳嵩山靈廟碑》碑陰題名有河南郡通事一人。又《魏書》卷一一三《官氏志》太和十七年《職品令》亦載“通事”，爲州郡的佐史，傳達文書。周一良指出：“《宋書・百官志》稱漢尚書郎‘主作文書，起立事草’，事即文書也。《續漢・百官志》言侍郎‘主作文書起草’，所指相同。《宋志》又言，魏文帝黄初初置通事郎黄門郎。‘黄門郎已署事過，通事乃奉以入，爲帝省讀書可’。由此知官名通事郎以及後來之通事舍人之事，皆指文書而言。”（《周一良集》第貳卷《魏晉南北朝史札記》，瀋陽：遼寧教育出版社，1998年，第722頁。）（轉下頁）

因爲其與國王接近，所以地位重要，又因爲與語言文字之撰寫與翻譯打交道①，所以與具有多語言文字天賦之兄弟民族人士關係密切。吐魯番文書中又有“通事令使”，即“通事令史”；又有“通事教郎”，即通事校郎；又有“通事舍人”，即掌呈奏案，傳宣敕令和擔任導引之官。三國魏及南朝宋齊時曾置中書通事舍人（或稱舍人通事），爲中書監（省）屬官，專掌出宣詔命，凡有陳奏，皆其持入，參决於中。權任漸重，梁改稱中書舍人，後分爲二，或稱通

關於“通事教（校）郎”，侯燦言：“根據一些學者的研究，在麴氏高昌中央進行運轉的主要有兩套機構：一套爲高昌王直接控制的出納審查機構，另一套爲高昌令尹直接領導的行政執行機構。前者又分文武兩個機關：文的是門下機關，長官有門下校郎，下屬有通事舍人，通事令史、侍郎等官；武的是中兵機關，長官有中兵校郎，下屬有中兵參軍、中郎等官。在高昌令尹直接領導下的行政執行機構，則爲各部長史、司馬等官。張行倫的兩方墓誌均係追述其祖的任官，有可能將兩套機構的官員混淆：通事校郎，或將門下校郎、中兵校郎與通事舍人、通事令史相混稱，教、校相通；門下司馬，或將門下機關官員與行政執行機構官員相混稱。”陳仲安曾經考察“通事令史”的來源並指出：“《晉書》卷二四《職官志》：‘魏黄初初，中書既置監、令，又置通事郎，次黄門郎。黄門郎已署事過，通事乃署名。已署，奏以入。爲帝省讀，書可。及晉，改曰中書侍郎。’通事令史蓋即助通事郎理事之令史。其職居宮中，與門下諸職關係密切。”又：“然此官雖本屬中書，至高昌時則並歸門下。其任務在與通傳章奏，和宣傳勅令。高昌王朝由門下校郎和通事令史傳令的例子在文書中多次出現。”（氏著《麴氏高昌時期門下諸部考源》，收入唐長孺主編《敦煌吐魯番文書初探》，武漢：武漢大學出版社，1983年，第11頁）在唐代亦有“通事舍人”和“通事令史”，可以與高昌國時代相比較。《新唐書》卷四七《百官二》：“通事舍人十六人，從六品上。掌朝見引納，殿庭通奏。凡近臣入侍、文武就列，則導其進退，而贊其拜起、出入之節。蠻夷納貢，皆受而進之。軍出，則受命勞遣，既行，則每月有問將士之家，視其疾苦。凱還，則郊迓。（原注：有令史十人，典謁十人，亭長十八人，掌固二十四人，武德四年，廢謁者臺，改通事謁者爲通事舍人。）”斯610《啓顔録》：“國初有人姓裴，宿衛考滿，兵部試判，爲錯一字落第。此人即向僕射温彦博處披訴。彦博當時共杜如晦坐，不理其訴。此人即云：‘少小已來，自許明辯，至於通傳言語，堪作通事舍人。並解作文章，兼能嘲戲。’彦博始回意共語。”“通事”還可以引申指負責翻譯事務的官員。圓仁《入唐求法巡禮行記》卷四“會昌六年九月廿二日”：“解日本國語，便爲通事。”

① 通傳號令者往往由多語者擔任，請比較《北史》卷五五《孫搴傳》：“孫搴字彦舉，樂安人。世寒賤，少勵志勤學。自檢校御史再遷國子助教。太保崔光引修國史。歷行臺郎。後預崔祖螭反，逃於王元景家，遇赦乃出。孫騰以宗情，薦之齊神武，未被知也。會神武西征，登風陵，命中外府司馬李義深、相府城局李士略共作檄文，皆辭，請以搴代。神武乃引搴入帳，自爲吹火，催促之。搴神色安然，援筆立就，其文甚美。神武大悦，即署相府主簿，專典文筆。又能通鮮卑語，兼宣傳號令，當煩劇之任，大見賞重。”詳參王啓濤《絲綢之路語言新探》第一章《晉唐時期絲綢之路的語言狀況與語言政策》，北京：社會科學文獻出版社，2021年，第1—21頁。

事或稱舍人，各有其職[①]。

綜觀絲綢之路民族史，“史”姓粟特人素來有與高層結交的傳統，他們與突厥高層的關係既深且久，考《隋書》卷十二《禮儀七》：“（大業）三年正月朔旦，大陳文物。時突厥染干朝見，慕之，請襲冠冕。帝不許。明日，率左光禄大夫、褥但特勤阿史那職御，左光禄大夫、特勤阿史那伊順，右光禄大夫、意利發史蜀胡悉等，並拜表，固請衣冠。帝大悦，謂弘等曰：‘昔漢制初成，方知天子之貴。今衣冠大備，足致單于解辮，此乃卿等功也。’弘、愷、善心、世基、何稠、閻毗等賜帛各有差，並事出優厚。”[②] 此处的“史蜀胡悉”所任“意利發”一職，可以比定爲突厥語“eltäbir/eltäbir”或“iltäbir/iltäbär”的音譯，此職尚有“頡利發”“俟利發”“俟利伐”“俟列弗”“俟列發”“希利發”等漢文異寫，《周書》卷五〇《突厥傳》載突厥“大官有葉護、次設、次特勒（勤），次俟利發，次吐屯發，及餘小官凡二十八等，皆世爲之”。可見“俟利發（意利發）”屬突厥大官之列，多授以勢力較大的異性突厥或突厥屬部酋領[③]。

而高昌國（尤其是麴氏高昌）與突厥的關係甚深，所以史姓粟特人與高昌

---

① 詳參王啓濤《吐魯番出土文獻詞典》，成都：巴蜀書社，2012年，第1020—1021頁。

② （唐）魏徵等撰《隋書》，北京：中華書局，2009年，第303—304頁。

③ 突厥境内曾任此職的突厥人，除了史蜀胡悉外，還有始畢可汗時代的安烏唤、默啜可汗之妹婿石阿失畢以及康阿義屈達干之父。《全唐文》卷四三五李至遠《唐維州刺史安侯神道碑》載：“侯諱附國，其先出自安息，以國爲姓，有隋失馭中原，無何，突厥乘時，籍雄沙漠，侯祖烏唤爲頡利吐發（引者按：當爲頡利發），番中官品，稱爲第二。”（北京：中華書局，1983年，第4435頁。）《舊唐書》卷一九四上《突厥上》載火拔頡利發石阿失畢後攜其妻降唐，“制授左衛大將軍，封燕北（山?）郡王，封其妻爲金山公主。”（北京：中華書局，2002年，第5172頁。）《全唐文》卷三四二顔真卿《康阿義屈達干碑》記康公之父“頡利發，默啜可汗衛衙官，知部落都督”（第3474—3476頁）。護雅夫推斷其父及曾祖父當擔任頡利發一職，參見［日］護雅夫《東突厥國家内部におけるソグド人》，《古代トルコ民族史研究》Ⅰ，第61—93頁。又參見彭建英《東突厥汗國屬部的突厥化——以粟特人爲中心的考察》，《歷史研究》2011年第2期，第4—15頁。

國高層的關係緊密也是自然而然的事情了[①]。

---

① ［日］荒川正晴著，殷盼盼譯《粟特人與高昌國麴氏王室》，劉進寶主編《絲路文明》第三輯，上海：上海古籍出版社，2018年，第27—42頁。不知以下一段記載中的史姓是否是粟特人，如果是，那麼，史姓世世代代都注重與高層的深度交往，《北史》卷六一《史寧傳》："史寧字永和，建康表氏人也。曾祖豫，仕沮渠氏爲臨松令。魏平凉州，祖灌隨例遷於撫寧鎮，因家焉。父遵，初爲征虜府鎧曹參軍。杜洛周構逆，六鎮自相屠陷，遵遂率鄉里奔恒州。其後恒州爲賊所敗，遵後歸洛陽，拜樓煩郡守。及寧著勳，贈散騎常侍、征西大將軍、凉州刺史，謚曰貞。寧少以軍功，累加持節、征東將軍、金紫光禄大夫。賀拔勝爲荆州刺史，寧以本官爲勝軍司，隨勝之部。會荆蠻騷動，三鵶路絶。寧先驅平之，因撫慰蠻左，翕然降附。尋除南郢州刺史。及勝爲大行臺，表寧爲大都督。攻梁下溠戍破之，封武平縣伯。又攻拔梁齊興鎮等九城。未及論功，屬孝武西遷，東魏遣侯景寇荆州，寧隨勝奔梁。梁武帝引寧至香蹬前，謂之曰：'觀卿風表，終是富貴，我當使卿衣錦還鄉。'寧答曰：'臣世荷魏恩，位爲列將，天長喪亂，本朝傾覆，不能北面事逆賊，幸得息肩有道。儻如明詔，欣幸實多。'因涕泣横流，梁武爲之動容。在梁二年，勝乃與寧密圖歸計。寧曰：'朱异既爲梁主所信任，請往見之。'勝然其言。寧乃見异，申以投分之言，微託思歸之意，辭氣雅至。异亦嗟挹，爲奏梁主，果許勝等歸。大統二年，自梁歸，進爵爲侯。久之，遷車騎將軍，行涇州事。時賊帥莫折後熾寇掠居人，寧率州兵與行原州事李賢討破之。轉東義州刺史。東魏亦以胡梨苟爲東義州刺史。寧僅得入州，梨苟亦至，寧逆擊破之，斬其洛安郡守馮善道。州既鄰接疆埸，百姓流移，寧留心撫慰，咸來復業。轉凉州刺史。寧未至而前刺史宇文仲和據州作亂，詔獨孤信與寧討之。寧先至凉州，爲陳禍福，城中吏人皆相率降附。仲和仍據城不下，尋亦剋之。後遷驃騎大將軍、開府儀同三司，加侍中，進爵爲公。十六年，宕昌叛羌獠甘作亂，逐其王彌定而自立，並連結傍乞鐵忽及鄭五醜等，詔寧率軍與宇文貴、豆盧寧等討之。寧别擊獠甘，而山路險阻，纔通單騎，獠甘已分其黨立柵守險。寧進兵攻之，遂破其柵。獠甘將百騎走投生羌鞏廉玉。彌定遂得復位。寧以未獲獠甘，遂進軍大破之，生獲獠甘，徇而斬之。并執鞏廉玉送闕。所得軍實，悉分賞將士，寧無私焉。師還，召寧率所部鎮河陽。寧先在凉州，戎夷服其威惠，遷鎮之後，邊人並思慕之。魏廢帝元年，復除凉甘瓜三州諸軍事、凉州刺史。初蠕蠕與魏和親，後更離叛。尋爲突厥所破，殺其主阿那瓌。部落逃逸者，仍奉瓌之子孫，抄掠河右。寧率兵邀擊，獲瓌子孫二人，并其種落酋長。自是每戰破之，前後降數萬人。進爵安政郡公。二年，吐谷渾通使於齊，寧擊獲之，就拜大將軍。寧後遣使詣周文帝請事，周文即以所服冠履衣被及弓箭甲等賜寧，謂其使人曰：'爲我謝凉州，孤解衣以衣公，推心以委公，善始令終，無損功名也。'時突厥木汗可汗假道凉州，將襲吐谷渾，周文令寧率騎隨之。軍至番禾，吐谷渾已覺，奔於南山。木汗將分兵追之，令俱會於青海。寧謂木汗曰：'樹敦、賀真二城是吐谷渾巢穴，今若拔其本根，餘種自然離散，此上策也。'木汗從之，即分爲兩軍，木汗從北道向賀真，寧趣樹敦。渾娑周王率衆逆戰，寧擊斬之。踰山履險，遂至樹敦。樹敦是渾之舊都，多諸珍藏。而渾主先已奔賀真，留其征南王及數千人固守。寧進兵攻之，僞退，渾人果開門逐之，因回兵奮擊，門未及闔，寧兵遂得入。生獲其征南王，俘虜男女財寶盡歸諸突厥。渾賀羅拔王依險爲柵，欲塞寧路，寧攻破之。木汗亦破賀真，虜渾主妻子，大獲珍物。寧還軍於青海，與木汗會。木汗握寧手，歎其勇決，并遺所乘良馬，令寧於帳前乘之，木汗親自步送。突厥以寧所圖必破，皆畏憚之，咸曰：'此中國神智人也。'及將班師，木汗又遺寧奴婢一百口、馬五百匹、羊一萬口。寧乃還州，尋被徵入朝。屬周文帝崩，寧悲慟不已，乃請赴陵所盡哀，并告行師剋捷。周孝閔帝踐阼，拜小司徒，出爲荆州刺史、荆襄淅郢等五十二州及江陵鎮防諸軍事。寧有謀畫，識兵權，臨敵指撝，皆如其策，甚得當時之譽。"同《傳》又載其子雄："字世武。少勇敢，膂力過人，便弓馬，有算略。年十四，從寧於（轉下頁）

《補編》所收上組文書還記載有“辛”姓，可能來自其他民族[①]，擔任通

牽屯山奉迎周文帝。仍從校獵，弓無虛發，周文歎異之。尋尚周文女永富公主。除使持節、驃騎大將軍、開府儀同三司，累遷駕部中大夫、司馭中大夫。從柱國、枹罕公辛威鎮金城。”同《傳》又載其子祥：“字世休，少有文武才幹。仕周，太子車右中士，襲爵武遂縣公。隋文帝踐阼，拜儀同，領交州事，進爵陽城郡公。在州頗有惠政。轉驃騎將軍。伐陳之役，從宜陽公王世積出九江道，破陳師，進拔江州。文帝大悅，下詔慰勉之。進位上開府。尋拜蘄州刺史，遷蘄州總管，徵拜左領軍將軍。復以行軍總管從晉王廣破突厥於靈武。遷右衛將軍。仁壽中，率兵屯弘化以備胡。煬帝時在東宮，遺祥書，論舊行兵時事，申以恩旨。祥爲書陳謝。太子甚親遇之。及即帝位，漢王諒作亂，遣其將綦毋良自滏口徇黎陽，塞白馬津，余公理自太行下河內。帝以祥爲行軍總管，軍於河陰，久不得濟。祥謂軍吏曰：‘余公理輕而無謀，又新得志，謂其衆可恃，恃衆必驕。且河北人先不習兵，所謂擁市人而戰，不足圖也。’乃令軍中修攻具。公理使諜知之，果屯兵於河陽內城以備。祥於是艤船南岸，公理聚甲當之。祥乃簡精鋭，於下流潛度。公理拒之，未成列，祥縱擊大破之。東趣黎陽，討綦良。綦良棄軍走，其衆大潰。進位上大將軍，賜縑綵七千段、女妓十人、良馬二十疋。轉太僕卿。帝嘗賜祥詩曰：‘伯奭朝寄重，夏侯親遇深，貴耳唯聞古，賤目詎知今？早摛勁草質，久有背淮心，掃逆黎山外，振旅河之陰。功已書王府，留情太僕箴。’祥上表辭謝。帝手詔曰：‘昔歲勞公，問罪河朔。賊爾日塞兩關之路，據倉阻河，公竭誠奮勇，一舉而剋。故聊示所懷，亦何謝也。’尋遷鴻臚卿，從征吐谷渾。祥出玉門道，擊虜破之。進位右光祿大夫，拜右驍衛大將軍。”（北京：中華書局，1987 年，第 2185－2190 頁。）校勘記：“建康表氏人也，諸本‘表’作‘袁’。錢氏《考異》卷三二云：‘袁氏當是表氏之譌。’按錢説是。表氏兩漢、魏晉屬酒泉郡，前凉張駿置建康郡，表氏改屬之（參考洪亮吉《十六國疆域志》卷七、卷一〇）。《通志》卷一五六《史寧傳》正作‘表’，今據改。”（第 2198 頁）

① 在敦煌文書中有此姓，參考［日］池田温《唐研究論文選集》，北京：中國社會科學出版社，1999 年，第 59－60 頁。檢《元和姓纂》卷三：“周有項亶，賜姓辛氏；生偃武，唐洛州刺史，生義同，屯田郎中。”岑校：“周有項亶，據下卷六項姓文，‘項’當作‘項’。”（（唐）林寶撰，岑仲勉校記《元和姓纂》，北京：中華書局，2008 年，第 364 頁）敦煌吐魯番文書中的“辛”似另有來源。“辛”姓人士還見於以下吐魯番出土文書，72TAM171：12（a），17（a），15（a），16（a），13（a），14（a）《高昌延壽十四年（637）兵部差人看客館使文書》（2－76）：“▭［次］羈人趙頭六々、王歡兒貳人，付甯僧護，用看［珂］▭ ▭［懃］、蘇弩胡鹿大官、公主時健大官▭。▭［付］［毛］［海］［隆］，［用］［看］毗伽公主［寒］□□婦兒伍日。次辛歌鹿，張憙相貳［人］，［付］魯阿衆，用看摩奋提懃婦兒、阿賴闋梓婦兒、阿□□□□□［伍］［日］。［次］□□□鄭海兒貳人，付參軍海相，用看客館伍日，次良朱識，付畦亥生，用看漢客張小憙，次氾勝歡，付曹［破］［延］，［用］□□真朱人貪旱大官。好延枯騰（臘?）振摩珂賴使金穆烏［紇］［大］［官］［伍］日。次小張海［住］，付康善財（射?），用看塢耆來射卑婦兒伍日。令狐資弥胡，付王善祐子，用看尸不逻衩旱大官［伍］日。次廿日，康阿父師，白留子貳人，付甯僧護，用看珂寒蔔。”72TAM171：10（a），18（a）《高昌延壽十四年（637）兵部差人看客館客使文書》（2－78）：“□亶破延，［用］［看］苻［離］［拙］使肥逻［大］官，寧受□［苻］離拙阿利摩珂大官，真朱人貪旱大官，好［延］胡騰［振］摩珂賴使金穆烏紇大官伍日。次［范］石兒，付［辛］伯兒，用看居倫拙使伍日。”大谷 2925《西州高昌縣退田文書》（《大谷》一，圖版四一）：“▭［南］二里索渠。東辛歌羅禄，西官田，南［渠］，北令狐黑是▭□▭西令狐孝順，南趙□▭ ▭□▭”“辛”姓還見於唐西州時期的文書，72TAM189：14《唐西州高昌縣梁仲德等户主田畝簿（一）》（4－110）：“一段壹［畝］常田。城東廿里柳中縣，東至道，西辛懷尉，南至道，北辛父師。”

［事］令史。上揭《補編》所收吐魯番文書中的“辛孟護”，又見於另一件文書，72TAM155：37（a）《高昌某年傳始昌等縣車牛子名及給價文書》（1—428）：“□□［歲］二月廿二日，酒泉令陰世皎宣：門下校郎司空明犖，通事令史辛孟護貳人傳。”“辛”姓人士擔任“通事令史”，還見於另外一件文書，72TAM155：29《高昌諸臣條列得破被氈、破褐囊、絶便索、絶胡麻索頭數奏一》（1—429）：“門下事威遠將軍臣麴；門下校郎臣司空；［行］門下事璺中將軍臣高，通事令史臣辛，［通］事令史臣史。”

《補編》收録的文書爲我們提供了基層組織運行的資料。比如“坊正”，即管理坊的負責人，尤其是管理坊門的開閉和本坊治安訴訟，民事糾紛，同時，病坊負責人也稱坊正。72TAM230：75/1《唐坊正康進感殘文書》：“（前缺）廿四日（引者按：此三字大，可能是批示）。[　　　]到。今將隨送，三月廿五日坊正康進[　　　]舉示。廿五日（引者按：此五字大，可能是批示）。（後缺）”“康進”之後的文字殘泐，如果補全，實際上就是“康進感”，此件文書無武周新字，應該寫成於武周之前的高宗時代。該文書與下件文書同出土於吐魯番阿斯塔那230號墓，請比較72TAM230：73（a），71（a）《武周天授二年（691）知水人康進感等牒尾及西州倉曹下天山縣追送唐建進妻兒鄰保牒》（4—70）：“牒件狀如前，謹牒。𠀑𥠢二𠦚壹𠥱十一𡆠知水人康進感等牒。付司。傑示。十一𡆠。一𠥱十一𡆠録事使博士撿録事仁付。連。感白。倉曹十二𡆠。”又請比較72TAM230：75，76《武周天授二年（691）康進感辯辭》（4—74）：“康進感𠦚卅九[　　　]，進感［辯］[　　　][　　　]。謹審：但進感去𠦚知水已[　　　]注撿挍主薄高禎城南，城北見[　　　]□餘畝，借問並稱是自家職田[　　　]又無田塋、傾畝、塋段、四至人名，無憑[　　　]種塋，請撿驗即知。被問依實，謹辯。[　　　]𡆠。”原来，康進感還做過知水。

“坊正”廣泛見於唐貞觀以來的文書。67TAM91：28（a）《唐貞觀十七年（643）何射門陁案卷爲來豐患病致死事》（3—3）：“[　　　]八月十二［日］，[　　　]射既稱好［供］[　　　]□□［知］委，先不与來[　　　]親，若爲肯好供給▭不覓醫治，仍顯是▭看，并問坊正，來［豐］▭患，若爲檢校，不▭致令非理▭”[①] 67TAM91：29（a），30（a）《貞觀十七年（643）八月何射門陁案卷爲來豐患病致死事》（3－4）：“既爲改更，物［更］▭知此。此宜問▭節義坊正麴伯恭▭十八，恭 E。▭［恭］辯：被問來豐身［患］▭，爲檢校，不申文牒，致▭理而死者，謹審。其［來］▭四月内，因患致此，奉［前］▭趙儁處分。令於坊▭［置］。即於何射門陁▭人至▭即報▭。▭□▭”72TAM204：18《唐貞觀二十二年（648）洛州河南縣桓德琮典舍契》（2－152）：“［貞］［觀］廿二年［八］月十［六］日，河南縣張□□［索］法惠等二人，向縣訴桓德［琮］□宅價錢，三月未得。今奉明府付坊正［追］向縣。坊正、坊民令遣兩人和同，别立私契。其利錢限至八月卅日付了。其贖宅價錢，限至九月卅日還了。如其違限不還，任元隆宅与賣宅取錢還足。餘乘任還桓琮。兩共和可，［畫］指爲驗｜｜｜（引者按：終文符號）。負錢人桓德琮 E 琮（引者按：在“琮”字上面及其後空白處有畫指，但又有“琮”字，不知是不是本人簽字），男大義 E 義（引者按：在第一個“義”字後空白處有畫指，但畫指裏面又有“義”字，不知是不是本人簽字），同坊人成敬嗣 E 嗣（引者按：在“成敬嗣”左側空白處有畫指，但畫指裏面又有“嗣”字，不知是不是本人簽字），坊正李差經（?）。”59TAM302：35/1《唐永徽元年（650）坊正張延杏殘牒》（2－184）：“牒件狀如前，謹牒。永徽元年二月十日坊正張延杏▭”73TAM507：66TAM61：21（a）《唐麟德二年（665）坊正傅某牒爲追送畦海員身到事》（3－236）：“□義□畦海員。右被帖追上件人送者，依追身到，今隨▭牒件狀如前，謹牒。麟德二年五月十

① 對於此件文書，劉俊文分析道：“皆似病坊之制。從來豐因病致死，縣司勘問何射門陁如何供給，爲什麽不覓醫治；勘問坊正如何檢校，爲什麽不申文牒，致令非理而死。可知凡入病坊養病者，皆須好加供給，並覓醫療治；坊正亦須隨時檢校，並具文牒申報，如非理致死則追究責任。”氏著《敦煌吐魯番唐代法制文書考釋》，北京：中華書局，1989 年，第 517 頁。

六日坊正［傅］▭問。式示。十▭”73TAM507：012/2－1（a），012/2－2（a）《唐儀鳳二年（677）後西州殘差科簿（?）（一）、（二）》（2－272）：“□□典獄並差行▭□畔陁□□坊正。□□破除差行▭□［人］見任。”73TAM501：109/12－5《武周州公廨白直課錢文書（二）》（3－397）：“未有申處▭縣已差坊㠪▭”73TAM509：8/19《唐某人與十郎書牘》（4－336）：“緣鍾草々，昨縣家令竹真楷□□終日共麹五啾唧。當城置城主四，城㞱兩人，坊正、［里］［正］［横］催等在城有卌餘人，十羊九牧，其竹楷所有申文狀，並不肯署名。”考《通典》卷三《食貨》三“鄉黨”：“在邑居者爲坊，别置正一人，掌坊門管鑰，督察奸非，並免其課役。”

2.法律

《補編》還收录了一批契約，涉及買賣、夏佃、雇傭。比如73TAM519：31/3《唐麟德元年（664）某人雇張信、光慶契》：“□［德］［元］年十二月廿伍▭□銀錢肆伍文，［雇］▭□□［兩］个六十日，其［錢］▭▭文，]正▭ ▭到叁月与錢十伍文，▭高昌之日［還?］，▭文，若有不（逋）留，官▭［光］［自］［當］。張信悉不知。先有悔▭貳，入不悔人。張信、光慶兩个▭［光］作來，不相見，光慶不來，若▭□伍文，入光，八月五日与▭二月□▭（後缺）”①

---

① 請比較2004TBM113：6－4《唐咸亨元年（670）五月二十二日西州高昌縣寧大鄉白歡信雇人契》（榮、李、孟63）：“□［亨］元年五月廿二日，寧大鄉［人］▭□［歡］信交用錢三文，故同鄉［人］▭□［守］議作白水爲用五日，若［有］□▭□者，一仰守議知當官罪。白［歡］▭□［兩］和立契，畫指爲信。錢主白歡［信］。（後缺）”寧樂一四（4）、一六（4）、二六（1）號《唐開元二年三月二十日赤亭鎮典任管牒爲檢白仁軌閏二月番上事》（50）：“依撿案内上件人，去月二日被州二月三十日▭上件仁軌終服，胡麻泉烽准舊例故（雇）上者。”60TAM337：11/2《唐永徽七年（656）西州高昌縣寧昌鄉令狐相□受雇上烽契》（2－226）：“［永］徽七年七月十五□，▭ ▭［文］半，用雇寧昌鄉人令□▭ ▭壹拾伍日，烽上逋留，官罪。一［仰］［令］□□□▭不知。若不承了，謫銀錢拾文入范。兩和立獲卷爲信。［錢］▭知見焦養□，受雇（轉下頁）

這是一件雇人代做官方勞役的契約，這件契約所雇的勞作時段非常長，張信受雇代服徭役，還見於其他文書，69TAM140：17/3《唐張信受雇上烽契》（2—200）："▭月十四日▭　▭銀錢陸文，雇同鄉人▭　▭烽一次十五日。若上▭　▭［有］罪，一仰張信自▭　▭一罰貳入不悔人▭　▭信。"①

《補編》收録了一件夏田契。06TAM601：24/2—1《唐永徽五年（654）高昌縣范塩塩夏田契》："永［徽］▭從武城鄉▭人張舃塩邊▭渠上麦田肆畝，次夏索柱歡肆畝。二人田要逕伍用種。初六年中［壹］年，即日交与夏价小麥肆斫，二人殘肆年，□［索］二人，与夏價小麦肆斫，年到七月□□□□［使］净好，依高昌平九中取。若不［净］□□，▭［過］

令狐相□。" 60TAM326：01/1，01/2《唐西州高昌縣武城鄉張玉塠雇人上烽契》（2—254）："▭正月廿八日，武城鄉▭　▭銀錢八文，雇同鄉人解知德當柳中□▭　▭壹次拾伍日。其錢即日交相［付］□。［若］烽上有逋留，官罪，壹仰解知德當。張玉塠悉不［知］。［若］有先悔者，一罰貳入不悔人。□▭［指］爲記。錢主□□塠，受雇人□知德 E。保人張扳德 E，知見人張仁豐 E。" 73TAM519：31/4《唐袁歡慶雇張善□用上州槽契》："▭［馬］袁歡慶［交］［用］［錢］▭　▭用州槽上壹次十五▭　▭歡慶［不］▭立契▭番遠使者，［日］［別］［十］廿三日更不出錢［者］▭，□□［袁］受雇人張善□知見人▭知見人▭（後殘）"（第五行墨汁較濃，文字爲"立契▭□"）

① "張信"還見於另外兩件文書，64TAM35：60（a）之一《武周載初元年（689）西州高昌縣寧和才等户手實》（二）》（3—501）："合受常部田。一段半畝常田，城南一里杜渠，東張海，西康得，南渠，北渠；一段一畝半常田，城西卌里交河縣，東塞，西官田，南官田，北官田；一段二畝常田，城北廿里新興疊底渠，東曹磨羅，西渠，南王丘慈，北渠；一段二畝常田，城南二里王渠，東白圈々，西渠，南范阿留，北馬禿子；一段二畝常田，城南二里杜渠，東白毡子，西田石師，南氾建緒，北和武集；一段四畝部田，城東五里胡道渠，東荒，西荒，南荒，北麹老師；一段一畝部田，城西十里南路塢，東渠，西渠，南荒，北渠；一段四畝部田，城西五里毛頭渠，東張斌，西渠，南渠，北宋行；一段一畝部田，城西五里馬塠渠，東荒，西荒，南張信，北渠；一段一畝部田，城東五里左部渠，東水田，西陰伯，南范隆，北渠；一段一畝部田，城東五里胡道渠，東張尾，西渠，南渠，北渠。"不知以下一件文書中的"張文信"是否與"張信"爲同一人。OR. 8212/570Ast. Ⅲ. 4. 090《武周天授三年（692）西州高昌縣武城鄉張文信租田契》（沙、吴 1—132）："𠀑穐三𠡦壹𠥱拾捌𡆠武城鄉人張文信▭海多邊租取棗樹渠部田伍畝▭麥√小壹斫，就中交付叁畝價訖。［餘?］▭□價到六𠥱内分付使了。若到六［𠥱］▭者，壹罰貳入康。若到種田之日，不得田［佃］▭壹斫罰貳百+升入張文。兩和立契，畫指▭契，兩本各執一本。田主康海多；租田人張信（"信"下面開始畫指 E）；知見人翟寅武（"武"後左邊開始 E）；知見人白六洛（"洛"後左邊開始 E）；知見人趙胡單。"

其月不上，過一月一九上□□□□□渠破水讁，仰耕田人□□□□□破，隨大匕列。三主合同立□□□□悔者，[出]絁練貳疋入不悔□。□□□[相]和立契，獲指爲記。夏田人范塩々E，田主張鼠塩E，田主索柱歡E。知見人趙智歡E，□□□辛海隆E。"[①] 在此件契約中，由於簽約各方全部畫押，所以可能是地位平等的契約[②]，加之此件文書夏田共計八畝，其夏價以糧食支付，且是在簽約之日與簽約之後分期支付，所以可能是實實在在地用於耕種，而非夏入方變相放高利貸（也就是説，夏入方家境富裕，擁有存儲的糧食，在饑荒或春耕的時節用麥子提前支付田地租金，乘人之危以較低價格租取田地以自用，行借貸之實，或囤積田地以牟利，而夏出方因生活所迫或别的原因被迫出租田地），或因給對方解决實際困難而租賃其田耕種[③]，也非夏出方因富有而租田給貧窮的佃農以行剥削之實[④]。此件契約與另一件契約極爲近似，64TAM24：28《唐永徽二年（651）孫客仁夏田契》（2—178）："永徽二年十月一日，孫客仁於趙歡相□□□□渠常田肆畝，要逕六年佃。年田壹畝，与夏價□□□□□[䣊]。到五月内，上麦使畢；十月内，上秋[麦]□□。□□[其][月][不][畢]，[壹]□□□□[舊]袁䣊中取。使□□□□若不净好，聽向風常取。租殊佰役，仰田主了。渠破水讁，仰佃田人了。壹年与草肆圍，與兙壹車。兩主和可，獲指爲信。田主明元E；夏田人孫客仁E，知見□阿護E；知見索阿側。"

---

① 此件文書文字漫漶，所録或有不確，俟再酌。

② 在契約中，强勢的一方往往不畫指，如果簽約雙方都畫指，説明地位是相對平等的，參見王啓濤《絲綢之路語言新探》第四章《吐魯番出土文獻標識符號研究》，北京：社會科學文獻出版社，2021年，第212—244頁。

③ 比如以下一件文書，乃是因爲逃走衛士和隆子新興張寺潢口分田貳畝半無人耕種，不得已租出來，其租價用充隆子兄弟二人庸緤直，所以田地租入方反而是强勢一方，故在契约中不畫指。64TAM35：20《唐垂拱三年（687）西州高昌縣楊大智租田契》（3—493）："垂拱三年九月六日，寧戎鄉楊大智交□小麦肆斛，於前里正史玄政邊租取逃走衛士和隆子新興張寺潢口分田貳畝半，其租價用充隆子兄弟二人庸緤直。如到種田之時，不得田佃者，所取租價麥，壹罰貳入楊。有人悋護者，仰史玄應當。兩和立契，畫指爲記。租佃人：楊。田主：史玄政E；知見人：侯典倉E。"

④ 詳參王啓濤《絲綢之路語言新探》第215頁。

以上唐西州時期的契約很明顯是對高昌國時代的契券有所繼承，請比較86TAM386：33－1、33－2《高昌延昌三十八年（598）参軍張顯□租葡萄園券》（柳418）："延昌卅八年戊午歲十月廿五日，参軍張顯□［從］▭役取南薗蒲桃宕□東分，承官名役貳畝，要迳陸年▭歲十月卅日還［桃］塥。桃中役使，未歲五月至巳前仰寺了。至巳後仰参軍承了。参▭［至］子歲［盡］，□［租］盡仰張参□［自］承了。子▭仰張参軍自承了。至巳後付［寺］▭参軍要爲了。被錦半張，若官常□□▭二主，各不得返悔。悔者一罰二入［不］□□□▭［行］二主，各自署名爲信。時見，侯桑保，［倩］書，蘓法信。"60TAM326：01/7，01/8《高昌□污子從麴鼠兒邊夏田、鼠兒從污子邊舉粟合券》（2－251）："［兒］邊夏中渠常田壹畝半，畝交与夏價銀錢拾陸文，田要迳壹年。貲祖佰役，□［悉］不知。若渠破水讁，麩郎悉不知。夏田價□□□［仰］污子爲鼠兒償祖酒肆斛伍㪷。酒□□［多］少，麩悉不知。仰污了。二主和同，即共立［券］。□成之後，各不得返悔。々者一罸二入不悔者。民有私要，々行二主，各▭［污］子邊舉粟［伍］［斛］，［到］［十］［月］［内］▭［壹］㪷，麩郎身東西无，粟生本仰婦兒上。倩書索僧和，□□□□□［僧］。"72TAM155：31《高昌延壽六年（629）鄭海隹夏田券》（1－426）："□［壽］六年己丑歲正月十日，鄭海隹從賈▭□［夏］東渠内闞寺常田肆畝，要迳壹年，［得］▭▭［價］大麦伍斛，与秋伍斛，到五月内，上麥▭▭使畢。若過［期］□不［畢］▭"69TAM117：57/3《高昌延壽九年（632）曹質漢、海富合夏麥田券》（2－289）："□□□年壬辰歲十一月廿二日，曹質漢、張参軍作人海富貳人從□□□［邊］夏石桑南奇部麦田拾叁畝，要迳伍孰年。々到七月□□□□麦貳斛使畢，凈好，若不凈好，聽自常取。夏價依官斛中取。□□□手下宕取田中伍畝。▭張奮武。田中租殊伯［役］，□□□□；渠破水讁，仰耕田▭不得脱取。田中要否□□□，若脱田取時，罸▭［立］卷，々成之後，各不得［返］□。□［者］一罸二入不悔［者］。□□□名爲信。指節爲［明］E（在“指”字上方及下方、“節”字下面各畫一横）。指節爲［明］E（在“指”字上方及下方、“節”字下面各畫一横）。海□，指節爲［明］E（在“指”字上方及下方、“節”字下面各畫一横）。指節爲［明］E（在“指”字上方及下方、“節”字下面各畫一横）。”又請比較69TAM117：57/10《唐貞觀十六年（642）某人夏田券》（2－294）：“□［觀］［十］［六］［年］□□□［邊］夏大渠王□□□要迳壹年，到□□□畝与夏價大□□□内，畝与粟貳□［伍］㪷。田官索□□□［寺（?）］九斗中。租殊佰□，□田主了。渠破水□□□，同立卷，々成之後，□□得返悔，々者一罰二□□□行二主，各自［署］名□□。□□□，僧□。□□□E，□□□E□，□、吴海仁E□；知見人：［高］師、道□；臨坐：苻洛仁E。”64TAM24：26《唐貞觀二十二年（648）索善奴佃田契》（2－177）：“貞觀廿二年十月卅日，索善［奴］□□□夏孔進渠常田肆畝，要迳□□□年别田壹畝，与夏價大麦五斛。与□□□□々到五月内償麦使畢。到十月内償□□畢。若不畢，壹月麦秋壹斛上生麦秋壹□□。若延引不償，得拙家資平爲麦秋直。若身□西無者，一仰妻兒及收後者償了。取麦秋之日，依高昌舊故平袁斛中取。使净好，若不好，聽向風常取。”

《補編》還收録了一件“買馬契”，73TAM519：31/5《唐貞觀廿三年（649）僤信索住歡從張苻衛邊買馬契》：“□［觀］廿三［年］□□□張苻衛□［僤］信、索［住］歡二人買□□□馬壹疋。□□即日交用水練伍疋，僤［信］出練貳分，住歡［出］練壹分。若右人呵道偲馬者，仰張自當。索□［知］，兩和立可，獲指□信□□□。□□□E□□□E□，知見□□□知見馮伏官。”“水練”即通過水湅方式製成的練。往往在買賣契約中充當支付手段，請比較64TAM4：44《唐龍朔元年（661）左憧憙買奴契》（3－212）：“龍朔元年五月廿三日，高昌縣崇化鄉人前庭府衛士左憧憙，交用水練陸疋，錢伍文，緲中縣五道鄉蒲昌府衛士張慶住邊買奴壹人。字申得，年拾伍□□□不□□□奴及練到日，交相付□□□三日得悔。□□□者壹［仰］

▭爲信｜｜｜”[1] 清朱駿聲《説文通訓定聲・乾部》：“練，叚借为湅。”《周禮・考工記・㡃氏》：“㡃氏湅絲，以涚水，漚其絲七日，去地尺暴之。晝暴諸日，夜宿諸井，七日七夜，是謂水湅。”《文選》卷三四枚叔《七發》：“於是澡槩胷中，灑練五臟。”李善注：“練，猶汰也。”漢蔡邕《琴歌》：“練余心兮浸太清，滌穢濁兮存正靈。”[2]

《補編》還收有數件“辭”。“辭”（在吐魯番寫本文獻中常常寫作“辞”“辝”[3]），本指供狀、供述，也指陳述請求（包括請給過所的原件公文、没有公職身份的庶民百姓上書給各級部門），還指回答，名詞動詞兼用，用於下級對上級，在以吐魯番爲代表的的西域文獻中廣泛使用，L. A. VI. ii02—沙木763（侯、楊376）[4]：“十月卅日受兵胡秋兒辞將勑以報著重上持刀盾營壞不及，取亡失，審辞□▭”66TAM59：4/2—4（a），4/2—5（a）《北涼玄始十二年（423年）失官馬責賠文書一》（1—14）：“▭［李］頡前列辝▭ ▭□吻馬一匹，付兵王冬［恩］▭ ▭陪馬，即責恩辝▭亡馬。”66TAM59：4/1（b）《北涼玄始十二年（423）翟定辭爲雇人耕床事》（1—16）：“玄始十二年□［月］廿二日，翟定辝：昨廿一日顧王里、安兒、堅強耕床到申時，得大絹□疋▭今爲□与□安、堅二口▭ ▭等□可▭ ▭狀如前。”2006TSYIM4：3—1《北涼義和三年（433）二月十五日張未興辭》（榮、李、孟192）：“▭李洿前詣辞稱；人白▭”66TAM62：6/7《翟彊殘辭》（1—53）：“▭翟彊辞▭績□詣。”79TAM382：6—2《北涼緣禾五年（436）民杜犢辭》（柳391）：“緣禾

---

[1] “｜｜｜”乃終文符號，表示下面不能再添寫文字。

[2] 張傳璽指出：“水練，白色熟絹。以水煮之使熟，故稱水練。”（氏著《中國歷代契約會編考釋（上）》，北京：北京大學出版社，1995年，第199頁）

[3] “辝”、“辞”都是“辭”的俗字，考《龍龕手鏡・辛部》：“辭，音詞訟也，以辭解理也。”緊接着言：“辝，同上。”緊接着又言：“辤，古文音詞，辤理也。”清朱駿聲《説文通訓定聲・頤部》：“辭，分争辯訟謂之辭。”清徐灝《説文解字注箋・辛部》：“辭，凡有説以告於人者謂之辭。”

[4] “侯、楊376”表明此件文書圖版見於侯燦、楊代欣《樓蘭漢文簡紙文書集成》，成都：天地出版社，1999年，第376頁。

五年二月四日，民杜犢辭：犢有貲七十八斛，自爲馬頭。宋相明有貲十六斛在犢，馬著身即自乘。去前十月内胡賊去後，明共犢私和義，著有貲，義身□□取馬之［際］，困□。”2006TSYIM4：3－19a＋2006TSYIM4：3－19b《北涼某年九月十六日某人辭》（榮、李、孟 212）：“（前缺）▭□陳相奴□▭閉獄責實辭，須知復白，事▭校曹主薄▭主薄□，九月十六▭廷掾▭功曹史。録事▭（後缺）”72TAM152：22《高昌延昌六年（566）吕阿子求買桑葡萄園辭》（2－140）：“延昌六年丙［戌］□□□八日，吕［阿］□辭：子以人微産□尠少，見康□有桒蒲桃一薗，□求買取，伏彭壓下照茲所請，謹辭。中兵參軍張智壽傳令：‘聽買取。’”① 64TAM15：15（a）《唐貞觀十四年（640）西州高昌縣弘寶寺主法紹辭稿爲請自種判給常田事》（2－28）：“貞觀十四年十二月廿七日弘寶寺主法紹辭：前判淂附庸上常田件畝數，爲作弘寶寺田墣，以充僧供養，運糞著田中，并斫田竟。今時量官田家不与，乞索作寺名，寺家自種，請以諮陳，請裁，謹辭。上坐、寺主、都維那寸辭。”寧樂二八（5）、二一（2）號《唐開元二年閏二月蒲昌縣牒爲衛士范君住母亡准式喪服事》（41）：“蒲昌縣衛士范君住母楊。蒲昌府：得上件人辭，稱母今月五日身▭狀勘責，得里正趙君傲、保人劉叡▭者。范君住母亡，勘責不虚，别牒府▭季終舉申者。此已牒鄉訖，牒至准式。”65TAM40：36《唐殘辭》（3－301）：“□□今忖思東西經紀無處可得，請乞允許，請裁，謹辝。”72TAM188：11《唐開元三年（715）交河縣安樂城万壽果母姜辭》（4－34）：“開元三年八月 日交河縣安樂城百姓万壽果母［姜］［辝］。縣司：阿姜女尼普敬，□□山人，年卅二，不用小注，請裁。辝。”73TAM509：8/4－2（a）之一《唐開元二十一年（733）唐益謙、薛光泚、康大之請給過所案卷》（4－271）：“甘州張掖縣人薛光泚年貳拾陸，母趙年陸拾柒。泚妻張，年貳拾貳。驢拾頭並青黄父，各捌歲。右同前。得上件人辭稱：

① 對於此件文書，吴震指出田園買賣的行爲必須事先向王國最高統治者提出申請“辭”，並得到同意批准的命令後才能實現。氏著《吴震敦煌吐魯番文書研究論集》，上海：上海古籍出版社，2009 年，第 519 頁。

將母送婆神柩到此。" 73TAM509：8/1（a）之二《唐寶應元年（762）六月康失芬行車傷人案卷》（4－330）："元年建未月 日，百姓曹没冒辤。" 65TAM40：36《唐殘辭》（3－301）："□□今忖思東西經紀無處可得，請乞允許，請裁，謹辤。" 64TAM29：116（a）《唐趙醜禿等辭爲勘當鞍轡事》（3－357）："［趙］醜禿、寧相□□早將馬[缺][缺]時主薄勘當，［唯］［得］馬，不出鞍轡，判[缺]醜禿等鞍轡。鄉［司］比來絶不爲[缺]辭陳，請裁。謹辞□□[缺]" 73TAM509：8/12－1（a），8/12－2（a）《唐開元十九年（731）唐榮買婢市券》（4－264）："開元拾玖年貳月日，得興胡米禄山辞：今將婢失滿兒，年拾壹，於西州市出賣與京兆府金城縣人唐榮，得練肆拾疋。"[①] 檢《漢書》卷四七《文三王傳》："丞相長史、大鴻臚丞即問，王陽病，抵讕置辭，驕嫚不首，主令與背畔亡異。" 吴恂案："師古曰：'抵，距也。讕，誣諱也。不首謂不服其罪也。主令者，於法令之條，與背畔無異也。'劉攽曰：'驕嫚當屬上句，立使人殺人而拒諱不服也。使人殺之，此是不首主令之辠也。令音零。'先謙曰：'劉説上也字，疑言之誤也。'連下爲句，此文王陽病抵讕句，置辭驕嫚句，不首主令句，陽病，即抵讕，謾言患病，不與長史丞相見也。《説文》：讕，抵讕也。《類篇》引作抵讕也。又云：詆、讕，誣言也。讕或借闌字，《史記·孝文紀》而後相謾。《索隱》引韋昭説。謾者相抵闌也。並與此同義，不當分疏，置辭謂具供辭，與下文今王當受詔置辭同。主令猶言主使。"[②] 《漢書》卷四十《張陳王周傳》："勃恐，不知置辭。" 師古曰："置，立也。辭，對獄之辭。" 吴恂案："置辭，措辭也。顔氏訓置爲立，義反不明。"[③] 《三國志》卷五二《吴書·顧雍傳》載吴國吕壹犯罪，顧雍前往審訊，"壹以囚見，雍和顔色，問其辭狀。"《資治通鑑》卷七四"明帝景初二年"："丞相雍至廷尉斷獄，壹以囚見。雍和顔色問其辭狀，臨出，又謂壹曰：君意得無欲有所道乎？

① 此處之"辞"，即米禄山賣婢給唐榮後，爲申請市券給唐榮，作爲執照而上報的狀辭。參考張傳璽《中國歷代契約會編考釋》上册，北京：北京大學出版社，1995 年，第 205 頁。

② 吴恂《漢書注商》，上海：上海古籍出版社，1983 年，第 130－131 頁。

③ 氏著《漢書注商》第 96 頁。按：師古注是而吴恂非。

壹叩頭無言。時尚書郎懷敘面詈辱壹，雍責敘曰：'官有正法，何至於此！'有司奏壹大辟，或以爲宜加焚裂，用彰元惡，吴主以訪中書令會稽闞澤，澤曰：'盛明之世，不宜復有此刑。'吴主從之。"《太平廣記》卷一七一"袁安"條（出晉周斐《汝南先賢傳》）："漢袁安爲楚相。會楚王坐事，平相牽引，拘繫（引者按："繫"字原闕，據明抄本、許本、黄本改）者千餘人。毒楚横暴，囚皆自誣。歷三年而獄不决，坐掠幽而死者百餘人。天用炎旱，赤地千里。安授拜，即控轡而行。既到，决獄事，人人具録辭狀，本非首謀，爲王所引，應時理遣。一日之中，延千人之命。其時甘兩滂霈，歲大豐稔。"《資治通鑑》卷二〇〇"高宗顯慶四年"："凉州刺史趙持滿，多力善射，喜任俠，其從母爲韓瑗妻，其舅駙馬都尉長孫銓，無忌之族弟也，銓坐無忌，流巂州。許敬宗恐持滿作難，誣云無忌同反，驛召至京師，下獄，訊掠備至，終無異辭，曰：'身可殺也，辭不可更！'吏無如之何，乃代爲獄辭結奏。"早在先秦，"辭"就是官府文書之一，指訴訟中的辯護辭和口供、回答，《尚書·吕刑》："兩造具備，師聽五辭。"（東漢六朝史書中此類用法亦夥[①]）也指控訴之辭，《唐六典》卷一"三師三公尚書都省"："凡下之所以達上，其制亦有六：表、狀、箋、啓、牒、辭。（原注：表上於天子，其近臣亦爲狀。箋、啓於皇太子，然於其長亦爲之，非公文所施。九品以上皆曰牒，庶人言曰辭。）"辭文一般在文首有某年某月　日某辭，文尾有"請裁，謹辭"一類的話，然後是官員的批付判示等[②]。

《補編》收録的"辭"中，有一件爲昔年漏出殘片，無墓及文書編號。朱雷先生據紙質、内容、法律文書格式、筆迹考訂，將兩件殘片綴合爲一，並新予文書編號。此文書與昔年刊布於《吐魯番出土文書》圖文本第肆册之七〇一七六頁所收《唐建進告主簿高元楨職田違制調查案卷》比較，人名、内容、

① 參考方一新《東漢魏晉南北朝史書詞語箋釋》，合肥：黄山書社，1997年，第25—26頁。

② 其行款格式可以參考《劉宋皇太子監國儀注》。又參考柳洪亮《高昌郡官府文書中所見十六國時期郡府官僚機構的運行機制——高昌郡府公文研究》，收入柳洪亮《新出吐魯番出土文書及其研究》，烏魯木齊：新疆人民出版社，1997年，第267—329頁；孟彦弘《唐代"副過所"及過所的"副白"、"録白案記"辨釋》，《文史》2008年第四輯，第89—114頁。

格式、若干筆迹亦同。故朱雷先生定名斷代依舊。文書中的“唐建進”，是武周時代一名三十七歲的男子，他向州裏控告主薄高楨營種還公、逃死、户絶田地，將其侵占爲職田[①]，官府接到辭狀後，要傳唤他到官府辦公場所來詳述有關情况[②]，同時還要向建進的妻兒、鄰保瞭解他告發内容的真實情况，向全城老人、城主、渠長、知田人、知水人等調查主薄高元楨去年實種幾畝麥，唐建

① 72TAM230：67《武周天授二年（691）唐建進辯辭》（4—72）：“□□［辯］［被］［問］：建進若告主薄營種還公、逃死、户絶田埊，如涉虚誣，付審已後不合更執。”“户絶”即“絶户”，全家死光，“絶户田”即因全家死光而無人承繼的土地，按法令應該及時還公，更以給人，但在西州，絶户田也有暫時佃種的。陳國燦《對唐西州都督府勘檢天山縣主簿高元楨職田案卷的考察》，收入唐長孺主編《敦煌吐魯番文書初探》，武漢：武漢大學出版社，1983年，第455—485頁。

② 72TAM230：73（a），71（a）《武周天授二年（691）知水人康進感等牒尾及西州倉曹下天山縣追送唐建進妻兒鄰保牒》（4—70）：“牒件狀如前謹牒。𠀑𥠢二𠦚壹𠥱十一𡆠知水人康進感等牒。十一𡆠。一𠥱十一𡆠録事使博士撿録事仁付。連。感白。倉曹，十二日。唐建進。右件人前後准都督判，帖牒𠀑山並牒令陽懸，令捉差人領送。雖得縣申及令通狀稱：追訪建進不獲。又判牒縣令依前捉送。撿今未申，奉都督處分，令追建進妻兒及建進鄰保赴州，並牒縣，令依前捉［建］［進］□□□”72TAM230：58/1（a）—58/4（a）《武周天授二年（691）追送唐建進家口等牒尾判》（4—71）：“唐進經州告事，計其不合東西，頻下縣追，縣司［狀］□□□縱不在，家口應住安昌。別牒𠀑山縣，仰准長官處分。即領送。其闕［武］□□□□文帳，頻追不到，亦附牒縣□前速即追送。并辯□□□ □□□𠥱□□□□［一］［日］□□□［二］［日］。”

進的告發是真是假？以上人士必須在自己的陳述意見上連署，然後上報①。現在讓我們來看看《補編》收録此件文書綴合復原以後的全貌。72TAM230：67/1＋72TAM230：67/2＋72TAM230：67/3《武周天授二年（691）唐建進辯辭》：“（前缺）唐建進年卅七，［建］［進］▭□薄（？）於▭安昌所種田，是（中缺）牒：被問得建進□等種㙣多納子▭□□□□□□□

---

① 72TAM230：66《武周天授二年（691）安昌合城老人等牒爲勘問主簿職田虚實事》（4－75）：“行旅之徒，亦應具悉。當城渠長，必是細諳；知㙣勳官，灼然可委。問合城老人、城主、渠長、知田人等，主薄去年實種幾畝麥？建進所注虚實？連署狀通者。但合城老人等，去年主薄高禎元不於安昌種田，建進所注並是虚妄，如後不依（後缺）”72TAM230：72《武周天授二年（691）史孫行感殘牒》（4－73）：“𠀑穐二年壹𠥱𡆠史孫行感牒，參軍判倉曹參軍康義感，付司。傑示，十二𡆠壹𠥱十二𡆠録事使。壹道出訖知。博士攝録事參軍付倉。（後缺）”72TAM230：67《武周天授二年（691）唐建進辯辭》（4－72）：“□□［辯］［被］［問］：建進若告主薄營種還公、逃死、户絶田㙣，如涉虚誣，付審已後不合更執。既經再審確，請一依元狀勘當。據此，明知告皆是實，未知前欵因何拒諱。仰更隱審，一一具答，不得准前曲相苻會▭［准］［種］［職］田。”72TAM230：70《武周天授二年（691）勘問唐建進牒尾判》（4－72）：“建進▭死絶［等］▭狀□主□▭其㙣▭即合▭”72TAM230：74《武周天授二年（691）安昌城知水李申相辯辭》（4－73）：“安昌城知水李申相年六十七E。申相辯：被問主薄高禎［未］［知］［總］［經］［幾］［年］［安］［昌］［營］［種］［還］▭”72TAM230：69《武周天授二年（691）李申相辯辭》（4－73）：“相苻抱者，但申相從知水▭薄高禎元來安昌城不▭逃死、户絶田、陶、菜等㙣。如［後］▭今欵，求受重罪。被問依實謹辯。感。𠀑穐二年壹𠥱𡆠。”請比較72TAM230：78《武周天授二年（691）王嘿子男孝達殘文書》（4－76）：“▭▭王嘿子男孝達。”72TAM230：79《武周天授二年（691）殘文書》（4－76）：“▭辯▭□𠀑穐二年三𠥱廿𡆠。更問茂示。廿五𡆠。”72TAM230：56，57《武周天授二年（691）里正張安感殘牒》（4－77）：“牒件狀如前。𠀑穐二年四𠥱　𡆠里正張安感牒。▭氾文達▭城主▭（後缺）”72TAM230：65（a）《武周史孫行感殘牒》（4－76）：“牒未檢問，更有事至，謹牒。四𠥱九𡆠史孫行感牒。（後缺）”72TAM230：10《武周牒尾殘判》（4－77）：“（前缺）帖𠀑山▭仍盡時發遣▭同上敏張此禁▭（後缺）”日本龍谷大學圖書館藏大谷文書・橘文書8b《周天授二年（691）一月西州天山縣主薄高元楨牒》（録文見池田温《中國古代籍帳研究》第177頁）：“（前缺）▭□□▭▭□據斯足□▭伏乞詳驗，則知皂白區分。實不種逃死户田，亦不迴换粟麥。被問依實謹牒。感。𠀑穐二年壹𠥱　𡆠天山縣主薄高元楨牒。‘依▭責行敏歷追（？）▭（後缺）”大谷4908《周天授二年（691）四月西州高昌縣人康才智辯牒》（《大谷》三，圖版八）：“（前缺）實答，擬憑檢覆，不得虚驕者。謹審：其去秋種田，是壹熟田，唯得種床粟。如後虚妄，不依今欵，求受重罪，被問依實謹牒。□（引者按：此字不殘，但不識）天授二年四月，高昌縣人康才智牒。”OR.8212/546Ast.I.i.018《唐某人爲職田事辯辭》殘片（沙、吴1－85）：“▭得曚曨［妄］▭▭□長袛經一▭▭籞田，其還公逃死▭▭如後不依今欵▭▭辯感。”

（中缺）今欵，連署［之］▭依實謹牒。𠀑穐▭（後缺）”當年陳國燦先生曾經輯録唐西州都督府勘檢天山縣主簿高元禎職田案卷共計 22 件文書[①]，現在從《補編》中，我們又得到三件殘片，可以充實完善該案卷。我們還可以將以上文書與另兩件辯辭作比較。72TAM230：75，76《武周天授二年（691）康進感辯辭》（4－74）：“康進感秊卅九▭，進感［辯］▭▭。謹審：但進感去秊知水已▭注撿挍主薄高禎城南、城北見▭□餘畝，借問並稱是自家職田▭又無田塈、傾畝、塈段、四至人名，無憑▭種塈，請撿驗即知。被問依實，謹辯。▭𡆠。”[②] 大谷 4940

---

① 陳國燦《對唐西州都督府勘檢天山縣主簿高元禎職田案卷的考察》，唐長孺主編《敦煌吐魯番文書初探》，武漢：武漢大學出版社，1983 年，第 455－485 頁，尤其是第 456－469 頁。

② “職田”是按官員品級授作俸禄的公田，卸任後交給接任者，不得買賣，可受田租給農民耕種，收取地租，唐代的職田可能源於東漢末及兩晉南北朝的禄田、北魏職公田、隋代的職分田，但是唐代的職田以職事品給，以職位的高低而給，是按本品給禄的形勢下職事官給禄制的補充，它使職事品高本品低的人也有了固定的較多的糧食收入，職田上的收入主要爲粟、草二類（草可以由麩折納），職田在唐前期已經是百姓的沉重負擔（承佃官府職田的農民，具有很大的强迫性質，其應交租額都歸官員所有，充作官俸），這可能也是上揭吐魯番出土文書主人公唐建進控告天山縣主簿高元禎侵占逃死田等爲職田的原因之一。在唐代，“闕驖（闕官）”，也就是臨時暫缺的具員官，其人雖缺，其位、其職田仍存，唐前期這筆闕官職田的地子粟草成爲諸司的羨余來源，闕官職田與現任官職田單獨立案，職田地子並不因爲任官缺職而放鬆徵收，各司反而更加重視。2006TAM607：2－2《唐神龍二年（706）七月西州史某牒爲長安三年（703）七至十二月軍糧破除、見在事》（榮、李、孟 26）：“八十九石三斗九升九合，曆元年官人驖田苜蓿地子，徵馬成。”73TAM509：19/15（a）《武周天山張父師團帖爲勘問右果毅闕職地子事》（4－252）：“𠀑山府。帖校尉張父師團。當團左右果毅闕驖塈［子］從𠀑穐三［秊］□𠥱已後，至長壽三秊已前，所▭勘責上件塈［子］，所▭▭［請］［具］［仔］細勘▭”大谷 2367《周天授二年（691）西州高昌縣諸堰頭等申青苗畝數佃人牒 6》（《大谷》一，圖版七八。録文參考［日］池田温《中國古代籍帳研究》第 180 頁）：“（前缺）▭E▭□［一］畝半八十步，佃人尉▭平▭［苟］子二畝佃人尉思謙（?）平。趙［亦］▭▭［四］畝。［佃］［人］尉乇亥平。倉曹驖官田七▭▭人朱貞行。▭半八十步七畝官一十二畝半八十步百姓。連。公（方?）成（?）白。八日。（後缺）”大谷 3475《唐開元十九年（731）正月西州岸頭府到來符帖目》（《大谷》二，圖版五、六。録文又參考［日］池田温：《中國古代籍帳研究》第 214 頁）：“户曹符，爲括撿高昌縣百姓口分訖申事。一符，爲勘見任官職田斛蚪四至具申事▭函馬料事。”73TAM509：23/3－1《唐開元二十二年（734）楊景璿牒爲父赤亭鎮將楊嘉麟職田出租請給公驗事》（4－313）：“▭鎮押官行赤亭鎮將楊嘉麟職田地七十六畝。々别一百五粟六斗計卌五石六斗，草十二圍。▭璿父上件職田，先租與蒲昌縣百姓范小奴，其開廿二年▭付表兄尹德超。景璿今卻赴安西，恐有□□。▭縣分付並各給公驗，庶後免有交錯。謹牒。▭開元廿二年七月日，赤（轉下頁）

＋72TAM230：68＋大谷4937《武周天授二年（691）一月西州知田人郭文智辯辭》（《大谷》三，圖版七；4－74）："□□[　　]文智辯：被問：既稱主薄不種還公，逃死、户絶等田、陶、菜，未知主薄惣於南平秊别營種幾許職田？並言幾段，々當田幾畝，並仰一々據實審荅。擬憑撿勘，不得虚妄者，謹審：但文智、主薄南平職田，惣有五十五畝八十步，出租已外，見佃廿五畝八十步，惣有五段。一段四畝。一段九畝。一段四畝八十步，一段二畝，一段六畝。如後不依此欵，求受重罪。被問依實謹辯。感。𠀑穐二秊壹𠥱𡆠。連。感。白。十三𡆠。知田人郭文智秊卌E. 文智辯。被問□□[　　]（後缺）"[②]
72TAM230：77（a）《武周天授二年（691）老人王嘿子等牒爲申報主簿高元禎職田事》（4－75）："重罪[　　]□□城主薄高元禎，東南渠職田一段四畝，東渠，西道，南王海，北孔定。舊佃人王嘿子。右主薄高禎，今見唯種職田四畝，自餘更無種處，如後不依今狀，連署之人，請依法受罪，今以狀上。□件狀如前，謹牒。𠀑穐二秊三𠥱𡆠老人王嘿子E牒。老人劉隆々，老人[　　]"[③]
73TAM214：2（a）《武周君海辯辭爲高禎南平職田事》（3－161）："[　　]E

亭鎮將男楊景瓘牒。[付] 司賓示。廿七 [日]。"《隋書》卷二四《食貨志》："外官亦各有職分田，又給公廨田，以供公用。"唐白居易《議百官職田策》："臣伏以職田者，職既不同，田亦異數。"《新唐書》卷五五《食貨五》："（貞觀）十一年，以職田侵漁百姓，詔給逃還貧户，視職田多少，每畝給粟二升，謂之地子，是歲以水旱復罷之。"宋高承《事物紀原·利源調度·職田》："孟子曰：'卿已下必有圭田。'《禮·王制》曰：'圭田無徵。'《周官》亦有大夫之采地，此職田之起也。晉有芻藁之田，後魏給公田，北齊自一品以下各有差，武德元年十二月制，外官各給職分田，則職田之名，唐始有之。"伯3418、伯3724王梵志詩第273首《仕人作官職》："仕人作官職，人中第一好。行即食天廚，坐時請月料。得禄四季領，家口尋常飽。職田佃人送，牛馬足踖草。每日勤判案，曹司無闠鬧。差科能均平，欲似車上道。依數向前行，運轉處處到。既能强了官，百姓省煩惱。一得清白狀，二得三上考。選日通好名，得官入京兆。"關於州縣府鎮官人之職田數，《新唐書》卷《食货五》："一品有职分田十二顷，二品十顷，三品九顷，四品七顷，五品六顷，六品四顷，七品三顷五十亩，八品二顷五十亩，九品二顷，皆给百里内之地。"又參考《唐六典》卷三"尚書户部"之"户部郎中員外郎"條。又參考王仲犖《隋唐五代史》，北京：中華書局，2007年第248頁；李錦繡《唐代財政史稿》第三册，北京：社會科學文獻出版社，2007年，第15頁。

① 録文又參考[日]池田温著，龔澤銑譯《中國古代籍帳研究》，北京：中華書局，2007年，第178頁，並重新識讀一遍。

② 三件殘片的綴合及録文，參見陳國燦《對唐西州都督府勘檢天山縣主簿高元禎職田案卷的考察》，唐長孺主編《敦煌吐魯番文書初探》，武漢：武漢大學出版社，1983年，第471－472頁。

③ 本件騎縫背面有"茂"字簽署。

□任已來，於南□公逃死户絶。□折（析），分明審答。□審，但君海補渠□［高］禎在南平種□北並是職田，其遠□不種，必其不委。□求受。”[①]

從《補編》收録的上揭文書可以看出，唐代對官吏耕種職田有嚴格的規定，杜絶官吏耕種還公、逃死、户絶等田、陶、菜。我們完全可以將上揭文書與以下一件文書進行比較研究。64TAM35：20《唐垂拱三年（687）西州高昌縣楊大智租田契》（3－493）：“垂拱三年九月六日，寧戎鄉楊大智交［用］小麦肆斛，於前里正史玄政邊租取逃走衛士和隆子新興張寺潢口分田貳畝半。其租價用充隆子兄弟二人庸緤直。如到種田之時，不淂田佃者，所取租價麦，壹罰貳入楊。有人恡護者，仰史玄應當。兩和立契，畫指爲記。租佃人：楊。田主：史玄政 E；知見人：侯典倉 E。”這是逃走衛士的土地出租，由於當時戰事頻繁激烈，逃兵數量很大，但不見逃兵的土地收回，看起來，逃亡户、逃亡口之土地，在當還未還之間，都由前里正代管。中外學者如堀敏一、羅彤華均認爲此處的出租者——前里正史玄政侵占逃户田[②]。但我們注意到此契明言“其租價用充隆子兄弟二人庸緤直”，也就是租價用來抵消原有土地應承擔的國家之庸，前里正史玄政不一定從中得到多大好處，且此件文書中史玄政還要畫指，看不出有多大强勢，而租入者楊大智是前庭府的衛士，反而不畫指，且衹署“楊”姓而不署名，在本契約中體現出鮮明的强勢地位，逃走的衛士和隆子是其同鄉或同縣人，也是前庭府衛士，其口分田最先轉租給同府衛士手中，此事發生在垂拱三年九月，可能與當年十月的番代有關，逃走衛士被正式除名，可能在每年的全府番代之時，因而

---

① 唐長孺主編圖録本《吐魯番出土文書》（3－161）：“本件背面騎縫處押‘[illegible]’字。紀年殘缺，所述高禎在南平種職田事，又見於阿斯塔那二三〇號墓武周天授二年（691）案卷。本件疑原出該墓，後混入本墓，其年代應與之相當。”

② ［日］堀敏一著，韓國磐等譯《均田制的研究》，福州：福建人民出版社，1984 年，第 288 頁。［日］堀敏一《唐户令鄉里、坊村、鄰保關係條文の複元をめぐつて，中村治兵衛先生古稀紀念》，《東洋史論叢》，刀水書房 1986 年，第 449－467 頁。［日］堀敏一：《中國古代の家と集落》，汲古書院，1996 年，第 447－448 頁。羅彤華：《唐代民間借貸之研究》，北京：北京大學出版社，2009 年，第 116 頁。

其土地可以由里正在此時租與他人，所以出租者史玄政並不一定侵占逃户田[1]。

《補編》中還收録了一件民衆向官方申請證明文件的報告。06TAM602：25/1－1＋06TAM602：25/1－2《唐懷洛辭爲請公驗事》：“（前缺）安樂城宋憙住、仏一▭［縣］司：懷洛十二月廿八日於安［樂］［城］▭ ▭□□［在］［彼］□▭ ▭□□□□□□□▭□仏遣懷洛於此訪覓，今訪覓［二?］［人?］並是同鄉人范隆洛及一僧二人盗將。今欲於隆洛邊捉送，恐悉不練，謹以辞陳，請給［公］驗，謹辞。必□▭即［捉?］▭式［示］▭”民衆申請“公驗”，也就是向縣司申請證明文件，吐魯番出土文書裏還有類似的内容，請比較64TAM29：89（a）《唐永淳元年（682）坊正趙思藝牒爲勘當失盗事》（3－341）：“又問僧香口云：其銅錢、耳當等在廚下，帔子在一無門房内坎上，並不覺被人盗將，亦不敢加誣比鄰，請給公驗，更自訪覓者，今以狀言。”[2] 大谷2999《西州逃兵關係文書》（《大谷》一，圖版九七）：“［右］［件］［兵］▭［於］此郡縣界□▭走，頻勒所由访捉不獲，恐至軍不練迯走所由，請給公驗，請處分。”[3]

《補編》還收録有一批名籍，如72TAM230：64/3《武周李道福等殘名籍》：“（前缺）▭張▭康莫毗，曹阿了尾山▭（後缺）”“莫毗”即“Mākh”，月神[4]，吐魯番出土文書中又有“莫畔陁”，即粟特人名，Mākh－vandak，月神的僕人；64TAM31：14《高昌曹莫門陁等名籍》（1－359）有“曹莫毗”，60TAM307：5/2（b）《高昌令狐等傳供食帳（一）》（1－418）有“莫畔陁”。“阿了”即粟特人名字“Rew”的音譯，意思是“富裕的人”（類似的

① 王啓濤《絲綢之路語言新探》第216頁。

② 程喜霖指出此公驗即高宗朝失主請求給予曾經失盗的證明文件，以便它日訪得盗蹤時，作爲追索盗贓的憑證。氏著《唐代過所研究》，北京：中華書局，2000年，第139頁。

③ 程喜霖指出此公驗即作爲訪捉逃兵請的憑據，氏著《唐代過所研究》第137頁。

④ 采吉田豐説，引自［美］韓森（Valerie Hansen）著，王錦萍譯《絲綢之路貿易對吐魯番地方社會的影響：公元500－800年》，收入《法國漢學》第十輯《粟特人在中國——歷史、考古、語言的新探索》，北京：中華書局，2005年，第127頁。又參見王丁《胡名槃陀考》，載向群、萬毅編《姜伯勤教授八秩華誕頌壽史學論文集》，廣州：廣東人民出版社，2019年，第179－206頁。

形式還有“阿𡊹”“阿溜”“阿僚”“阿遼”“了”，如“史了延”“安了延”，來自敦煌《差科簿》)[①]。64TAM29：24《唐垂拱元年（685）康義羅施等請過所案卷（四)》(3—349、350）有“康阿了”“康尾義羅施”，伯3559背面《天寶十載丁籍》：“康氏，羯師範，者羯，羯師芬；安氏，胡數芬，沙𢈢；米氏，褐𢈢；石氏，阿禄山，羯槎；羅氏，阿了黑山，特懃；何氏，莫賀咄。”

《補編》又收録以下一件文書：72TAM230：64/2《武周李道福等殘名籍》：“（前缺）史典馬。右件人貫高昌縣麴大志家▭孔建峻，奴相德，曺知己，闞□▭□□□翟（?）多（?）□□□□（後缺)”[②]“麴大志家”後必爲“人”

---

① 采吉田豐説，引自［美］韓森（Valerie Hansen）著，王錦萍譯《絲綢之路貿易對吐魯番地方社會的影響：公元500－800年》，收入《法國漢學》第十輯《粟特人在中國——歷史、考古、語言的新探索》，第127－128頁。又參見王丁《胡名槃陀考》，載向群、萬毅編《姜伯勤教授八秩華誕頌壽史學論文集》第179－206頁。

② “貫”即籍貫，原籍，73TAM507：013/1《唐某人申狀爲注籍事》（2－281)：“▭貫，々無注。家口並［在］▭ ▭就貫而請□，深乖恩▭”86TAM391：2《武周西州被使牒狀申稿爲勘當州官人破除、見在及階品事》(柳114)：“狀申者□▭州縣官人破除、見在。得功曹牒稱，被使牒稱上件官人等須知破除、見在數▭一右同前。准牒，勘責前件事，每縣留新任官人守縣，餘並集州，不得浪有破注，牒至，勘上者。得前庭等四府申，並撿當日不貫此色。當州縣文武官致仕，須知人數及階品，合前庭等四府致仕官捴□□一人前庭府折衝遊擊將軍守左玉鈐衛前庭府折衝都尉趙午良𠦚二穐五㊄二㊀被長官牒奉敕致仕還貫訖。”72TAM225：36（b)《唐軍府衛士名籍》（3－422)：“［永］平府衛士胡外生貫坊□［中］部縣安平鄉神安里父通□。”72TAM184：12/1（a)《唐開元二年（714）帳後西州柳中縣康安住等户籍》（一）（4－127)：“▭課户見▭妻曹年叁拾貳歲，丁妻，男□誠▭歲，□男，壹段貳畝永業常田，城西肆里，東蒲陶，西孫德，南還公，北還公。壹段肆拾步居住園□。□主康安住年柒拾貳歲，老男，垂拱貳年疎勒道行□落，弟安定年伍拾肆歲，白丁，垂拱元年金山道行没□，弟安義年肆拾玖歲，白丁，垂拱貳年疎［勒］［道］▭右件壹户，没落▭年□拾柒歲，白丁，代父貫見輸下中户，課□□輸▭叁歲，老男，開元貳年▭”73TAM509：8/8（a）之二《唐開元二十一年（733）西州都督府案卷爲勘給過所事》(4－282)：“今欲歸貫，請處分者。”73TAM509：8/14（a）之四《唐開元二十一年（733）西州都督府案卷爲勘給過所事》（4－290)：“謹審：但奉仙貫京兆府華源縣，去年三月内共駄主徐忠驅駄送安西兵賜至安西輸納，卻回至西州，判得過所。”大谷8045《武周配流人關係文書》殘片（《大谷》三，圖版一九，録文第220頁)：“逃走。貫太州下邽縣。次形，赤黑色，無髭，籠長面，配流儋州。”《漢書》卷九《元帝紀》：“間者陰陽不調，黎民饑寒，無以保治，惟德淺薄，不足以充入舊貫之居。”顔師古注引應劭曰：“舊貫者，常居也。”《隋書》卷二四《食貨志》：“其無貫之人，不樂州縣編户者，謂之浮浪人。”也指登記入籍。《南史》卷七〇《循吏傳》：“道人又有白徒、尼則皆畜養女，皆不貫入籍。”

字[①]。今檢 72TAM230：64《武周勘田牒》（4－77）："右同前。得城狀稱：上件人是麴大志家人，請便追者。依撿大志貫高昌縣，絶户田四畝，主白居皃□□義達種秋粟，右同前。據□□□上件埊去埀秋是前件人佃種，畝别收子兩碩以上者，件勘如前▭撿如前。［謹］［牒］。"[②]

① 以上文書亦爲昔年漏出，剩三片八行，書於白麻紙上，原無文書編號，朱雷先生據殘存"麴大志"名，又見於昔年刊布同墓所出《武周勘田牒》中，該牒用武周新字，但"人"字不改，如同本件，故將本件定作武周，並新予文書編號。

② "家人"從字面意義講指一家之人，不限良賤，既有祖父伯叔子孫弟侄等親人，又包括部曲、奴僕。唐代户籍是家口籍與土地簿合一，其中家口籍部分著録所有家庭人口，奴婢排在血親成員後面。唐代户籍没有丁中分項統計，但仿照唐代制度編制的日本《大寶二年御野國味蜂間郡春部里户籍》中，每户户主下面按照男、女、奴、婢逐一分列丁中口數。67TAM363：9《唐麟德二年（665）西州高昌縣寧昌鄉卜老師舉錢契》（3－568）："麟德二年正月廿八日，寧昌鄉人卜老師於高參軍家人未豊邊舉取錢拾文。月别生利錢壹文。若未豊須錢之日，本利具還。若身東西不在，一仰家妻兒收後上錢，聽掣家財平爲錢直。兩和立契，獲指爲信。錢主高未豊（引者按：無畫指），舉人卜老師 E（引者按：從"師"開始，在其上面及其之後的空白處有畫指），保人翟子隆 E（引者按：從"子隆"開始，在其之後的空白處有畫指）。知見人翟貞信 E（引者按：在"翟貞信"上面有畫指），保人男石德（引者按：無畫指）。"75TKM99：17《某家失火燒損財物帳》（1－98）："家人不慎，失火燒家，燒紫地錦四張，白疊三匹，條衣一枚，緋褶一領。絹經四匹，絹姬一具，緋襌一領。縺襌一領，緋袴一立。"64TAM29：44 之六《唐咸亨三年（672）新婦爲阿公録在生功德疏》（3－339）："開相起咸亨三年四月十五日，遣家人祀德向塚間堀底作佛，至其月十八日，計成佛一萬二千五百卌佛日作佛二百六十元々廿佛。"TAM240：1/2－2（a）《唐供丁夫等食料帳》（4－49）："▭餅壹分，供等愛寺家人。"72TAM230：54（b）《唐館驛文書事目（一）》（4－83）："廿四日北庭府牒爲長行馬踖料准狀事。［同］日交河縣牒使王弟家人羅雞馬料事。下首領▭"72TAM184：9（a），11（a）《唐開元十二年（724）殘書牘》（4－132）："□二年八▭安［惠］□負粟□□▭人去開十一［年］於玄忠□取錢陸伯文，□作前件□准契至十月合［還］，比日從索，□人推避，既被方便下［脱］，錢將□還粟，請處分。今見負王隆□，請便付，仰收。開元十二年八日芬（?）付□。分付家人收子，書至高▭（引者按，原注："此一〇，一一行爲書牘疊後之書面，故出現倒書。"從"分"至"書至［高］▭"倒寫，乃書牘折疊後之書面又有"書至［高］▭分付家人奴子"。）OR. 8211/969－72《唐于闐某寺支用簿》（沙、吴 2－324）："出錢壹伯貳拾沽酒叁蚪，爲廚庫園子家人□得滿等掏井，寒凍辛苦吃。"OR. 8211/969－72《唐于闐某寺支用簿》（沙、吴 2－325）："出錢貳伯文，付同坊叱半可你娑，充還家人盆仁挽税□□□絡子價。"OR. 8211/969－72《唐于闐某寺支用簿》（沙、吴 2－326）："同日出錢壹伯伍拾文，付匠閻門捺，充還縫皮手功價。出錢貳伯文，付市城安仁坊叱半慶蜜，充還家人勿悉滿税草兩絡子價。直歲僧法空，都維那僧名圓，寺主僧日清，上座僧法籴。"上揭文書中的"寺家人"即某寺的依附人口，即爲寺院灑掃、服各種雜役的寺内家人。"等愛寺"在當時可謂家大業大，大谷 2371《周天授二年（691）西州高昌縣諸堰頭等申青苗畝數佃人牒 12》（《大谷》一，圖版八〇，録文第 87 頁，録文又參考［日］池田温《中國古代籍帳研究》第 185 頁）中也有"等愛寺六畝佃人趙子德，弘寶寺六畝自佃"。又請比較《新唐書》卷五二《食貨二》："腴田鬻錢送户部，中下田給寺家奴婢丁壯者爲兩（轉下頁）

《補編》還收録了兩件有關“逋懸徵納”的文書。其中一件爲“納糧帳”。殘剩二片，無出土墓號，亦無文書編號。考其内容筆迹、年號，爲昔年唐團隊刊布《武周天授二年（691）總納諸色逋懸及屯收義納糧帳》（4—78）漏出文書，二者實爲同一件之分裂，可以綴合。朱雷先生綴合之後，此件文書得以部分復原而成爲：72TAM230：49/1＋72TAM230：49＋72TAM230：49/2《武

稅户，人十畝。”《資治通鑑》卷七“二世皇帝元年”“使章邯免驪山徒、人奴産子，悉發以擊楚軍，大敗之。”胡注：“服虔曰：人奴産子，家人之産奴，師古曰：奴産子，猶今人云家生奴。仲馮曰：人奴一物，産子又一物，臣瓚曰：人奴之産子，今田客家兒。”總之，“家人”包括“良、賤”兩個方面，《唐律疏議》卷八《衛禁》“不應度關而給過所”條疏議曰：“家人不限良賤，但一家之人，相冒而度者，杖八十。”《唐律疏議》卷二八《捕亡》“被毆擊奸盗捕法”：“諸被人毆擊折傷以上，若盗及强姦，雖傍人皆得捕繫以送官司。捕格法准上條，即奸同籍内，雖和，聽從捕格法。疏議曰：有人毆擊他人折齒、折指以上，若盗及强姦，雖非被傷、被盗、被奸家人及所親，但是傍人，皆得捕繫以送官司。捕格法准上條。持仗拒捍，其捕者得格殺之。持仗及空手而走者，亦得殺之。其拒捕、不拒捕，並同上條捕格之法。即奸同籍内，言同籍之内明是不限良賤親疏，雖和奸，亦聽從上條捕格之法。”又考《漢書》卷八八《儒林傳》：“竇太后好《老子》書，召問固，固曰：‘此家人言耳。’”顔師古注：“家人言僮隸之屬。”蘇鶚《蘇氏演義》上：“俗呼奴爲邦，今人以奴爲家人也。凡邦家二字多相連而用。時人欲諱家人之名，但呼爲邦而已。”《太平廣記》卷二二〇“孫光憲”（出《北夢瑣言》）：“火燒瘡無出醋泥，甚驗。孫光憲嘗家人作煎餅，一婢抱玄子擁爐，不覺落火炭之上，遽以醋泥傅之，至曉不痛，亦無瘢痕。是知俗説不厭多聞。”《資治通鑑》卷六五“獻帝建安十一年”：“烏桓乘天下亂，略有漢民十餘萬户，袁紹皆立其酋豪爲單于，以家人子爲己女，妻焉。”《太平廣記》卷二四六“胡諧之”（出《談藪》）：“齊豫章胡諧之初爲江州治中，太祖委任之。以其家人語傒，語音不正，乃遣宮内數人，至諧之家，教其子女。二年，上問之：卿家語音正未。答曰：宮人少，臣家人多，非惟不能正音，遂使宮人頓傒語。上大笑；遍向朝臣説之。諧之歷位度支尚書，預州刺史。”又考《釋氏要覽》卷下《净人》條：“由作净業，故名净人。若防護住處，名‘守園民’。或云‘使人’，今京寺呼家人。”錢鍾書釋“家人”爲匹夫、庶民，編户之民，無官職者，參錢鍾書《管錐編》，北京：中華書局，1981年，第372頁。又參考陳國燦：《斯坦因所獲吐魯番文書研究》，武漢：武漢大學出版社，1997年，第129頁。又參考王國維《東山雜記》卷二“家人”條，收入王國維著，趙利楝輯校：《王國維學術隨筆——〈東山雜記〉〈二牖軒隨録〉〈閲古漫録〉》，北京：社會科學文獻出版社，2000年，第59頁。又考仁井田陞《唐令拾遺》卷二三《賦役令》第四條“歲役”條集解：“釋云：唐令，遣部与（引者按：引文如此）曲代役者，即知是家人也，案奴婢亦聽耳。”（［日］仁井田陞著，栗勁、霍存福、王占通、郭延德編譯《唐令拾遺》，長春：長春出版社，1989年，第598頁。）又考仁井田陞著，池田温編集《唐令拾遺補・户令》：“凡家人所生子孫，相承爲家人，皆任本主驅使，唯不得盡頭驅使及賣買。”（［日］仁井田陞著，［日］池田温編集《唐令拾遺補》，東京大學出版會，1997年，第1039頁。）又參考劉安志、陳國燦《唐代安西都護府對龜茲的治理》，載《歷史研究》2006年第1期；張雨《唐開元獄官令復原的幾個問題》，《唐研究》第十四卷，北京：北京大學出版社，2008年，第85頁；張榮强《從户下奴婢到在籍賤民身份轉變的考察》，《歷史研究》2020年第4期，第46—73頁。

周天授二年（691）總納諸色逋懸及屯收義納糧帳》（朱；4—78）①：“合從亷壐元𠡦九𠥱一𡆠［已］後至𠀑𥠢二𠡦臘𠥱廿𡆠以前惣納諸色逋懸及屯收、義納糧惣叁阡柒伯捌拾陸碩貳斲壹勝。五百九石三斗六升諸色逋懸，四百七十七石粟，卅石米，二石三斗六升青稞。（中缺）粟▭右同前𠥱𡆠□粟二百九十七石▭右同▭（後缺）”“逋懸”即拖欠，同義連用，多指應納賦稅而延期未納，吐魯番出土文書中還有“懸逋”“懸欠”“玄欠”“懸負”“欠負”，义近“逋懸”②。又有“欠科”，即欠（租稅），在吐魯番出土文書中，“欠”往往是對官方賦稅的拖欠。72TAM230：61《唐通感等辯辭爲徵納逋懸事》（4—86）：“□□案内具有逋懸未納斲斗，使司牒州，州司□□遣令徵納。”64TAM35：29（b）《武周載初元年（689）史玄政牒稿爲請處分替納逋懸事》（3—497）：“令狐隆貞欠垂拱四𠡦懸逋米三斗三□三合，青科七斗五二升。粟一石四斗。牒：玄政今𠡦春，始佃上件人分𡍮二畝半，去𠡦田𡍮曾是

① “朱”指朱雷主編《吐魯番出土文書補編》，“4—78”指唐長孺主編圖録本《吐魯番出土文書》第肆册第 78 頁。

② 考《廣韻》上平聲十一模：“逋，懸也，博孤切。”《洪武正韻・模韻》：“逋，欠也。”則“逋、懸、欠”三詞均爲同義詞，意義均是“欠”。需要説明的是，“逋懸”往往指對官方的拖欠，《後漢書》卷七三《劉虞傳》：“而牢稟逋懸，皆畔還本國。”李賢注：“稟，食也。言軍糧不續也。”《三國志》卷六五《吴書・華覈傳》：“奪其播植之時，而責其今年之税，如有逋懸，則籍没財物。”請比較伯 2696《中和五年三月十四日車駕還京大赦制》殘卷：“其中和三年已前逋懸，並宜放免，仍令所司先具分析申奏。”又請比較與之相關的詞語“懸欠”，斯 3877 背《唐幹甯四年平康鄉百姓張義全賣地契》：“立契當日交相分付訖，一無懸欠。”《舊唐書》卷一八下《宣宗》：“天下州府、錢物、斛斗、文簿，並委録事參軍專判，仍與長吏通判，至交代時具數申奏，如無懸欠，量與減選注擬。”段成式《酉陽雜俎》卷十三《屍穸》：“劉晏判官李邈，莊在高陵，莊客懸欠租課，積五六年。邈因官罷歸莊，方欲勘責，見倉庫盈羡，輸尚未畢。”李嶠《請令御史檢校户口表》：“雖有欠賦懸徭，亦皆捨而不問，寬而勿徵。”在漢語史中，還有“逋貸”“逋欠”“逋責”“逋租”“逋賦”，意義均爲“拖欠”。董志翹有詳論（《訓詁類稿》，成都：四川大學出版社，1999 年，第 31—32 頁），又參考王繼如《訓詁問學從稿》，南京：江蘇古籍出版社，2001 年，第 62 頁。羅竹風主編《漢語大詞典》（上海：上海辭書出版社，2011 年）第 4394 頁釋“懸欠”爲“久欠未清”，誤。又請比較“逋租懸調”。《册府元龜》卷四九〇“邦計部・蠲复門”：“天下遭損州逋租懸調及勾徵，特宜放免。”宋王溥《唐會要》卷《逃户》：“天下諸郡逃户，有田宅産業，妄被人破除，並緣欠負租庸，先已親鄰買賣，及其歸複，無所依投。”而“玄”與“懸”通假，請比較伯 3519《丹遐和尚玩珠吟》：“罔像光天地，懸泉出香名。”而《大藏經》卷五一《遐和尚玩珠吟》：“罔像光天地，玄泉出杳冥。”

索拾力佃食，埅子見在拾力腹内，隆貞去秊五㊄身死，埅子亦無人受領。昨今被里缶成忠追徵，遣替納逋懸，又不追尋拾力。今秊更有事，不敢○詞訴，請共拾力等各知納半，實乃甘心服今［忽］［追］［徵］，若遣情將屈苦，請裁，謹牒。"[①] 73TAM224：080/2《唐西州高昌縣户曹牒爲催徵逋懸事（一）》（4—388）："各令自録懸欠，准數催徵。限滿不來，舉出科責。仍各牒所由行，准帖檢納訖報者。" 72TAM227：30/1《唐儀鳳三年（678）尚書省户部支配諸州庸調及折造雜練色數處分事條啓殘片（一）》（4—386）："若有欠負，隨狀科附。" 72TAM230：55（a）《唐借貸倉糧納本利帳》（4—81）："僧玄英欠利四斗八升不納，孟表欠利□□□賈琮利六斗七升五合。" 73TAM518：3/3—14（b），3/3—17（b），3/3—15（b）《唐西州某縣事目》（一）》（3—461）："□□□年欠科市羊毛速勘主並斤數受領人同申事。" 73TAM517：05/3（b）《唐開耀二年（682）狼泉驛長竹□行牒爲驛丁欠闕事》（1—270）："下［縣］□□□准令給庸，情不願丁，被問□□［謹］［牒］。開耀二年三月 日狼泉驛長［竹］□［行］［牒］。狼泉驛丁欠闕竹行□□□不知，下蒲昌、柳中兩縣□［追］勘欠闕所由上諮［亨］白。七日，依判，□示。七日。謹。故牒。莊元（?）□□□事申。" 73TAM518：3/3—6（b），3/3—11（b）《唐西州某縣事目》（一）》（3—460）："□□□合欠闕事□□□替送事。" 從廣義的角度講，對諸色逋懸的徵收也可以包括在"勾徵"裹，"勾徵"乃同義複用。OR. 8212/529Ast. Ⅲ. 4. 092《唐景龍三年（709）尚書省比部符及檢校長行使牒》（沙、吴1—60）："其勾徵逋懸，色類繁雜，恩勑雖且停納，於後終擬徵收，考使等所通，甚爲便穩。" 73TAM518：3/3—12（b），3/3—16（b）《唐西州某縣事目》（一）》（3—462）："户曹［帖］［爲］□□□知計帳官典並印限［廿］

---

① 令狐隆貞去年（688年5月）身死，當年土地由索拾力佃食，史玄政今年（689年）春始佃令狐隆貞的土地，可見，在公元688年5月至689年10月之間，死者令狐隆貞的土地並没有還公，而且當退之土地似乎由里正成忠代管，這就同逃亡衛士和隆子土地爲前里正史玄政代管如出一轍。至於令狐隆貞的土地，可能要等到689年10月以後才换給官府而重新分配了。參見盧向前《唐代西州土地關係述論》，上海：上海古籍出版社，2001年，第184頁。

▭；倉曹牒爲勾徵物速徵納，仍牒兩日内並典，申▭”65TAM341：29/1，23，24（a)《唐景龍三年（709）南郊赦文》(4—59)：“▭所徵逃人四［鄰］［伍］保租調▭［龍］二年□［前］諸色勾徵，並宜▭者委□□［使］即分明勘會。”2006TAM607：2—5 背面《唐景龍三年（709）後西州勾所勾糧帳》(榮、李、孟 38)：“□□□折更［給］一十三石五斗三升青稞，准前勾徵，長運車坊馬［羌］。一石三斗九升粟，准前勾徵，高昌縣和糴欠。一石三斗八升，准前勾徵健兒，典安進。”大谷 3475《唐開元十九年（731）正月西州岸頭府到來符帖目》(《大谷》二，圖版五・六)：“户曹符，爲括撿高昌縣百姓口分訖申事。一符，爲勘見任官職田斛㪷四至具申事▭函馬料事。户曹帖，爲勘專知括遊客官事。功曹符，爲差户曹等攝祭事。▭百卌五文勾徵錢等，限來月二日納足事。録事司符，爲勘正月一日至月末，出納文解不到事。▭勾館戍氈褥事。”[①] 中國科學院圖書館藏《唐開元十三年（725）西州未納徵物牒》：“▭貫三百文州徵所狀，注所由高昌縣欠▭四貫文已上准前狀，注所由柳中縣▭前狀，注所由蒲昌縣▭疋二丈所由高昌縣▭十三端三丈五尺，氈十四領▭户曹王忱欠未納▭四升。所由里正范行忠▭斗八升。所由里正寧和才▭一十石二斗已上所由里正牛慈惠▭由里正馬善積▭物所由李義、康寶、焦藏等欠▭典曹忠順。”[②] 請比較伯 2942《唐永泰年間河西巡撫使判集》：“甘州地税勾徵，耆壽訴稱納不齊，彼州户人，頗聞辛苦。應緣張瓌稗政，遂令百姓艱勤。今既李牧撫臨，亦冀蒼生蘇息。尚頻申訴，何以而然？地子勾徵，俱非雜税，妄求蠲免，在法無文。馬料兵糧，固須支給。倉儲虚竭，

---

① 録文又參考［日］池田温著，龔澤銑譯《中國古代籍帳研究》，北京：中華書局，2007 年，第 214 頁。

② 録文參考［日］池田温《中國古代籍帳研究》第 209 頁。

何計供承?"[①]"屯收"即屯田所收[②]，從所置之倉來看，屯收可置於軍倉、正倉。大谷 3786（2）《西州屯營取谷計會文書》(《大谷》二，圖版三八)："問監來之時，並□▭今屯收率有欠，即令均徵□▭納了。"《新唐書》卷四六《百官志一》："比部郎中、員外郎各一人，掌句會内外賦斂……及軍資、械器、和糴、屯收所入。""義納"即交納給義倉的糧食（這是地税的又一種稱呼），作爲附加税徵收的穀物，用於欠收時的緊急備用品和支付借貸。"義倉"即爲備荒而設置的糧倉，可能創自隋朝，但其起源可能追溯到《周禮・大司徒・遺人》所載及北齊以義租爲富人倉之做法，天寶時，義倉有兩項支用，

① 《舊唐書》卷九二《韋巨源傳》："巨源屢踐臺輔，專行勾徵。"又考《通典》卷六："大凡都計租税庸調，每歲錢粟絹綿布約得五千二百三十餘萬端、匹、屯、貫、石，諸色資課及句剥所獲不在其中。""句"即"勾"，其義爲收税（動詞）或税收（名詞），在唐玄宗以前及唐德宗以後，似不見諸史記載，參見張澤咸《唐五代賦役史草》，中華書局，1986 年，第 105 頁；薄小瑩、馬小紅《唐開元廿四年岐州郿縣縣尉判集（敦煌文書伯二九七九號）研究——兼論唐代勾徵制》，北京大學中古史研究中心編《敦煌吐魯番文獻研究論集》，北京：中華書局，1982 年，第 637 頁；又參考丁俊《從新出吐魯番文書看唐代前期的勾徵》，《西域歷史語言研究所集刊》第二輯（北京：科學出版社，2008 年）。一般説來，勾檢官根據報告上來的"狀"畫"欠""厶"之後，便由勾徵官徵"前狀通"者所欠，以及"見在"者所應納之税。見文欣《吐魯番新出唐西州徵錢文書與垂拱年間的西域形勢》，《敦煌吐魯番研究》第十卷，第 148 頁（上海：上海古籍出版社，2007 年）。又參王永興《唐勾檢制研究》，上海：上海古籍出版社，1991 年，第 82－90 頁；李錦繡《唐代財政史稿》第一册，北京：社會科學文獻出版社，2007 年，第 207 頁、第 2 册第 1 頁、第 206 頁。李錦繡又指出："勾徵與逋懸不同，百姓未能按時交納之税稱逋懸，上級財政機構根據各種簿籍另查出一些未納之税則爲勾徵。逋懸是列入前一年收入中的，而勾徵則未列入，可以説，它是已定賦税額之外的收入。""逋懸、欠負是對國家賦税和其他收入的懸欠，而勾徵，則是對國家已定賦税等收入的額外增收。用現代的術語來説，逋懸是對國家租賦的拖欠，是滯税；勾徵是脱税漏税，營私舞弊，是逃税；欠負是國家借貸關係或交易中的拖欠，是債務。"氏著《唐代財政史稿》第二册，第 206－207 頁。李錦繡又考察了敦煌文書伯 3841V 唐開元二十二年勾帳草，指出中央、地方審核財政財務，一般使用"勾檢"一詞，勾檢出來的錢物，被稱爲勾徵。支度判官審查財務收支，被稱作"勾"，審核出應交納或重徵的錢物，名爲"剥徵"，即勾徵。這一結果，還要經過專門審計財務的官員"勾覆使"（實際應是勾覆判官）的詳細審覆，這種審覆被稱爲"勾覆"或"詳覆"，而吐魯番文書中的"徵所"應該就是勾徵所，是州倉曹領導下的機構。"氏著《隋唐審計史略》，北京：昆仑出版社，2009 年，第 219－220 頁。郜同麟認爲"勾""徵"乃同義複用，都是徵收。參见氏著《敦煌文獻語詞與漢語史研究》，《敦煌學輯刊》2012 年第 4 期，第 84－89 頁。

② 陳國燦指出："'屯收'應是指屯田所收地子。"氏著《敦煌學史事新證》，蘭州：甘肅教育出版社，2002 年，第 283 頁。李錦繡指出："'屯收率有欠'，就要'追徵'所由。這種屯官爲追求課最而追徵所由欠數的舉動，是屯官分等定課的結果。"氏著《唐代財政史稿》第二册，第 247 頁。又參考同著同册第 94 頁。

其一爲國家支爲别用，最主要的是江淮税米運至京充官禄及諸司糧料，其二爲賑貸，從出土文獻看，義倉多數情況是祇貸不賑。65TAM341：29/1，23，24(a)《唐景龍三年（709）南郊赦文》（4—59）："［授］郡君賜粟□□□［司］馬，婦人版授□□□義倉及官□□□門閭終身□□□"《隋書》卷四六《長孫平傳》："平見天下州縣多罹水旱，百姓不給，奏令民間每秋家出粟麥一石已下，貧富差等，儲之閭巷，以備凶年，名曰義倉。"[①]

《補編》收録的另一件有關"逋懸徵納"文書是72TAM230：5號文書，殘存一行九字，無墓及文書編號。朱雷先生據人名、職掌、筆迹及法律文書格式，考定爲昔年所刊布同墓《唐通感等辨辭爲徵納逋懸事》之首行。又見剩字内，"年"作"埊"，故斷代爲武周。現在我們來看看綴合後的全貌吧，72TAM230：5＋72TAM230：61《唐通感等辯辭爲徵納逋懸事》（朱；4—86）："倉督劉通感埊五十二，□□案内具有逋懸未納㪷斗，使司牒州，州司□□遣令徵納。通感等元不下欵、伏倍。百姓自□［逋］懸，人人皆自輸納，亦不浪徵百姓，被問依實。"[②] 此件文書中有"倉督"，"倉"即官方收納糧食或其他物資的場所、儲藏糧食的地方[③]，"倉督"即倉督檢，州郡縣佐吏（主典），主倉穀事，屬於雜職掌，具體説來，專莅出納，主要負責管理倉庫的收取、貯藏和支出，收取糧食後需要給出證明，徵收糧食的具體數量、交納民户

---

① 又參考《隋書》卷二四《食貨志》《唐六典》卷三"尚書户部"之"倉部郎中員外郎"條、《唐六典》卷三十"三府督護州縣官吏"之"府州官倉曹司倉參軍職掌"條。又請參考周一良《周一良集》第伍卷《雜論與雜記》，瀋陽：遼寧教育出版社，1998年，第29—49頁"隋唐時代的義倉"條。李錦繡指出："'義納糧'即納義倉之糧，這是地税的又一種稱呼。"（氏著《唐代財政史稿》第二册，北京：社會科學文獻出版社，2007年，第94頁）又參考同書同册第96頁。陳國燦認爲"義納"即義倉地子。氏著《敦煌學史事新證》，第283頁。

② "伏倍"即"同意、認領賠償（往往指一賠二）"，在此特指倉督未徵得逋懸而加倍賠償。79TAM382：5—3b《北涼因欠税見閉在獄啓》（柳395）："□□啓：去八月内被勑，當人輸莧炙一斛。即往於山北，行索無處。今坐不輸炙爲幢，見閉在獄。遭遇節下，乞願賜教，聽於被輸□□炙。蒙恩，付所典，謹啓。十月五日上，聽倍輸。"73TAM222：50《唐玄駟殘文書》（3—373）："内偹，令使足，如更重前，特宜倍决。諮，玄駟白。"考《唐律疏議》卷四《名例》"以贓入罪"條疏議曰："'盗者，倍備'，謂盗者以其貪財既重，故令倍備。謂盗一尺，徵二尺之類。"伯3418、伯3724王梵志詩第270首《貧窮田舍漢》："里正追庸調，村頭共相催。"又："租調無處出，還須里正陪。"

③ 《釋名·釋宫室》："倉，藏也，藏穀物也。"

等信息則需要上報州縣[①]。65TAM42：93《唐永徽元年（650）後某鄉户口帳（草）（六）》（3－122）："口九［里］正，口一州倉督，□□州倉史。"64TAM20：21（a）《唐神龍二年（706）白澗屯納官倉糧帳（一）》（3－477）："已上叁拾叁上字，計青稞雜大麦陸伯陸拾碩。倉督曹建、監倉［官］［王］□，［屯］［官］侯獻，監納官鎮副劉礿。"OR. 8212/524Ast. Ⅲ. 3. 015《唐天寶二年（743）交河郡勘檢倉史氾忠敏案卷之一》（沙、吴 1－58）："▭是從政［等］▭ ▭本色躇被氾敏獨［自］▭ ▭屈苦，氾敏等身並見在，望乞［勘］▭ ▭狀如前，謹牒。天寶二年二月 日前倉史雷思彦；前倉督張從政何思忠。帖追氾忠敏對問□。"OR. 8212/617Yut. 015《唐天寶三年（744）西州納糧文書》（沙、吴 1－164）："安德々納天寶二年色［倉］▭壹碩，天寶［三］年二月一日史。倉督茂□▭［折］充天寶貳［年］▭□"73TAM506：4/32－13《唐天寶十四載（755）郡倉申上載正月以後郡坊所請食料數牒》（4－492）："［倉］督嚴孝忠、陰守賀，參軍攝倉督鞏宏。"《晉書》卷八〇《王羲之傳》："倉督監耗盗官米，動以萬計。"[②]唐代的倉儲分爲正倉、轉運倉、太倉、軍倉、常平倉、義倉諸種，唐代州縣倉入破制度是嚴格的，從吐魯番出土文書可知：納入官倉的糧料須由倉督、監倉

① 請比較《睡虎地秦墓竹簡・秦律十八種・倉律》："入禾倉，萬石一積而比黎之爲户。縣嗇夫若丞及倉、鄉相雜以印之，而遺倉嗇夫及離邑倉佐主稟者各一户以氣（餼），自封印，皆輒出，餘之索而更爲發户。"（《睡虎地秦墓竹簡・秦律十八種・倉律》，北京：文物出版社，年，第 25 頁）檢嚴耕望《秦漢地方行政制度》第二章《郡府組織》"倉曹"："《續志》：公府有倉曹，主倉穀事。考郡亦有倉曹，如《後漢書・獨行・戴就傳》有倉曹掾，《隸續倉頡廟碑陰》有倉曹史。而《巴郡太守張納碑》有左右倉曹史。倉曹與户金兩曹職相關聯，故諸碑倉曹多與户金並列，獨《蜀學師宋恩題名碑》無倉曹而有穀曹史二人，名與倉曹甚類。又與金曹比列。蓋倉曹之異稱耳。《洪範五行傳》：'倉曹共農賦。'翼奉亦曰：'倉曹收民租。'《戴就傳》，爲會稽倉曹掾，刺史奏太守贓罪，'遣部從事薛安案倉庫簿領，收就於錢塘縣獄。'是郡職同於公府之明證。"（氏著《秦漢地方制度》，北京：北京聯合出版公司，2020 年，第 132－133 頁）

② 又參考凍國棟《漢唐間"伍伯"淺識》，《魏晉南北朝隋唐史資料》第十七輯，武漢：武漢大學出版社，2007 年，第 39－45 頁（特別是第 44—45 頁）；趙璐璐《唐代"雜任"考——〈天聖令・雜令〉"雜任"條解讀》，《唐研究》第十四卷，北京：北京大學出版社，2008 年，第 495－508 頁。

官、屯官、監納官四人共同署名簽字驗收[①]。而“逋懸”既然稱爲諸色，就有各種各樣的類别（並非衹是逋欠之地税一類）。对諸色逋懸的徵收也可以包括在“勾徵”裏，“勾徵”往往是自下而上，級級申報；又自上而下，層層追索。根據李錦繡的研究，唐前期的財政收入可以分爲三類：賦税收入、特種收入和公産公業收入。特種收入爲貢獻、勾徵、贓贖、回殘剩利等。參加勾徵的官吏與勾檢官不同，基層單位負責勾檢稽失之官（如縣録事等）並不管勾徵，勾徵官吏的範圍比勾官大，它包括財政機構中的長官、判官及勾官。中央機構中，尚書省二十四曹中的比部、金部、倉部、度支、兵部、主客、膳部、駕部諸官均參與勾徵，比部爲全國勾徵總指揮（但勾徵不是比部一個單位完成的，比部可以勾，不可以直接徵，比部勾檢出的結果，要由財政執行機構下符徵，在地方上，州的勾官爲録事參軍，但下符勾徵之司爲州倉曹或户曹，並不是録事司，勾由勾官，徵由本曹判官。但是地方上使職掌握勾徵權力，既可以勾，又可以徵，如支度使、支度使下判官以及中央臨時派出的財務檢查使，廣義的勾徵包括逋懸與欠負[②]。

3. 交通

《補編》還收録了一批客館文書，如72TAM169：29/5a《高昌殘文書》，其中“寒使”前之缺文，很明顯是“可”。關於“可寒使（珂寒使）”，請比較60TAM329：23/1，23/2《高昌虎牙元治等傳供食帳（一）》（1－461）：“□珂寒使□　□次虎牙［參］□　□人。次虎□　□傳，一斗半，供□虔大官，上一人□　□次顔□斗半，供吐屯抴□　□［大］官。上四人，中一人，盡。次虎牙元治［傳］，□　□婆演大官别迴盡。□　□供恕邏珂寒烏都倫大［官］□　□次虎牙元治［傳］□　□盡。［次］□

① 參考陳國燦《斯坦因所獲吐魯番文書研究》，武漢：武漢大學出版社，1997年，第116頁。
② 參考李錦繡《唐代財政史稿》第二册，北京：社會科學文獻出版社，2007年，第94頁。

▭不六多取婕，次康元相▭ ▭［供］北相珂寒使吐别貪旱，上一人，盡▭ ▭［傳］二斗，供卑失移［浮］［孤］使烏庾延伊利▭［次］上一人，中二人盡，▭五斗，供射［尼］▭ ▭［珂］寒使吐屯▭四人盡。▭吐屯大官［别］▭九升供［貪］▭［人］盡。▭阿賴□。”① 73TAM517：04/8—3《高昌都子等傳供食帳（二）》（1—263）：“▭迎貪旱珂寒使▭［傳］：五升，供朱阿祐一人，次傳：二斗一升，木作陰▭ ▭［貪］浑珂寒孤艮貪浑上五人盡。廿▭” 60TAM307：5/2（a）《高昌竺佛圖等傳供食帳（二）》（1—413）：“▭十二九六斗，床三九七斗▭兒傳：二斗三升，床三▭ ▭［思］紇，上一人，中一人，盡十五日▭［九］四斗半，床四斗半。次［虎］▭ ▭二升。次傳粟米一斗，麨一斗▭寒使啣畢貪浑，上四人▭ ▭九一斗二升，粟米六斗，麨六▭三斗三升，供南相珂寒▭ ▭上一人下二人，盡十五日，合▭九斗半。次傳麺二斗，供▭ ▭浑子弟，下二人，盡十三日，合▭一九六斗。次明威仏努傳：［麺］▭ ▭懃［烏］羅浑。五十一人，盡十□□［合］用麺六十一九二斗。次虎牙▭ ▭傳：粟米一斗，麨一斗，供棧頭□□大官。上十八人，盡十四日▭ ▭粟米一九四斗半，麨一九四斗半。次傳：麺一九五斗二升，床▭ ▭［上］四人，中十人，盡十四日半，合用麺廿二九四升，床米四▭ ▭［斗］九升，供棧頭案豆遮摩訶先。上二人▭ ▭［九］［八］斗半。次傳麺一九一斗，床米三斗，［供］▭ ▭四九五斗，床米四九［三］▭ ▭

① 關於本件文書的時代及墓葬背景，唐長孺主編圖録本《吐魯番出土文書》（1—254）説明：“本墓係合葬墓，出《高昌延昌三十一年（591）張毅妻孟氏墓表》《高昌延昌三十七年（597）張毅墓誌》各一方。又女屍上出有《高昌延昌三十一年（591）缺名隨葬衣物疏》，男屍上出《高昌延昌三十七年（597）武德隨葬衣物疏》。”

［人］［盡］▭”[①]“可寒（珂寒）”即“可汗”，原本是鮮卑族固有的部族首領稱號，也用於鮮卑、柔然、突厥、回紇、蒙古等民族最高統治者的稱號；“珂寒使”即高昌國所接待的遊牧民族（特别是突厥）帝王的使節；“珂寒寺”即高昌佛寺名。可能是突厥佗鉢可汗所建。在高昌国时代，一般写作“珂寒”，入唐写作“可汗”。72TAM171：12（a），17（a），15（a），16（a），13（a），14（a）《高昌延壽十四年（637）兵部差人看客館使文書》（2—76）：“▭［次］羇人趙頭六々、王歡兒貳人，付寧僧護，用看［珂］▭ ▭［懃］、蘇弩胡鹿大官、公主時健大官▭ ▭［付］［毛］［海］［隆］，［用］［看］毗伽公主［寒］□□婦兒伍日。次辛歌鹿，張憙相貳［人］，［付］魯阿衆，用看摩奮提懃婦兒、阿賴闕梓婦兒、阿□□□□□［伍］［日］。［次］□□□鄭海兒貳人，付參軍海相，用看客館伍日，次良朱識，付畦亥生，用看漢客張小憙，次氾勝歡，付曹［破］［延］，［用］□□真朱人貪旱大官。好延枯臈（臘?）振摩珂賴使金穆烏［紇］［大］［官］［伍］日。次小張海［住］，付康善財（射?），用看塢耆來射卑婦兒伍日。令狐資弥胡，付王善祐子，用看尸不還祋旱大官［伍］日。次廿日，康阿父師，白埳子貳人，付寧僧護，用看珂寒萅。”73TAM517：04/10（a）《高昌都子等傳供糧食帳（三）》（1—263）：“次傳，三斗，供珂寒寺中▭”[②] 73TAM221：70/1《唐殘文書》（3—314）：“▭下□□□將▭［在］可汗住□▭［印］郎□□。”73TAM509：23/2—1《唐開元二十二年（734）西州都督府致遊弈首領骨邏拂斯關文爲計會定人行水澆溉事》（4—315）：“□□［葛］臘啜下遊弈首領骨邏拂斯□□得中郎將麴玄祚等狀稱：西面武▭檢校。今共曹長史，

---

① 關於本件文書的時代及墓葬背景，唐長孺主編圖録本《吐魯番出土文書》（1—412）《説明》：“本墓爲男女合葬墓。無墓表及隨葬衣物疏。所出文物亦無紀年。據墓葬形制、同出文物和文書特徵推知，本墓時代爲麴氏高昌晚期。”

② “可汗”作爲原始國家或酋邦首腦，最早見於柔然。突厥本信薩滿，不信佛教，根據《隋書》卷八四《突厥傳》的記載，南朝齊國僧人惠琳被掠於突厥，説服佗鉢可汗信仰佛教，並建立大批寺廟。高昌作爲突厥屬國，其有珂寒寺，這一漢—突合璧詞説明該寺廟爲佗鉢可汗所造。又參考王素《高昌史稿·交通編》，北京：文物出版社，2000年，第443頁；羅新《中古北族名號研究》，北京：北京大學出版社，2009年，第2頁。

與此首領計會。傳可汗▭計會定人數，長令澆溉，更不用多雜人，出▭一水子專領人勾當。首領請與多少糧食▭用遣楊嘉運領人者。遊弈突厥，令於此計［會］，▭行水澆溉，関牒［所］由准狀者。関至准狀謹関。▭［元］廿二年八月十二日▭府高山。”《樂府詩集·橫吹曲辭五·梁鼓角橫吹曲》：“昨夜見軍帖，可汗大點兵。”唐人撰《北史》卷九八《蠕蠕傳》：“可汗，猶魏言皇帝也。”《新唐書》卷二百一十五上《突厥傳上》：“至吐門，遂强大，更號可汗，猶單于也。”《舊唐書》卷二九《音樂志二》：“北俘之俗，皆呼主爲可汗。”《資治通鑑》卷一九六“太宗貞觀十七年”：“太子作八尺銅爐，六隔大鼎，募亡奴盜民間馬牛，親臨烹煮，與所幸廝役共食之。又好效突厥語及其服飾，選左右貌類突厥者五人爲一落，辮發羊裘而牧羊，作五狼頭纛及幡旗，設穹廬，太子自處其中，斂羊而烹之，抽佩刀割肉相啖。又嘗謂左右曰：‘我試作可汗死，汝曹效其喪儀。’因僵臥於地，衆悉號哭，跨馬環走，臨其身，剺面。良久，太子欻起，曰：‘一朝有天下，當帥數萬騎獵於金城西，然後解發爲突厥，委身思摩，若當一設，不居人後矣。’”朱熹言：“《木蘭詩》衹似唐人作，其詞‘可汗’，‘可汗’前此未有。”[①]

《補編》還收録了數件“北館文書”[②]，爲我們提供了唐西州北館的新史料。72TAM230：48/3《唐西州請北館坊採車材文書（一）》：“（前缺）▭□□□▭ ▭□北館等坊，如緣□▭ ▭渠樹木，不関百姓□□□▭（中缺）▭□□▭ ▭修車磧中始得（後缺）”[③]此件文書中的“坊”，即“車坊”。請比較72TAM230：48/1《唐西州請北館坊采車材文書（一）》（4－84）：“□［昌］［縣］□［者］［得］［申］［稱］被符

---

① 黎靖德編《朱子語類》卷一四〇，北京：中華書局，1986年，第3328頁。

② 朱雷注：“本件殘剩二片，原無墓及文書編號，爲舊時漏出。今據僅存館名、内容、筆迹比對，知與昔年刊布本墓《唐西州請北館坊採車材文書》爲同件，又依例予以文書編號。”關於北館文書，參見朱玉麒《“北館文書”流傳及早期研究史》，《西域研究》2018年第1期，第1－16頁，又收入作者《瀚海零縑——西域文獻研究一集》，北京：中華書局，2019年，第199－225頁。

③ 參考孫曉林《關於唐前期西州設“館”的考察》，《魏晋南北朝隋唐史資料》第十一輯，武漢：武漢大學出版社，1991年，第252頁。

得北館□□□望請北館坊採車材，具與赤亭坊貯備□□□共辦前［件］［縣］［界］□□□”72TAM230：48/2《唐西州請北館坊採車材文書（二）》（4—84）：“案諮，聽處□□□具數牒赤［亭］□□□都督判毋□□□此商量既□□□”OR. 8212/520Ast. II. 4. 018《唐開元年間西州都督府諸曹符帖事目歷》（沙、吴 1—54）：“□□□爲徵北館車坊牛事□□□爲警固排比隊伍事□□□警固收拾羊馬事□□□［符］爲訪令史寇（?）瑒事□□□賊事□□□囚使争條事。”大谷 3475《唐開元十九年（731）正月西州岸頭府到來符帖目》（《大谷》二圖版五、六）：“户曹符，爲北館坊出舉本小麦、依前［符］徵□□□欠死馬肉錢，限月内徵送事。”[①]“北館坊”即北館車坊，而羅護、赤亭在唐天寶的馬料帳牒文中均稱爲“坊”，這或許是由於羅護、赤亭爲鎮所在地，這一地位使它們成爲中心館驛[②]。總之，“坊”具有特殊的意義在此指一種專門性的機構，主要是飼養、役用駱駝、騾子、馬牛等交通牲畜，或製造、維修、管理車輛等交通工具[③]。根據敦煌吐魯番文書，唐代的沙州、西州等地有

---

① 録文又見［日］池田温《中國古代籍帳研究》第 214 頁。

② 參考陳國燦《唐西州蒲昌府防區内的鎮戍與館驛》，《魏晉南北朝隋唐史資料》第十七輯，武漢：武漢大學出版社，2007 年，第 85—105 頁。

③ 請比較 OR. 8212/709Mr. tagh. 0634《唐貞元六年（790）館子王仵郎抄》（沙、吴 1—188）：“善政坊羅勃帝分神山鄉［馬］料青［麦］□□□ 㪷貞元六年十月四日館子王仵郎抄□貨坊楊師［卿］［神］［山］□□［料］青麦［壹］□□□ □□□［年］十月四日館子□□□”72TAM188：81（a）《唐征馬送州付營檢領狀》（4—28）：“□□□付坊餧飼訖，今以狀上。”（“坊”即西州或屬縣的馬坊，“付坊餧飼”即將營司尚未檢領的馬匹暫時交給馬坊餵養。唐代官馬的飼養主要有兩種方式：圈養和放牧，圈養是在馬坊内餵養，牧養是在牧群中放養。見孫繼民《敦煌吐魯番所出唐代軍事文書初探》，北京：中國社會科學出版社，2000 年，第 75 頁。）73TAM509：8/24—1（a）《唐開元二十一年（733）推勘天山縣車坊翟敏才死牛及孳生牛無印案卷（一）》（4—301）：“録事撿無稽失。倉曹攝録事參軍勤勾訖。關兵曹，爲天山坊死牛皮事。”OR. 8212/557Ast. Ⅲ. 4. 095《唐神龍元年（705）天山縣爲長行馬致死上西州兵曹狀》（沙、吴 1—115）：“牽不前進，遂即致死。既是長行，不敢減點，請撿驗處分者，付坊差厔與馬子同往，撿不有他故，狀言者。得槽頭許文節狀，稱准判差槽頭許文節往撿前件馬，縣西卅里頭乏困致死，撿無他故，有實，狀上者。今以狀申。州槽長行馬壹疋，青忩敦同敬。”OR. 8211/969—72《唐于闐某寺支用簿》（沙、吴 2—329）：“付鎮海坊叱半莎□□□ □□□充還先羅草豉壹勝價。”參考孫繼民等《新出唐米文辯墓誌銘試釋》，《文物》2004 年第 2 期。凍國棟《吐魯番出土文書所見唐代前期的工匠》，唐長孺主編《敦煌吐魯番文書初探》二編，武漢：武漢大學出版社，1990 年，第 305—334 頁，引文見第 313 頁。

馬坊或車坊，負責管理役用馬匹、車輛，執行交通任務。甚至還有貿易管理機構（比如以生産㲲布爲主的㲲坊），還有病坊，根據唐制，在兩京及諸州都有病坊，負責收養貧病之人，國家給悲田，以充粥食①，还有“節義坊”②，意义与“病坊”接近，還有籍坊等（見前文）。

上揭文書中的“北館”，是高昌縣的館，以方位命名。由於地處高昌，一方面由高昌縣管轄，另一方面又由於是州治治所所在地，必然要爲州府承擔接待客使任務，因而兼有州館的性質。“北館”可能是中古時期南北地域接待使者（包括國使）館驛的代名詞，《廣弘明集》卷十九《御講金字摩訶般若波羅蜜經序》記載梁武帝至同泰寺御講般若③，參與者有“波斯國使、于闐國使、北館歸化人”④，是其證。

4. 民風

《補編》還收録了一批書信，最能够反映當時的社會生活與風土民情。72TAM184：1/1《唐殘書牘》：“（前缺）言盡順辰□□□□作氣▭不能

---

① 事見《唐會要》卷四九《病坊》載會昌五年十一月李德裕奏。參考劉俊文《敦煌吐魯番唐代法制文書考釋》第516－517頁。

② 見67TAM91：29（a）、30（a）《貞觀十七年（643）八月何射門陁案卷爲來豐患病致死事》（3－4）。

③ 《大正新修大藏經》，台北：新文豐出版股份有限公司，1983年，第52册，第236頁下欄－237頁上欄。

④ 這次法會還有波斯使者“安拘越”，吕博指出這裏的“館”是建康接待諸國來使的客館，“北館”即“行人館”，王象之《輿地紀勝》卷一七《江南東路・建康府》引《宫苑記》：“國館六：一曰顯仁，處高麗使；二曰集雅，處百濟使；三曰顯信，處吐蕃（引者按：似應爲吐谷渾）使，四曰來遠，處蠕蠕使；五曰職官，處千陀使；六曰行人，處北方使。五館並近，而行人最籬門外。”（杭州：浙江古籍出版社，2012年，第517頁）又參見吕博《〈梁四公記〉與梁武帝時代的文化交流圖景》，《歷史研究》2021年第1期，第84－102頁（尤其是第93頁）。

學他作債，令家内酬還▭（後缺）”① 這封書信語重心長地叮囑對方要有志氣，不要向他人借債讓家人酬還。72TAM184：1/2《唐殘書牘》：“（前缺）作計［欠］不必［此］［然］▭然貼附此語▭阿舅、阿姨等，張大

---

① 此段二行出自女屍左脚鞋内底。關於此件文書的年代和墓葬背景，朱雷指出：“本墓爲夫妻合葬，夫後亡。其紙靴拆出文書，有紀年者，最晚爲開元十二年（724），俱已刊布。今又檢得昔年漏出女屍紙鞋一雙，出於保護文物，不宜拆洗。故就目力所及，知兩内底皆糊有文書，從筆迹内容可判定爲一書牘之三殘片，故新予文書編號，分段録文。”“作債”即借債，“作”往往指不好的行爲，97TSYM1：13－4《古寫本易雜占（擬）》（榮、李、孟154）：“［乾］化爲兑，家中有作盗賊者。”64TAM13：37/1（b），37/2（b）古寫本《佛説七女經》(1－114)：“此人生時好香□，身著新好衣，行［步］［衆］［中］，細目□視［於］人中，作姿則欲令人今死［在］［地］［日］▭”68TAM105：9（b）《唐馬郎殘文書》(4－355)：“▭□杈，文字言語▭ ▭［馬］郎作頑皮▭ ▭［若］有人駡［郎］▭ ▭□落壍。”73TAM193：38（a）《武周智通擬判爲康隨風詐病避軍役等事》(4－236)：“於是妄作患由，臂肘蹉跌，遂非真病，攣拳手腕，［乃］是詐爲。”“作盗賊”即犯偷盗搶劫，“作姿”即弄姿，裝腔作勢，“作頑皮”即刁鑽無賴，不知羞恥或冥頑不靈，（“頑皮”爲“無賴”義。《書・堯典》：“父頑、母嚚。”）“作患由”即編造病由。“作”在六朝唐代文獻中非常活躍，既可以用在表示惡行的動詞前，表示做壞事，也可以用在善行的動詞前，表示做好事，視具體情况而定。《世説新語・任誕》：“風氣韻度似父，亦欲作達。”（“作達”即放蕩不羈。）《世説新語・輕詆》：“頫似，足作健不?”（“作健”即成爲强者。）《宋書》卷七二《始安王休仁傳》：“休仁又説休佑云，汝但作佞，此法自足安。”（“作佞”即拍馬。）《宋書》卷八五《王景文傳》：“吾自了不作偷，猶如不作賊。”（“作偷”即偷盗，“作賊”即造反。）《南齊書》卷三十《桓康傳》：“我今夕欲一處作適。”（“作適”即放松。）《南齊書》卷四九《王奂傳》：“欲作方便，殺以除口舌。”（“作方便”即设计。）《隋書》卷七八《韋鼎傳》：“州中有土豪，外修邊幅，而内行不軌，常爲劫盗。鼎於都會時謂之曰：‘卿是好人，那忽作賊?’”《法苑珠林》卷七一《欲蓋篇第八十一・欲障部第三》：“含笑作姿，憍慢羞慚，回面攝眼，美言姤嗔，行步妖穢，以惑於人淫羅欲網，人皆没身。”參周一良《周一良集》第貳卷《魏晉南北朝史札記》，瀋陽：遼寧教育出版社，1998年，第311－313頁；董志翹、馮青《世説新語箋注》，南京：江蘇人民出版社，2019年，第959頁；王啓濤《中古及近代法制文書語言研究——以敦煌文書爲中心》，成都：巴蜀書社，2003年，第139－143頁。關於“頑皮”，參考項楚《王梵志詩校注》，上海：上海古籍出版社，1991年，第165頁。

兄、阿嫂▭等親眷大者參拜，小者問訊▭（後缺）”① 此封書信是對長輩和兄嫂全家大小的問候。又請比較 72TAM184：1/3《唐殘書牘》：“（前缺）▭敏□▭ ▭參阿更▭（後缺）”② 又檢《補編》所收以下一件文書，06TAM601：24/1《唐龍子殘書牘》：“龍子［身］▭ ▭阿郎▭□□龍子爲身事，此早經兩▭省訖，未蒙報下，願□□□［復］陳［牒］，請申省勘［當］▭。報以龍子即日立［取］▭得返。正早欲還［鄉］□▭［傍?］□不少驛使來次□▭兵

---

① 此段四行出自女屍右脚鞋内底上端。“附”即附上（比如隨同其他文書附上），托人捎帶（書信或禮物）。OR. 8212/892 正背 Ast. Ⅲ. 3. 035《唐家書》斷片（沙 2－8）：“▭［後］來，迄至迂今，惣不蒙家中大小消息。甚大憂愁。未知▭不獲。當去拜謁。來使乞附一行，但君利見。”73TAM509：8/6《唐書牘稿》（4－337）：“氈一合，車去日附送么々收。”2004TBM207：1－6《唐儀鳳三年（678）九月西州録事參軍牒》（榮、李、孟 77）：“［請］撿附狀，謹□。”請比較杜甫《石壕吏》：“一男附書至，二男新戰死。”“大小”即尊卑與長幼，又説成“小大”。2006TZJI：138《麴氏高昌延和八年（609）十二月二十二日紹德遺書》（榮、李、孟 287）：“▭歲在己巳十二月廿二日□▭ ▭仁白鄰比舊老，告男女大小及▭ ▭［年］老垂命，兼疢患日集，謹及▭ ▭□欲令没後上下不諍。今以東渠▭ ▭小婢一人字弥猴，婢□［毛］，寳德所［買］，道▭ ▭［三］條与息阿護□▭ ▭乙巳廿五年今□▭ ▭隆小瞻養［存］▭ ▭宕渠田［五］畝▭ ▭□▭［紹］▭ ▭紹德自以□▭ ▭□姬婢來□▭ ▭□□［姬］男▭”72TAM169：26（b）之二《高昌書儀》（1－234）：“父母如常，餘大小可行。”64TAM24：27（b）《唐貞觀二十年（646）趙義深自洛州致西州阿婆家書》（2－172）：“家中大小，内外親眷悉平安否?”64TAM24：30《唐趙義深與阿婆家書》（2－174）：“次參拜父子，問訊合家▭平安已不? 次問訊伯延兄阿▭家大小，盡訊問平安已不? 次問訊阿嫂男女奴婢盡平已 V 安不?”64TAM4：35（a）《唐瀵舍告死者左憧憙書爲左憧憙家失銀錢事》（3－229）：“古若瀵舍不取之錢，家裹曹主及大小奴婢及鎧人放瀵舍眼見，即於死者咸亨四年四月廿九日神遇（過?）已後，見多放仕。即須知錢之注，要須大小得死，瀵舍即知。”72TAM152：31/2《唐□文悦與阿婆、阿裴書稿》（2－150）：“□文悦千々万々再拜：阿婆、阿裴已下合家小大□平安好在不? 文悦在愁，阿裴莫愁。文悦、阿塸千万問訊阿姉、阿夷、阿兄。”關於“親眷”，又見另外兩件文書，64TAM24：27（b）《唐貞觀二十年（646）趙義深自洛州致西州阿婆家書》（2－172）：“即日居子等，蒙恩且度朝夕，在此親眷皆悉。”72TAM209：87《唐貞觀年間西州高昌縣勘問梁延臺、雷隴貴婚娶糾紛案卷（二）》（3－320）：“雷隴貴年卌▭隴貴辯：被問娶阿［趙］▭欵稱妻，二狀從何爲▭［是］□□虞候府史楊玉善妻，雷媒媾［娶］▭作妾，隴時用絹五疋，將充娉財，然［趙］▭更無親眷，其絹無人領受。對雷▭□於時賣絹得錢，趙自回買衣物。”

② 此段三行出自女屍右脚鞋内底下端。

部當來驗使，总速［更］□多語，千万珍重，再。”[①] 這可能是一位軍人寫給家人的信，希望早日還鄉，請比較 73TAM191：74（a）《唐軍府名籍》（3—287）：“史永海年廿九，□一人從次等進入步射▭年卌七傔，前天山府果毅麹善因入京使，未迴。樣人高歡緒。申州，請申省，未報▭乾封元年從果毅趙刀行，未還。申州，未有處分。□人［趙］屯々▭ ▭毅張全行，未還，申州，未有處分。”考《唐六典》卷二“尚書吏部”之“尚書吏部員外郎”條：“身有疾病滿百日，若所親疾病滿二百日及當侍者，並解官申省以聞。”

5.劳役

從《補編》所收録的文書可以看出：無論是高昌國，還是唐西州，民衆的勞役都不輕。這從“羇人”在高昌國的命運可以看出，《補編》所收録的文書

① 關於“申省”，請比較伯 3078《神龍散頒刑部格》殘卷：“法司斷九品以上官罪，皆録所犯狀進內。其外推斷罪定，於後雪免者，皆得罪及合雪所由並元斷官同奏，事若在外，以狀申省司，亦具出入之狀奏聞。”《册府元龜》卷五〇四《邦計部·酤》：“中縣户滿三千以上，置市令一人，史二人，其不滿三千户以上者，並不得置市官，若要路須置，舊來交易繁者，聽依三千户法置，仍申省，諸縣在州郭下，並置市官。”73TAM518：3/1，3/2《唐録事司殘文書》（3—469）：“録事司，四府從去年考後，應授省苻，制勑□□前事牒（?）前月衙奉處分並［令?］。”（“省符”乃尚書省下達的命令，往往涉及任免。）又請比較 65TAM346：2《唐上元二年（675）府曹孝通牒爲文峻賜勳事》（3—262）：“勑雖複未獲，據省給告身，並銜，勑授文峻等補經廿年已上有實。”《新唐書》卷四六《百官一》：“凡制敕計奏之數，省符宣告之節，以歲終斷。”張鷟《朝野僉載》卷四：“考下，省符解見任。”《唐令拾遺·獄官令》：“諸犯罪者，杖罪以下縣決之。徒以上縣斷定送州。覆審訖，徒罪及流應决杖若應贖者，即决配徵贖。其大理寺及京兆、河南府斷徒及官人罪，並後有雪減，並申省。省司覆審無失，速即下知。如有不當者，隨事駁正。若大理寺及諸州斷流以上，若除、免、官當者，皆連寫案狀，申省，案覆理，盡申奏。若按覆事有不盡，在外者遣使就覆，在京者追究刑部覆以定之。”《唐律疏議》卷一三《户婚》“不言及妄言旱澇霜蟲”條疏議曰：“主司，謂里正以上。里正須言於縣，縣申州，州申省。”《唐會要》卷七五《選部》下“南選”：“其年九月勑，應南選人，嶺南每府同一解，嶺北州及黔府管内州，每州同一解，各令所管勘責出身、由歷、選數、考課、優勞、等級，作簿書，先申省，省司勘應選人曹名考第，一事以上，明造歷子，選使與本司對勘定訖，便結階定品，署印牒付選使。”

爲我們提供了這一方面的信息。“羇人”即羈拘、羈留、羈旅之人[1]，考宋敏求編《唐大詔令集》卷一百三十《蕃夷》“討伐”所收《討高昌王麴文泰詔》：“自隋季道消，天下淪喪，衣冠之族，疆埸之人，或寄命諸戎，或見拘寇手，及中州既定，皇風遠肅，人懷首丘，途徑彼境，皆被囚縶，加之重役，忍苦遐外，控告無所。”再檢《新唐書》卷二二一上《西域》上“高昌”：“初，大業末，華民多奔突厥，及頡利敗，有逃入高昌者，有詔護送，文泰苛留之。”[2]原来，唐擊敗突厥以後，原來逃往突厥或被突厥虜掠的漢人返回唐朝，道經高昌，被麴文泰扣留，並進行奴役，《補編》所收録的文書真实揭示了这一方面的情況。06TAM601：24/2－1，2《高昌延壽十五年（638）羇人袁虽子上啓爲乞入老免役事》：“臣▭役駈馳，不▭聖顔，悕乞入老，伏願垂許。謹言。延壽十五年戊戌歲二月三日羇人臣袁虽子上啓。令：聽入老。威遠［將］軍［門］下［校］郎臣麹仕瑞傳。▭［傳］。(後缺)”[3]“役駈馳”説

① 考“羇”同“羈”。《篇海類編·器用類·網部》：“羇，通作羈。”“羈”有“羈拘、羈留”義，有“寄居、旅寓”義，《玉篇·網部》：“羇，羈旅也，寄止也。”《集韻·支韻》：“羇，旅寓也。”斯2053《漢書·蕭望之傳》：“外夷稽首稱蕃，中國讓而不臣，此則羇縻之誼，謙厚之福也。”其中的“羇”今本《漢書》作“羈”。再考《韓詩外傳》卷七：“如皆守社稷，則孰負羇縶而從?”《後漢書》卷八十上《文苑傳·杜篤》：“南羈鉤町，水劍强越。”晉陶潛《雜詩》之九：“遥遥從羈役，一心處兩端。”南朝宋鮑照《代悲哉行》：“羇人感淑景，緣感欲回轍。”玄應《一切經音義》卷十“行旅”：“閭舉反。《左傳》：羈旅之臣。杜預曰：羈旅，寄客也。”

② 又參考［法］沙畹編著，馮承鈞譯《西突厥史料》第三篇《關於西突厥之其他史料》之“高昌傳”（北京：中華書局，2004年，特別是該書第102頁）。

③ “啓”即官文書之一，用於下級對上級，也指主動禀報，還常常用於下級、晚輩對上級、長輩的書信中（早在南北朝時期，就有用“啓”問候起居之風。一般説來，開頭用“啓”或“某啓”，結尾用“謹啓”）。在高昌郡和高昌國時期的文書中，“啓”的内容往往是一些具體的訴訟、徭役等事務，呈送对象往往是高昌地區的軍政長官，比如郡太守等（這反映了此類長官的權力巨大）。OR. 8212/861Laii. xi. 02 晉《殘啓》（沙、吴1－322）：“▭仁當□估須▭ ▭教，謹啓。”79TAM382：5－3b《北涼因欠税見閉在獄啓》（柳395）：“□□啓：去八月内被勑，當人輸莧炙一斛。即往於山北，行索無處。今坐不輸炙爲幢，見閉在獄。遭遇節下，乞願賜教，聽於被輸□□炙。蒙恩，付所典，謹啓。十月五日上，聽倍輸。”79TAM382：6－3b《北涼獄囚□阿挐啓》（柳397）：“獄［囚］□阿挐啓：去前七月内［爲］□□□見誣，々挐盗□□興□□聽（?）對（?）極手，吏□□申理，勑償興物。遭遇節下，聽姉、弟保任出外。甘心具□□興□辞，不勝困切，冒犯自▭正月十七（?）日上。”66TAM59：4/4－1（a）《殘啓》（1－24）：“▭放馬▭ ▭（轉下頁）

候五日，去晨以受罰竟▭候。遭遇節下，願見採［省］▭見［可］謹啓。”75TAM96：37《倉吏侯暹啓》（1－35）：“□□［倉］吏侯暹［啓］：［暹］▭［所］致。生年始卌六、七，久患□，積有年歲。前會值□備倉穀，笨罰□□，遂用憂結，致使□□莫々近▭［淂］▭”66TAM62：6/3（a）《翟彊殘啓》（1－49）：“□爲款見言云：彊共款□▭兵賕物𠮷不見申理。聞彊在獄，逋□▭見在可校强□並利，横見搏引，曹▭□□賜教付曹，明爲▭ ▭啓。”75TKM91：20（b）《劉□明啓》（1－75）：“劉□明啓：明▭劉，晃合貲具▭馬頭，歲々從伯▭草。晃□謜不□□二年穀草□須▭［教］付曹。□［晃］□□□［穀］草謹啓。［十］［一］月廿日上。”2006TZJI：166《北凉承平（?）七年八月高昌某人啓爲宋万平息、廉和謙息替代事》（榮、李、孟 274）：“宋万平息、廉和謙息。右二人任代趙貟、李慈，爲辛沖、侯允□▭ ▭曹書佐劉會白解，應申教，脱□▭ ▭□任代□▭”2006TZJI：165《北凉承平（?）七年八月高昌某人啓爲廉和得病以他人替代事》（榮、李、孟 274）：“▭曹書佐劉會白：廉和辞如□▭ ▭［七］月廿日交河屯，於彼得病，求訴實▭ ▭實信病，催督事要，請以同軍人□▭ ▭［事］諾屬勑，紀識謹啓。主薄勸，八月▭廷掾應。録事▭”68TAM100：5《唐永淳元年（682）氾德達飛騎尉告身》（3－405）：“▭□［書］如右，請奉□［付］外施行，謹啓。”72TAM184：10《唐□守德家書》（4－136）：“懼，宿夜戰慄不安▭［病］［患］訖□□守德，比爲在西州留滞，緣錢物［散］□□，今徵收向足，市買裝束並了。今月廿七日□［發］［西］［州］▭即到鄉吐。比爲關山隔阻，奉拜未由，今▭史迴次，謹附啓不宣。謹啓。守德二娘隨啓再拜，郎君▭更不別封。四舅平等問評，大郎以下諸親▭□□［已］［下］［空］。”64TAM10：47《高昌重光四年（623）三月殘表啓》（2－203）：“阿睍作。吏部吏▭重光四年癸未歲三月廿日，中兵參軍張□□、趙宅（?）示（?）二人傳傅阿歡作。校郎嚴□兒。”（本件蓋有朱印四處，印文爲“虔表上啓”。）60TAM332：6/1—1（a），6/1－2（a），6/1－3（a）唐寫本《五土解》（3－152）：“□啓南方赤帝土公駕［赤］車，乘赤龍，赤□□□［主］薄，赤五伯，赤從徒，開赤門，出［赤］▭”60TAM332：6/3《唐犯土禁忌文》（3－157）：“謹啓：某甲戒范太歲上土，［太］歲下土，戒范成攝四鎮土，戒［范］［祠］祀社稷土，戒［范］子丑寅卯土。”《大唐新語》卷之八《聰敏第十八》：“玄宗幸成都，給事中裴士淹從。士淹聰悟柔順，頗精歷代史。玄宗甚愛之，馬上偕行，得備顧問。時肅宗在鳳翔，每有大除拜，輒啓聞。房管爲將，玄宗曰：‘此不足以破賊也。’歷評諸將，並云非滅賊材。’又曰：‘若姚崇在，賊不足滅也。’因言崇之宏才遠略。語及宋璟，玄宗不悦曰：‘彼賣直以沽名耳。’歷數十餘人，皆當其目。至張九齡，亦甚重之。及言李林甫，曰：‘妒賢嫉能，亦無敵也。’士淹因啓曰：‘既知，陛下何用之久耶！’玄宗默然不應。”又請比較大谷 2597《唐儀鳳三年（678）度支支配思念諸州庸調及折造雜彩色書並處分事條殘片之一》（《大谷》一，圖版九八，録文又參見陳國燦、劉安志主編《吐魯番文書總目（日本收藏卷）》，武漢：武漢大學出版社，2005 年，第 90 頁）：“［依］［常］［式］［支］配儀鳳四年諸［州］庸調及□□□彩色數並處分事條如右。謹以啓聞。”（劉後濱指出：“奏抄經過皇太子批復後，由尚書省下發到西州執行。這件文書是當時西州收到的公文原件的一部分。因爲高宗皇帝出巡，由皇太子監國，故奏抄上於太子，稱爲啓，太子畫‘諾’（如果是上於皇帝，則畫‘聞’）。太子左春坊中的左庶子、中允、司議郎分别相當於門下省的侍中、黄門侍郎和給事中。”氏著《唐代中書門下體制研究——公文形態、政務運行與制度變遷》，濟南：齊魯書社，2008 年，第 92 頁。）考《太平御覽》卷五百九十五引服虔《通俗文》：“官信曰啓。”又請比較宋蘇軾《與王敏仲八首》之二：“方欲奉啓告别，被問見原。”考俞樾《茶香室續鈔》卷九“書啓二字”條：“唐温大雅《創業起居注》云：帝自手疏與突厥書，仍命封題，署与云某啓。所司報請云：‘突（轉下頁）

明羇人服役使[①]，且可能是極爲卑賤的、侍候人的活兒，《北史》卷九二《恩幸傳》："閹官尤以宫掖驅馳，便蕃左右。"《拾得詩》三七《後來出家子》："後來出家子，論情入骨癡。本來求解脱，卻見受驅馳。終朝遊俗舍，禮念作威儀。博錢沽酒喫，翻成客作兒。"[②]伯 2418《父母恩重經講經文》："洗浣豈論朝與暮，驅馳何憚熱兼寒。"[③]伯 3150《癸卯年（943）吴慶順典身契》："自取物後，人無雇價，物無利頭，便任索家驅馳。比至還得物日，不許左右。"周一良言："《宋書》王弘傳以養子、典計比於奴僕，又載尚書王淮之議曰：'有奴客者，類多役使，東西分散，住家者少。其有停者，左右驅馳。動止所須，出門甚寡。典計者在家十無其一。'據此知奴客少數供家内役使，多數從事生産勞動。"[④]又請比較 72TAM171：12（a），17（a），15（a），16（a），13（a），14（a）《高昌延壽十四年（637）兵部差人看客館使文書》（2—76）："□［次］羇人趙頭六々、王歡兒貳人，付寧僧護，用看［珂］□□［懃］、蘇弩胡鹿大官、公主時健大官。"（看來是做侍候人的事情，同在寧僧護手下幹事的還有康阿父師這樣的粟特人）又請比較 72TAM151：72《高昌條

厥不識文字，惟重貨財，願加厚遺，改啓爲書。'帝曰：'古人云，屈於一人之下，伸於萬人之上。且啓之一字，未直千金，千金尚欲與之，一字何容有悋。'按此知古人已以啓字爲重矣。"（（清）俞樾撰，貞凡、顧馨、徐敏霞點校《茶香室叢鈔》，北京：中華書局，2006 年，第 667 頁。）《唐六典》卷一"三師三公尚書都省"："凡下之所以達上，其制亦有六，曰：表、狀、箋、啓、牒、辭（原注：表上於天子，其近臣亦爲狀。箋、啓於皇太子，然於其長亦爲之，非公文所施。九品已上公文皆曰牒，庶人言曰辭。"但是有時侯有關請求也可以叫"啓"。請比較伯 2992V《朔方節度使檢校太傅兼御史大夫張狀》："付况般次行止已及方渠，兼得軍前文書，合具子細披啓。"吴震指出："魏晉以後，啓（或'啓聞'）、奏不僅是臣僚上達君主的表章，也是下級官吏呈其所屬長官的公文（猶如今之'報告'），甚至私人書信也稱'啓'。在唐代，臣下上於天子者曰'表'，上於皇太子者曰'啓'，僚屬上於長官雖亦稱'啓'，但實例少見。從吐魯番出土文書看，啓主要用於唐西州以前的文書中，而'奏'則僅見於高昌國時期。二者對象亦有所不同：啓主要是部屬上於郡、府長官，奏則是高昌國臣下用以上於國王者。"氏著《吐魯番出土法制文書概述》，《西域研究》1992 年第 3 期，第 75 頁。關於"啓"，又參考祝總斌：《高昌官府文書雜考》，載氏著《材不材齋文集——祝總斌學術研究論文集（下編）中國古代政治制度研究》，西安：三秦出版社，2006 年，第 337—372 頁。又考《太平御覽》卷二四六《職官部》四四"太子舍人"："諸臣及宫臣上皇太子，大事以箋，小事以啓。其封題皆曰：上於右春坊，通事舍人開封以進。"

① 斯 3491《破魔變》："一世似風燈驅役役，百年如春夢苦忙忙。"

② 引文據項楚《寒山詩注（附拾得詩注）》，北京：中華書局，2000 年，第 891 頁。

③ 録文參考黄征、張涌泉《敦煌變文校注》，北京：中華書局，1997 年，第 974 頁。

④《周一良集》第貳卷《魏晉南北朝史札記》第 243 頁。

列羈人上現殘文書》（2－104）：“［　　　］護［　　　］［　　　］延伯［　　　］□用門頭上現伍肆日，□［案］條列用羈［　　　］”總之，“羈人”在高昌國被奴役，境況十分惡劣，所以，《補編》收録上揭文書中，一位“羈人”申請“入老”，因爲衹有這樣纔能免除被奴役的命運。可資參照的是：在唐代，對府兵要進行“簡點”，即清點、挑選、核對、校試，有關府兵的增減，涉及三個方面：一是府兵“增年入老”，入老即可退役，二是成丁之人“減年入中”，中男可免兵役，三是“增狀入疾”，入廢疾者可免課役，入篤疾者還可以得到侍丁之照顧，這其實涉及府兵的點入和簡退。唐代府兵的簡點，除點入成丁之人外，還包含對入老及不應留軍之府兵的簡退、簡除，兩者往往同時進行。唐代府兵進行簡點的周期，開元六年以前每年九、十月間一簡點，開元七年改爲三年簡點一次。吐魯番文書中還有“加減”，即增減，本爲增減年狀（疾、老、中、小之類），如增年入老，減年入中、小及增狀入疾（其從殘疾入廢疾、從廢疾入篤疾，廢疾雖免課役，若入篤疾，即得侍人），常常見於唐代手實文書①。

《補編》所收以下一件文書，對我們研究唐西州時期吐魯番婦女的户役和命運極有幫助。73TAM532：11《唐開元六年（718）高昌縣潘寺尼如金訟牒爲因改嫁領官錢帛粟事（草）》：“［　　　］□介録事［　　　］即（中缺）［　　　］之

---

① 寧樂八（1）號《唐蒲昌縣牒爲劉文伯入老、曹迴住等未没賊上報事》（86）：“蒲昌縣。逃衛士劉文伯。右得牒：稱上件人元無縣牒報入六十處者［　　　］去年皃入六十，正月州使覆白至，已牒府訖。［　　　］曹迴住、氾惠住、吴師子｜。右同前。得團狀，注没賊，依撿案内今年四［　　　］日得縣牒，報前件人見在，不言没賊［　　　］□［團］［狀］□□□［縣］［牒］［鄉］［至］［今］［不］［報］［者］［　　　］”朱雷指出：“所謂‘五十九’，據前引武德令，六十爲老，又據文獻及出土文書中的户口帳及户籍，可知老男皆爲不課口，不再承擔租調及正役，但據敦煌所出天寶某年差科簿的統計，老男仍服差科。據池田温教授統計，從六十到七十，皆服差科。但比較丁男而言，所承擔的封建賦役無疑要輕，所以重‘五十九’，也就是要注意掌握控制‘入老’的關鍵年齡，以防詐僞‘增年入老’，前引天寶九載十二月二十九日敕云團貌事，至‘五十九’後，即可不再列入‘團貌’的對象了。所謂‘七十九’，爲入‘八十’之關鍵，所謂‘八十九’，爲入‘九十’之關鍵。在唐代均屬不課口。這一點自不待言。”又言：“在吐魯番出土的諸鄉户口帳中，我們還看到‘侍丁’與佐史、里正之類雜任，以及衛士等，同列於‘不輸’的記載。因此，在給侍的問題上，不僅僅是限於年齡達到多大，能享受給侍幾人的待遇，而且直接涉及到國家賦役的徵收，故重‘七十九’‘八十九’。”氏著《唐代“手實”制度雜識——唐代籍帳制度考察》，載《魏晉南北朝隋唐史資料》第5輯，香港中華科技（國際）出版社，1992年，1－7 辑合刊，引文見第33頁。

衣糧，户役牽挽困重。遂即嫁［　　　］尼如金訟牒［　　　］問［　　　］□［先］改嫁前所［　　　］□物，仰答。［　　　］共陳［　　　］［粟］（中缺）與别人。當於介録事邊得錢一千文、帛練一疋、粟一石是實。自餘所注雜物，元不領得。陳瓌今既無賴，卻理錢粟［　　　］［　　　］陳瓌卻□［理］□□［物］□□［錢］叁仟文，被問依實謹牒。開元六年三月 日潘寺尼如金 E 牒。”[①] 這件文書告訴我們：由於“户役牽挽困重”[②]，導致女性改嫁[③]。“户役”即“户役”，唐代除租庸調及户地税外，按户等臨時性徵發，徵發内容包括力役、車馬、錢物等，依

---

① 朱雷《説明》：“《吐魯番出土文書》釋文本第九册第一九八頁及圖文本第肆册第三六六頁均已收本墓唐代文書二件，今從昔時漏出文書中，經整理考訂猶有開元文書一件。”“本件殘甚，爲兩次書寫同一事於同一面，第二次倒書於第一次書寫牒文之行間，可互爲補充殘損事由。故不作兩件分録。”此件文書還在書寫格式上給我們提供了新的模式。該文書爲兩次書寫同一事於同一面，第二次倒書於第一次書寫牒文之行間，可以互爲補充殘損事由。這可能是書寫前對紙張規劃失誤，後來將没有寫完的内容寫在空檔裏。

② “牽挽”往往與“勞役”搭配，旅順博物館藏《唐建中四年孔目司帖》（圖版見郭富純、王振芬《旅順博物館藏西域文書研究》，瀋陽：萬卷出版公司 2007 年，126 頁）：“孔目司帖蓮花渠匠白俱滿失雞配織建中伍年春裝布壹伯尺，行官段俊々、趙秦璧、薛崇俊、高崇辿等。右仰織前件布，准例放掏拓、助屯及小々差科，所由不須牽挽。七月十九日□孔目官任□。配織建中伍年春裝布，匠蓮花渠白俱滿地黎壹伯尺了。”伯 2942《唐永泰年代（765—766）河西巡撫使判集》：“仍與洗削文案，杜絶萌牙（芽），俾其後昆，免有牽挽。”《全唐文》卷一五八《劉仁軌〈陳破百濟軍事表〉》：“又本爲征役，蒙授勳級，將爲榮寵，頻年征役，唯取勳官，牽挽辛苦，與白丁無别。百姓不願征行，特繇於此。”

③ 其中涉及彩禮。檢《唐律疏議·户婚》“許嫁女報婚書”：“諸許嫁女，已報婚書及有私約。約，謂先知夫身老、幼、疾、殘、養、庶之類。而輒悔者，杖六十。男家自悔者，不坐不追娉財。疏議曰：許嫁女已報婚書者，謂男家致書禮請，女氏答書許訖。‘及有私約’，注云‘約，謂先知夫身老、幼、疾、殘、養、庶之類’，老幼，謂違本約相校倍年者；疾殘，謂狀當三疾，支體不完；養，謂非己所生；庶，謂非嫡子及庶孽之類。以其色目非一，故云‘之類’。皆謂宿相諳委，兩情具惬，私有契約，或報婚書，如此之流，不得輒悔，悔者杖六十，婚仍如約。若男家自悔者，無罪，娉財不追。問曰：有私約者，準文唯言‘老、幼、疾、殘、養、庶之類’，未知貧富貴賤亦入‘之類’，得爲妄冒以否？答曰：老、幼、疾、殘、養、庶之類，此緣事不可改，故須先約，然許爲婚，且富貴不恒，貧賤無定，不入之類，亦非妄冒。雖無許婚之書，但受娉財亦是。娉財無多少之限，酒食非。以財物爲酒食者亦同娉財。疏議曰：婚禮先以娉財爲信，故《禮》云：‘娉則爲妻。’雖無許婚之書，但受娉財亦是。注云‘娉財無多少之限’，即受一尺以上，並不得悔。酒食非者，爲供設親賓，便是衆人同費，所送雖多，不同娉財之限。若‘以財物爲酒食者’，謂送錢財以當酒食，不限多少，亦同娉財。若更許他人者，杖一百；已成者，徒一年半。後娶者知情，減一等。女追歸前夫，前夫不娶，還娉財，後夫婚如法。疏議曰：‘若更許他人者’，謂依私約報書，或受娉財，而别許他人者，杖一百。若已成者，徒一年半。後娶者知已許嫁之情而娶者，減女家罪一等。未成者，依下條‘減已成者五等’，合杖六十，已成，徒一年。女歸前夫。若前夫不娶，女氏還娉財，後夫婚如法。”

“差科簿”徵發。所以差科往往是差配、差發、差役、差遣、雜役和科配、科率、科敷、科斂等名號的統稱，差科離不開税、役兩個方面①。從字面意義上講，“差科”即差使、賦役，差派徭役和科税。唐朝均田制下，以户等爲差，徵收課税、徭役，先富强、後貧弱，先多丁，後少丁，徵課内容包括租、調、役、庸等。差科是官府臨時性的徭役，隨着差科制的發展，後來有以租代役的現象。

唐代的户役一直是人民大衆的沉重負擔，伯 3211、斯 5441《工匠莫學巧》：“工匠莫學巧，巧即同人使。身是自來奴，妻亦官人婢。夫婿暫時無，曳將仍被恥。未作道與錢，作了擘眼你。奴人賜酒食，恩言出美氣。無賴不與錢，蛆心打脊使。貧窮實可憐，饑寒肚露地。户役一槩差，不辦棒下死。寧可

---

① 65TAM341：29/1，23，24（a）《唐景龍三年（709）南郊赦文》（4—59）：“宜免一年差科。制書有□□□亡命山澤□□□敢以赦前□□□内，賜酺三□□□”旅順博物館藏《寺觀差科》（原編號 1523—24—154，圖版見郭富純、王振芬《旅順博物館藏西域文書研究》第 186 頁）：“□□□寺觀兩種差科，今□□□”Дx. 01299《9—11 世紀吐魯番等愛寺狀上差科事》（8—69）：“等愛寺狀上。差科。右當寺貧虚，衆人具委地田，複少奴婢，不多僧徒，絶糧已經累歲，宗人無食餬口，露形地田。出（後缺）”（關於“等愛寺”在吐魯番，參見［俄］丘古耶夫斯基著，王克孝譯，王國勇校《敦煌漢文文書》，上海：上海古籍出版社，2000 年，第 102 頁）又請比較《唐開元年代西州交河縣名山鄉差科簿》（［日］池田温《中國古代籍帳研究》，第 143 頁）：“名山鄉。交河城。户一百八十一，應堪差科。户二，全家外任，户一，下上。户劉虔感年卌九，安西户曹，户一下中，知半日。户王行徹年五十二，焉耆户曹，男承咄年廿八，男承仵年廿六，男承暉年廿四，户一百八十八，見在，計□□□户四下上各一日，計四日。”OR. 6405（M9A）H. 1《唐大曆三年（768）三月典成銑牒》（沙、吴 2—331）：“牒傑謝百姓並傑謝百姓狀訴雜差科等□被鎮守軍牒稱：得傑謝百姓胡書翻稱：上件百□□□深憂養蒼生頻年被賊損，莫知［其］計。近日蒙差使，移到六城，去載所着差科並納［足］□□慈（?）流。今年有小小差科，放至秋熟，依限輸納□□糧並在傑謝，未敢就取。伏望商量者。使判：一切並放者。其人糧狀稱並傑謝未有處□□□百姓胡書狀訴雜差科准使判牒。所由放其人糧，並在傑謝，欲往使人就取糧，未敢［專］擅執案，諮取處分訖，各牒所由者。使又判任自般運者。故牒。大曆三年三月廿三日典成銑牒。六城質邏刺史阿摩支尉遲信。”伯 DA80：“石啜祇承上户差科。”杜甫《遭田父泥飲美嚴中丞》詩：“差科死則已，誓不舉家走。”

出頭坐，誰肯被鞭恥。何爲拋宅走，良由不得止。"[1] 爲了逃避户役[2]，甚至脱籍遠走，漂泊四方，唐高宗、武后以降，民丁脱籍"浮逃"即成爲唐代突出的社會問題。反映下層民間生活的王梵志詩中，有伯 3418、伯 3724《天下浮逃人》一首，説當時"天下浮逃人，不啻多一半。南北擲蹤藏，誑他暫歸貫。遊遊自覓活，不愁應户役"[3]。

在唐代，如果家中没有男丁，就以女性作爲户主，户役同樣是逃不掉的，

① 引自項楚《王梵志詩校注》，上海：上海古籍出版社，1991 年，第 203 頁。

② 除了"户役"外，还有"户税""户徭"。"户税"即按户等（分爲九等户）計丁中，每户承擔的税（往往因需而徵，隨需隨徵）。在唐代，租庸調是直接税，户税和義倉米（或地税）是對它的補充，户税原則上要交現錢，因此又稱税錢或税户錢。税額依户等而定，户税用作地方官吏薪俸，驛站和地方機關的開支（以上是全國性的，唐代前期按户徵收的賦税除了此類，還包括地方性的差科和各類雜科税），起初是臨時的（而且更多是有錢的高户），後來成爲固定税，安史之亂後，租庸調制被破壞，户税和地税成爲兩税法的組成部分（開元年間及其以後的户税可能分爲大小税和别税）。吐魯番發現的寫本使我們得以見到交納户税的單據。户税由縣典、里正或堰頭徵收，他們給納税者開付的單據中寫明税額、納税人姓名並加以簽字和注具職務（見大谷 4904，5829 號文書），從這些文書可以看出，吐魯番户税徵收的是貨幣和薪柴；吐魯番出土文書中又有"税錢"，即户税錢；"加税"，即户税的追加税（比如外官閏月料錢可由加税百姓而取得。户税因需而徵，隨需隨徵，故存在着加税）。"户徭"即按户徵派的徭，包括修築水利工程、道路、官府建築以及爲官府服務的義務勞動等。73TAM509：8/16（a）之三《唐開元二十一年（733）西州都督府案卷爲勘給過所事》(4－286)："去後何人代承户傜並勘作人是何等色？具申者。"大谷 4914《唐天寶某載某人租田契》殘片（《大谷》三，圖版二五；陳國燦、劉安志主編《吐魯番出土文書總目（日本收藏卷）》第 307 頁)："如到下子之日，不得田佃者，其錢壹罰貳入。田上户徭，一仰田主。所有税子，一看大例。兩主言和，立契爲記。"68TAM381：03《唐大曆某年某人辭爲租地事》(4－351)："▭［百］［姓］▭先無口分地交用▭ ▭承王傜户税，其地去大曆十▭蓿登時，□與地替□至。"（參考［俄］丘古耶夫斯基著，王克孝譯，王國勇校《敦煌漢文文書》第 209 頁。）"户税"一名，可能始見於武周長安元年。但在永徽元年前後已有此户税，王公以下都不得免，而且徵納的是錢。到開元天寶時期擴大化，天寶以前户税便有大、小税和别税之分，在當時唐政府的財政收入中所占的比重越來越大。參考溧國棟：《吐魯番所出〈唐勒依限徵納税錢文書〉跋》，《魏晉南北朝隋唐史料》第八期，武漢大學學報編輯部，1986 年，第 73－77 頁；王仲犖《䃭華山館叢稿續編》，北京：中華書局，2007 年，第 205 頁；劉俊文《唐律疏議箋解》，北京：中華書局，1996 年，第 1007 頁。陳國燦指出："'税錢'即指以户爲單位徵收的税錢。大約在唐高宗永徽元年（650）至乾封元年（666）期間，創設了這種'户税錢'，不但徵收錢，而且徵收税柴，以充官吏的俸料和郵驛之用。儀鳳二年（677），一度停收户税，儀鳳三年用'率口出錢'來代替户税，至長安元年（701），重新置户税錢，中間一度又廢，至開元十年（722）再次恢復'户税錢'，並於開元中期實行每三年收一次'大税錢'；每年收一次小税錢。"氏著《從吐魯番出土文書看唐前期户税》，《敦煌吐魯番研究》第四卷，北京：北京大學出版社，1999 年，第 465－476 頁，尤其是第 469 頁。

③ 引自項楚《王梵志詩校注》，上海：上海古籍出版社，1991 年，第 686 頁。

《唐律疏議》卷一二《户婚律》首條疏議："若户内並無男夫，直以女人爲户。"在公元8世紀的吐魯番，男性離開家鄉外出謀生的情形相當普遍，加之兵荒馬亂，男性因戰争等因素而死亡甚多，不少家庭男丁稀缺甚至根本就没有，女性就衹有挑起全家的重擔，苦苦支撑，時時刻刻處在崩潰的邊緣甚至生死綫上，對吐魯番的婦女狀況，鄧小南先生做過很好的研究[①]，在75TAM239：9/3《唐景龍三年（709）十二月至景龍四年（710）正月西州高昌縣處分田畝案卷》（3－556）中，女主人公阿白即説到她的丈夫及夫弟皆"逃走不在"。這正反映出武周以來遍及各地的民衆流動形勢。另一值得説明的情況是：在64TAM35：48（a）《唐神龍三年（707）高昌縣崇化鄉點籍樣（一）》（3－534）的開端部分，有九户居民被注明"括附"，這些人户"田宅並未給受"。在這九户之中，一位户主難以確認性别，六位户主爲女性，其餘兩位是"小男"。由於這份點籍樣前端殘缺，我們目前尚無法確定浮逃附籍者中是否以婦女、稚弱爲多。但在當地政府以人户爲單位的雜徵斂面前，在富裕鄉鄰的欺侵、兼併面前，缺乏成年男性户主的家庭無疑屬於居處弱勢的社會人群。面臨官方檢括，女性及稚弱者被搜羅入籍的機會亦較强健男丁爲多。此外，地方官員爲應付中央政府搜括逃人的申令，也容易以女性、兒童湊數應命。唐代前期的吐魯番，在租庸調制的背景之下，國家正税的主要部分"以丁身爲本"徵斂，但也有一些雜税是不考慮是否有男丁而以民户或土地爲單位派收的。在73TAM509：24（a）《唐西州高昌縣出草帳》（4－262）中，記有當地諸寺觀及數十人派納干草數量，其中也有"大女□緑小貳畝七束"之記録 。

户役繁重，貧苦的人民大衆抵觸情緒很大，這在傳世文獻和出土文獻中不乏記載。伯3418、伯3724王梵志詩《夫婦生五男》："户役差科來，牽挽我夫婦。"斯0778、斯5474、斯1399王梵志詩《他家笑吾貧》："你富户役高，差科並用卻。吾無呼唤處，飽吃常展脚。"伯3418王梵志詩《富饒田舍兒》："富

① 詳見鄧小南《六至八世紀的吐魯番婦女：特别是她們在家庭以外的活動》，《敦煌吐魯番研究》第四卷，北京：北京大學出版社，1999年，第215—238頁。本文涉及中古時期敦煌吐魯番婦女狀況分析時，不少觀點和材料均借鑒自鄧文。

饒田舍兒，論情實好事。廣種如屯田，宅舍青煙起。槽上飼肥馬，仍更買奴婢。牛羊共成群，滿圈養肫子。窖内多埋穀，尋常願米貴。里正追役來，坐着南廳裏。廣設好飲食，多酒勸遣醉。追車即與車，須馬即與馬，須錢便與錢，和市亦不避。索麵驢馱送，續後更有雉。官人應須物，當家皆具備。縣官與恩澤，曹司一家事。縱有重差科，有錢不怕你。"《唐律疏議·户婚》"差科賦役違法"："諸差科賦役違法及不均平，杖六十。疏議曰：依《令》，凡差科，先富强，後貧弱，先多丁，後少丁，差科賦役違法，及不均平，謂貧富强弱先後閑要等，差科不均平者，各杖六十。"《唐大詔令集》卷六九《廣德二年南郊德音》："天下户口，宜委刺史、縣令據見在實户，量平富作等第差科。"又有"科差"，其義同。唐吴兢《貞觀政要·政體》貞觀八年太宗曰："自朕有天下已來，存心撫養，無有所科差，人人皆得營生，守其資財。"顔師古《匡謬正俗》卷七"差"："或問曰：'今官曹文書，科發士馬，謂之爲差。差者何也?'答曰：'《詩》云既差我馬，《毛傳》云：差，擇也。蓋謂揀擇取强壯者，今云差科取此義。亦言揀擇取應行役者爾。'"清趙翼《陔餘叢考》卷四三"差"："官府遣役輒曰差。"唐制差科先富强然後貧弱，先多丁然後少丁，差科簿由縣令親自注定，以備徵發徭役[①]。

---

① 參見紀大椿主編《新疆歷史詞典》，烏魯木齊：新疆人民出版社，1996年，第506頁。又參考張廣達、榮新江《于闐史叢考》(增訂本)，北京：中國人民大學出版社，2008年，第112頁。張澤咸指出"差科"往往是差配、差發、差役、差遣、雜役和科配、科率、科斂、科斂等名號的簡稱。離不開"税""役"兩個方面。見氏著《唐五代賦税役史草》，北京：中華書局，1986年，第356頁。丘古耶夫斯基指出："差科按户等和一户丁中數徵發，重役由多丁户承擔，輕役由少丁户承擔。但對天寶年間(742—755)史料的分析説明，這些原則常常被破壞(見［日］西村元佑《唐代敦煌差科簿的研究——以大谷探險隊所獲的敦煌和吐魯番古文書爲參考資料》；王永興《敦煌唐代差科簿考釋》)。差科簿：徵發差科的文簿，登録納税民户所服徭役。其中將鄉内丁中數大别爲'見在'和'破除'兩種。對'見在'者按户等加以劃分，寫上姓名、與户主關係、年齡、官位或身份。對'破除'者依次分爲身死、逃走、廢疾等等。"氏著，王克孝譯，王國勇校《敦煌漢文文書》第223頁。文欣指出，差科，特别是軍事性差科具有以下四個特點：第一，非常時期的特别税收。第二，按户徵收。第三，因支定需。第四，部分有償。見氏著《吐魯番新出唐西州徵錢文書與垂拱年間的西域形勢》，《敦煌吐魯番研究》第十卷，上海：上海古籍出版社，2007年，引文見第145頁。關於"差科簿"，吴立餘指出："唐代地方機構爲徵發徭役而制定的簿册，由縣令親自註定，作爲向管内百姓差派徭役的依據。敦煌、吐魯番所發現的文書中有這種差科簿的殘卷。從天寶十載(751)敦煌郡敦煌縣六個鄉的差科簿來看，它的内容是(轉下頁)

古代吐魯番的婦女，一生勞作，任務非常繁重，從 64TAM35：22《唐緤布帳》（3－547）中，我們可以看到總共 15.5 端麻布、棉布被分配給 14 户居民負責領回染色，而前來領取布匹的 14 人中，有 6 位是女性。在 8 位男性中，有 2 人納錢代役，另有 3 人看來已經染色完畢，名側已被勾兑。6 位女性，分别是大女康相女、索武子母、王阿闍利妻、史苟仁妻、白住德妻及侯默仁婢。其中除康姓大女及白妻外，所有人都被要求留下了指節的印迹。已經領取了布匹的男性，則無一例如此。康相女既爲户主，應被認爲有正當名義領取布匹，因而未留指節印；而作爲男性户主（索、王、史某）替代者的母親、妻子、甚至被差派的婢女來領取時，則要留有特别證據。諸位妻子的丈夫，有些可能臨時在外服役。例如，在 64TAM35：41（b）－1《唐開除見在應役名籍》（3－491）中，我們可以找到白住德於永淳二年（683）“到（役）”的記録。而在 64TAM35：22《唐緤布帳》（3－547）中，白妻已被“付”得緤布貳丈伍尺，名下却没有印記，這當然有可能是經辦人吏疏忽所致，但也可能是由於她本人即係臨時“當户”的女主人。比率如此之高的女性前來領取待染布料，原因之一應該是由於她們較爲直接地經手此類勞作。我們再看看 64TAM4：42《唐龍朔元年（661）左憧憙夏菜薗契》（3－210）記載龍朔元年（661）高昌縣崇化鄉大女吕玉麩因生活所迫，訂立契約，以每年銀錢伍文（首年捌文）的代價，將張渠邊一片四十平方步的菜園佃給同鄉左憧憙五年。而 60TAM317：30/1《唐某人於大女張女足邊夏田契》（3－91）記載在此前後，另一位大女張女足，顯然也是由於家計困窘，爲貳斛伍斗大麥，將貳畝土地租與他人。

以鄉爲單位，首先總計當鄉破除（包括死亡、逃走、没落、廢疾、單身）的人數與現在的人數，然後在現在人數中按户登記該户所有丁男、中男的姓名、年齡、身份（如職官、散官、勳官、品子、三衛、衛士、白丁等），並在人名下注明其現在情況，如正在作官、服兵役、服色役，上番或已納資課、正在服喪、做侍丁及本身患病等，則應該免役或緩役；其餘不注明的人，應當是下次徭役的參承擔者。制定這種簿籍的目的是爲了避免差科不平，所以還要區分户等。”見中國大百科全書總編輯委員會《中國歷史》編輯委員會隋唐五代史編寫組《隋唐五代史》，北京：中國大百科全書出版社，1988 年，第 122 頁。

有些女性，是因爲勞力不足而出佃土地。從中國科學院圖書館藏《唐年次未詳（8世紀前期）西州寡婦梁氏辭（付判）》可以看出[①]，8世紀前期，西州的一位寡婦阿梁，因爲兒子去安西鎮服役，家中缺乏人手，於是把葡萄園臨時佃給同城的卜安寶，並且簽訂了包括管理内容的契約。而75TAM239：9/3《唐景龍三年（709）十二月至景龍四年（710）正月西州高昌縣處分田畝案卷》（3—556）記載景龍三、四年（709—710）之交，高昌縣的地方政府受理了一件土地争端案，提起訴訟的是寧昌鄉嚴令子的妻子阿白，訴訟對象是令子的堂弟嚴住君。這份狀詞保留得相當完整，今照録如下："縣司：阿白夫共上件堂弟同籍，各自别居。一户總有四丁，三房别坐。藉下見授常田十畝已上，除夫堂兄和德爲是衛士，取四畝分外，餘殘各合均收。乃被前件夫堂弟見阿白夫並小郎等三人逃走不在，獨取四畝，唯與阿白二畝充二丁分，每年被征阿白兩丁分租庸，極理辛苦。請乞處分，謹辞。"73TAM518：2/4—1《唐阿麴辭稿爲除出租佃名事》（3—469）："［縣］司：阿麴上件去春爲無手力［營］種，租與寧大鄉人張感通佃種。㊀其昨徵地子麦，還徵阿麴，不徵感通。其地見租与感通。縣司：阿［麴］［　　］［春］，家無手力營佃，即租與寧大［鄉］［　　］佃種訖。案内未除阿麴㊀除名。縣司：阿麴上件地去春家無手力營佃，即租與寧大鄉人張感通佃種訖。㊀案㊀内㊀未㊀除阿麴㊀名謹辞，望請附感佃名，除。（"阿麴㊀名謹辞，望請附感佃名，除"，吴震録爲"望請附感佃名，除阿麴，謹辞。）"[②]

又檢72TAM178：4《唐開元二十八年（740）土右營下建忠趙伍那牒爲訪捉配交河兵張式玄事一》（4—184）："□右營：［牒］［建］忠趙伍那，兵張式玄｜。牒得上件人妹阿毛經軍陳辞：前件兄身是三千軍兵名，□今年［三］

① 黄文弼《吐魯番考古記》圖版二五，圖30，北京：中國科學院，1954年，録文第37頁；［日］池田温著，龔澤銑譯《中國古代籍帳研究》第232頁。

② 吴震主編《中國珍稀法律典籍集成》甲編第四册《吐魯番出土法律文獻》，北京：科學出版社，1994年，第240頁。

□［配］交［河］車坊上，至今便不回，死活不分。阿□兄别藉，又不同［居］，［恐］兄更有番役，浪有牽挽。阿毛孤□一身，有［無］［夫］聟，客作傭力，日求升合養姓命，請乞處分者。□□［使］判付營［具］問＿＿玄身當三月番上，今妹阿毛＿＿所由例皆指注，具狀録申都司，聽裁＿＿那訪捉，以得爲限者。牒至准狀，故牒。開元廿八年五月四日典□□［通］［牒］。判官孟能及（？）。愢管王使。”“阿毛（三）”這名勞動婦女與《補編》上揭文書中的“潘寺尼”狀況非常接近，她的哥哥在外服兵役，生死不明。他的哥哥與她别籍，並不在一個家裹，她害怕即使哥哥回家，又有新的番役而被拉走，哥哥走後，家裹再也没有男性，她衹有“客作傭力，日求升合養性命”，也就是被人雇傭幹點體力活，勉强糊口。因此請求官方對他的哥哥的安排作妥善調整，否則，她就堅持不下去了。

類似的情形在唐代相當普遍。伯3418、伯3724王梵志詩《貧窮田舍漢》中，即有“貧窮田舍漢，菴子極孤恓。兩共前生種，今世作夫妻。婦即客舂擣，夫即客扶犁”的詩句。這裹所謂的“客”，亦即“客作，傭力”之意。孤身客作、企冀苟全性命的阿毛，在其申訴中對於“更有番役，浪有牽挽”的擔心，使我們聯想到杜甫《石壕吏》中描寫的安史之亂時期唐官府强行徵役的場面。又檢59TAM302：29/1《唐婦女郭阿勝辭爲請官宅事》（2－187）：“＿＿婦女郭阿勝訴辞。＿＿貳人。男兒一字尾周，年六［歲］，＿＿被突厥抄掠。轉＿＿　＿＿大軍一來，天下太平，並＿＿　＿＿無宅住。城北面門内道西有一官小宅，□＿＿　＿＿牒陳，請乞矜裁，謹牒。”① 由於家鄉受到突厥抄掠，她攜帶六歲的兒子輾轉流落到城中，却無住宅可以棲身。她見“城北面門内道西有一官小宅”，希望能允許他們母子暫住。類似的婦女狀詞，在敦煌也有發現，伯3257《後晉開運二年（945）敦煌寡婦阿龍訴訟案卷》：“問得陳狀，阿龍稱有男□□□［犯］公條，遣着瓜州，衹殘

---

① 盧向前認爲“官小宅”爲高昌王國之遺産。氏著《唐代西州土地關係述論》，上海：上海古籍出版社，2001年，第165頁。此“大軍”指侯君集平定高昌的軍隊。

阿龍有口分地叁拾貳畝。義成瓜州去時，地水分料，分付兄懷義佃種。索義成身着瓜州，所有父祖口分地叁拾弍畝，分付與兄索懷義佃種。比至義成到沙州得來日，所着官司諸雜、烽子、官柴草等大小稅役，並總兄懷義應料，一任施工佃種。若收得麥粟，任自兄收，顆粒亦不論說。義成若得沙州來者，卻收本地，渠河口作稅役，不（幹）自兄之事。”例如《後晉開運二年（945）寡婦阿龍牒辭》，對於族内家業土地提出訴訟，官司批付屬下“勘尋”後，作出判决，對阿龍的要求予以支持，丈夫出逃的阿白、兒子充役的阿梁、“客作傭力”的阿毛、帶着幼子流浪漂泊的郭阿勝，……這些在當時社會現實中地位最爲脆弱、最易受到傷害的女性，在家計生活的壓力乃至不公正的待遇面前，意識到尋求出路的可能所在，咬緊牙關，跨出家門（郭阿勝甚至還没有家），踏入了官府衙司的門庭①。

6. 民族

《補編》所收文書還反映了各民族在吐魯番的交往、交流、交融歷史。前揭“史”姓粟特人擔任高昌國通事令史即爲一例。今再舉一例。73TAM525：11《唐隊副曹攬延牒爲索笓籬檑木事》：“（前缺）▭□延住。▭□奴守相，奴典倉，奴秋多，▭前件人等槃芘䉁雷▭□處分，謹牒。▭［元］年四月　日隊副上柱國曹攬延牒，▭［納］了。何因今▭□□□（後缺）”② 上揭文書中的“曹攬延”引起了我們的注意。“曹攬延”是一名典型的粟特人，“攬延”即“阿攬延”，“阿攬（阿覽）”即胡神

① 鄧小南《六至八世紀的吐魯番婦女：特別是她們在家庭以外的活動》，《敦煌吐魯番研究》第四卷，第215—238頁。

② “芘䉁”即“芘籬”，“雷”即“檑”，這些都是城防的重要原材料，奴守相，奴典倉，奴秋多等很明顯是參與城作，也就是城防役作，請比較64TAM35：39（b）《武周陰倉子等城作名籍》（3—520）：“檑木伍拾壹根，胡蘺貳拾面。右件官木等運到城上，並勒守掌；付作頭魏，付作頭張，付作頭。”古代作戰從高處推下打擊敵人的大筒木頭。請比較《資治通鑑》卷二五二“唐懿宗咸通十一年”：“立戰棚，具炮檑，造器備。”胡三省注：“檑、檑木也，自城上下之以壓敵。”“胡蘺”即來自北方和西方胡地所産的、用葦或樹枝等編成可作爲障隔的栅欄籬笆。

"Rām"，代表粟特曆第二十一天的神，出現在衆多粟特人名和地名中，象徵和平；"延"即礼物（兼有"荣典""庇佑"之义），"阿攬延"即粟特人名Rāman－yān，和平神之礼物[①]，64TAM31：14《高昌曹莫門阤等名籍》（1－359）有"曹阿攬""曹阿攬延"，73TAM514：2/5《高昌内藏奏得稱價錢帳（一）》（1－451）有"康阿攬牛延"，75TKM91：29（b）《分配乘馬文書》（1－74）有"阿覽提"，60TAM337：11/37《高昌康雞□等入銀錢帳》（2－221）有"周阿攬"，09ZJ0050（1）＋09ZJ0050（2）＋09ZJ0050（3）＋09ZJ0050（4）＋09ZJ0050（5）《唐于闐問案答卷》（劉、侯228）有"羅攬延"。又檢大谷1212《周天授二年（691）西州高昌縣諸堰頭等申青苗畝數佃人牒5》（《大谷》一，圖版七四）："康阿攬盆二畝佃人氾慈達，西，烏麻。"

上揭《補編》所收文書中的粟特人"曹攬延"參軍服役，擔任隊副。"隊"是重要的軍事編制單位，古代各種軍隊編制都是從伍法起源，如10人制的什，25人制的兩，50人制的小戎或隊，100人或200人的卒，都是從伍進上去。伍可以按前、中、後成列，也可以按左、中、右成行，還可以按左、前、中、右、後成方陣，這是決定古代隊形編制（陣法）的基本東西[②]。在唐代，"隊"

---

① 以上詮釋，多采吉田豐説，引自［美］韓森（Valerie Hansen）著，王錦萍譯《絲綢之路貿易對吐魯番地方社會的影響：公元500—800年》，收入《法國漢學》第十輯《粟特人在中國——歷史、考古、語言的新探索》，北京：中华書局，2005年，第127頁、第420頁。又參黎北嵐著，畢波、鄭文彬譯《祆神崇拜：中國境内的中亞聚落信仰何種宗教》，收入同書第420頁。蔡鴻生指出："關於胡名與神名的關係，還有一事應該提出來探討。出土文書中常見的'曹阿攬延''康阿攬延'和'曹阿攬盆'諸名，内中所含的'阿攬'成分，似與唐代伊州柔遠鎮立廟敬事的'阿攬'神有關。伊州是胡化極深的邊州，'阿攬'似爲胡神。按粟特語r' m意爲寧靜、和平，阿攬延（r' my' n）之類的胡名，也許有求神降福保平安的意思。"參考蔡鴻生《仰望陳寅恪》，北京：中華書局，2004年，第147－148頁。又請比較斯367《沙洲伊州地志》伊州條記："其州下立廟，神名阿攬。"又檢60TAM330：14/1－1（a）《唐梁安相等名籍》（二）》（3－234）："令狐守緒，劉阿父師，張鼠仁，張攬達，孟護德，張海幢。"王丁認爲"張攬達"之"攬達"可能是"阿攬達"之省譯，意思是"阿攬所造就"，這是一個漢姓胡名的人。氏著《吐魯番安伽勒克出土北凉寫本〈金光明經〉及其題記研究》，《敦煌吐魯番研究》第九卷，北京：中華書局，2006年，第48頁。王睿認爲："以'阿攬'爲例，它係祆教神名的可能性更大，但卻是佛教因數變異的結果。"氏著《"阿攬"與"浮啝"：吐魯番粟特胡名中的佛教因數》，《歷史研究》2011年第3期，引文見第81頁。

② 參考李零《〈孫子〉十三篇綜合研究》，北京：中華書局，2006年4月，第24頁。

是唐折衝府機構名，五十人爲隊；“隊副”又名副隊正，是折衝府的低級軍官，隊副是官品最低的武職事官，爲武職事從九品下階①。孫繼民曾經論及唐代“隊正、副隊正”與“隊頭、副隊頭”的區別，他認爲：“唐代前期十節度建立之前，軍隊有兩套體制：一是平時體制，主要是府兵的平時管理系統；一是戰時體制，屬於戰時的行軍系統。前者設衛、府、團、旅、隊、火等級編制，分別有大將軍、折衝都尉、校尉、旅帥、隊正、火長加以管理統領。後者的情況比較複雜，一般有大總管、總管、子總管、押官、隊頭等，分别統率行軍組織的各級部隊。在臨戰體制的行軍系統中，隊是最基本的戰鬥組織和戰術單位，無論是行軍、結營，還是布陣、作戰，都是以隊作爲部署、調兵的單位，至於像各軍戰鬥實力的計量以及部隊的訓練，武器的裝備等，也多以隊爲基本單位進行。”② 又言：“押官、隊頭，是唐代軍隊的基層軍職。副、佐又分别稱爲隊副、副隊頭和隊佐，也是唐代軍隊的基層軍職，爲押官、隊頭的副職和佐職人員。”③ 粟特人擔任“队副”，还见於以下文書，68TAM101：6/5，6/3《唐某府旅帥楊文俊等馬匹簿（一）》（4—349）：“▭馬一疋，驃父，旅帥楊文俊馬一疋▭［馬］一疋，騧駃，隊正康海護馬一□。▭馬一，駱父。隊副康海憙馬一疋。者白。［隊］副賀毛同馬一疋，［赤］驃。衛士索富奴馬一疋，赤父。□古素何▭氾建護馬一匹，騻父。”又有“安”姓粟特人擔任队副，大谷3025《兵役關係文書》（《大谷》二圖版五一）：“廿五人分番，校尉楊●（引者按：“楊”字右邊一點，可能是點名簽到符號，下同）古峻，隊正辛君貞昌，隊副安□▭衛士趙●仏□，令狐海●隆、闞祐●洛、李

① 《新唐書》卷五十《兵志》：“五十人爲隊，隊有正。”《新唐書》卷四九下《百官四下》：“親事府。典軍二人，正五品上，副典軍二人，從五品上。皆掌校尉以下守衛、陪從，兼知鞍馬。校尉五人，從六品上，旅帥，從七品下；隊正，從八品下，隊副，從九品下。皆掌領親事、帳内陪從。自旅帥以下，視親事多少乃置。”

② 氏著《敦煌吐魯番所出唐代軍事文書初探》，北京：中國社會科學出版社，2000年，第145頁。

③ 引文出處同上，第187頁。劉俊文指出：“據《舊唐書》卷四四《職官志》，折衝府官有折衝都尉各一人，左右果毅都尉各一人，别將各一人，長史一人，兵曹參軍一人，録事一人，校尉五人，旅帥十人，隊正、副隊正各二十人。”氏著《敦煌吐魯番唐代法制文書考釋》第104頁。

▭左駋●子去、孫寅●住去、樊孝通、曽▭和護●軍去、楊大●智去、安伏力守府、張●□▭白雞●仁、郭尸●舉、史●海□久力、侯□▭李峻●海。右□主力司馬胡泰等牒▭ ▭今月一日▭”①

歷史上，粟特人英勇善戰，雖然東突厥汗國的粟特人，形成了獨立的部落，以畜牧爲生，但已經成爲善戰的騎士，這與粟特人善於經商的傳統形象已經有所不同②。安史之亂的元凶安禄山的父親安延偃就是北突厥軍隊中一名粟特軍官③。唐西州以後，大量粟特人著籍，成爲中華民族共同體的一員，他們參與到保家衛國的戰鬥中，留下了重要的歷史篇章。

另外，《補編》所收録上揭 73TAM525：11《唐隊副曹攬延牒爲索笓籬檑木事》中的“奴守相”，對我們研究高昌國到唐西州“作人”的身份變化具有重要的史料價值。

我們先討論一下此件文書的年代，朱雷先生指出：“本墓出泥坯刻字墓記一方，昔年訂作高昌年間（五三一－六四〇）（見《新疆文物》二〇〇〇年三－四合刊第二五〇頁）。又舊時漏出唐代文書一件，今補録出。”“本件殘無紀年，但從銜名及兩處‘牒’字寫作‘㵂’，以避唐太宗諱，知是作於太宗卒後。”此件文書作於初唐，是没有任何問題的。

頗爲重要的是：我們在麴氏高昌晚期的另外一件吐魯番出土文書中，又看到“守相”這個名字，不過其身份是“作人”而不是“奴”。請比較

---

① 有關“隊副”的語料還見於以下吐魯番出土文書，73TAM509：19/1（a）《武周天山府下張父團帖爲府史到事》（4－258）：“府馬行通帖，隊副攝兵曹［参］［軍］［闕］［感］。”73TAM191：17（a）《唐永隆元年（680）軍團牒爲記注所屬衛士征鎮様人及勳官簽符諸色事（一三）》（3－284）：“永隆元年十月　日隊副孫貞隊正田；旅帥趙久遠；校尉司空令達；旅帥王則團隊王文則；隊正氾文感；隊副衛海珎；隊正韓真住；校尉麴丘團隊正高醜奴；旅帥裴通達，隊副白相，付司。伏生示，廿五日。”67TAM83：7《唐先天二年（713）隊副王奉瓊牒爲當隊兵見在及不到人事（三）》（4－8）：“牒件通當隊兵▭［見］在及不到人姓名如前，謹［㵂］。先天二年九月　日副王奉瓊［㵂］，隊頭氾承素。”

② Edwin G. Pulleyblank，“*A Sogdian Colony in Inner Mongolia*”，T’ oung Pao，vol. 41，nos. 4－5，1952，P317－356.

③ 參見［加］蒲立本著，丁俊譯《安禄山叛亂的背景》，上海：中西書局，2018 年，第 19 頁。又參見彭建英《東突厥汗國屬部的突厥化——以粟特人爲中心的考察》，《歷史研究》2011 年第 2 期，第 4－15 頁。

72TAM154：20，22，27，28《高昌西南坊作人名籍一》（1—364）："西南坊：張相斌作人［相］□、□護、養兒、范像護作人［阿］□、嚴歡岳作人寅豊，鎮軍作人桒奴、相洛、賢遮，樊慶延[　]作人青麦，形保願作人[　]作人元得、乇得，吴善[　]富、勒迦、張善財作春得，左延伯[　]□迦、孟埳，夏得相作□□□□［作］人浮勒、春得、苟子，□□□作人麦子，田□宣作□糞埳、法德、張秃子作人來富，寅□，□□伯作人春生，馮慶虎作人相相，曹子舉作人相子，馮保願作人牛諾兒，麴顯峻作人守相，闞阿善作人相富，寅得，威遠□□作人□□、春□、富得、□□作人□□、憙兒、豊兒、［侯］慶仲作人春受，□歡□作[　]作人子兒、成阿婆奴、富得，麴元□作人[　]作人善憙，司空緊鄃作人相祐，道得、[　]富、陰仕信作人渠荅（?）、赤荅（?）。合六十[　]"關於此件文書的產生年代，唐長孺主編圖録本《吐魯番出土文書》"說明"（1—362）："本墓無墓表及隨葬衣物疏。所出文書有紀年者爲高昌重光二年（621）。"所以我們認爲此件文書也應該與此時代不遠，很有可能同屬麴氏高昌晚期之文書，距離初唐甚近，其"麴顯峻作人守相"與73TAM525：11《唐隊副曹攬延牒爲索笓籬櫺木事》中的"奴守相"有可能是同一人。也就是說，麴氏高昌時期的"作人"，在唐平高昌後，變成了"奴"。

關於高昌國時代的"作人"性質，朱雷先生曾經做過深入研究，朱先生考證高昌國時期的作人中有一類是一個特殊的封建奴屬階層，除了主人外，高昌政權也對他們進行賦役剥削，他們作爲高昌政權徵發的各類服役者，當作財産可以繼承買賣，但却有某種程度的私有經濟活動，可以從事一定的雇傭勞動並有一定的經濟收入甚至人身自由①。但麴氏高昌的作人到了唐平高昌之後，也就是在唐西州時期，其去向和身份如何？朱雷先生非常關心，但限於當時條件，朱先生把這一課題留給了我們後來人，同時留下了這一樣段話："麴氏高昌時期這批相當數量的'作人'，在唐貞觀十四年（640）平高昌後，就再也没有看到這一名稱，在唐代西州的籍帳中所記載的賤口，衹有奴婢、部曲、客

① 《朱雷敦煌吐魯番文書論叢》第47—73頁。

女、樂事。就現存的唐代平高昌後所頒布的赦文和撫慰詔中，也不曾見有下令釋放賤口爲良的記載，或許當時有個别主人釋放‘作人’爲良，但就整個地區而言，是不可能一朝一夕之間，所有‘作人’同時消失的，或許由於‘作人’的身份近似部曲，入唐之後，根據唐朝律令在舊有隸屬關係不變的情況下，舊時的‘作人’都改爲合乎唐令的部曲了。從吐魯番出土文書來看，自十六國以至麴氏高昌時期，都未見‘部曲’之名，敦煌所出唐代籍帳文書中，亦未見‘部曲’，唐代律令明確規定部曲、客女的賤口身份，但亦未見史籍記載。衹有吐魯番出土的唐代手實户籍、户口帳等籍帳文書中才屢次見唐律中所説到的賤口部曲。或許構成唐代西州地區的這一特點，正是由於麴氏高昌存在一定數量的這種封建隸屬關係極深，而又有别于奴隸的‘作人’所導致的結果。”① 現在，幸賴《補編》刊布的73TAM525：11《唐隊副曹攬延牒爲索笓籬槅木事》中有“奴守相”，使我們終於明白麴氏高昌“作人”在唐西州變成了“奴”，其歷史走向與身份這一懸案得以解決②。

7. 經濟

《補編》還收録了阿斯塔那二三〇號墓一組文書。本墓出土文書有一部分在當年唐長孺主編圖録本《吐魯番出土文書》裏已經刊布，《補編》所録爲當年漏出之文書殘片，朱雷先生拼合釋文，中有數件可與前已刊布件拼合，俱爲唐和武周時期文書。如72TAM230：46/4《唐儀鳳三年（678）尚書省户部支配諸州庸調及折造雜練色數處分事條啓》（一）：“［護］▭都［護］

① 《朱雷敦煌吐魯番文書論叢》第71頁。

② “奴”常見於吐魯番出土唐代文書，《補編》刊布的73TAM525：11《唐隊副曹攬延牒爲索笓籬槅木事》中還有“奴典倉”，“奴典倉”还见於其他二件吐魯番出土文献，請比較72TAM187：211（b）《唐部曲奴婢名籍》（4—217）：“▭部曲馬小名□一，部曲曹隆行□九▭廿六，奴典倉廿一，奴元富廿一▭婢和勝卅八，(婢)(秋)(香)(廿)(八)。▭奴婢十［並］□京宅▭［十］四，部曲史▭”東京國立博東洋館書道博物館（文庫I，165頁）《唐開元四年（716）西州柳中縣高寧鄉籍》（録文參考池田温《中國古代籍帳研究》第102頁）：“奴典倉年叁拾叁歲，丁奴，奴孤易年貳拾伍歲，丁奴，奴來德年陸拾歲，老奴。”“典倉”作為奴名還見於敦煌文獻（伯3697《捉季布傳文》），所以，以上三件吐魯番文書中的“奴典倉”不一定是同一人。

▭□▭”72TAM230：46/3《唐儀鳳三年（678）尚書省户部支配諸州庸調及折造雜練色數處分事條啓》（二）：“（前缺）▭徵百姓，用填［倉］□［折］欠。［折］［數］［仰］□▭ ▭［出］填欠幾許，浪徵百姓替輸。仰具▭　（後缺）”[①]

---

① 朱雷先生指出：“本件殘剩三片，亦無文書編號，經内容、書寫格式、筆迹考訂爲昔年刊布同墓所出《唐儀鳳三年（678）尚書省户部支配諸州庸調及折造雜練色數處分事條啓》之漏出殘片中有可完整拼合者。今新予文書編號，訂名依舊。”關於“折”“输”，请比较《通典》卷六《食貨六・賦税下》：“諸課役，每年計帳至尚書省，度支配來年事，限十月三十日以前奏訖。若須折受餘物，亦先支料，同時處分。若是軍國所須、庫藏見無者，録狀奏聞，不得便即科下。諸庸調物，每年八月上旬起輸，三十日内畢。九月上旬各發本州，庸調車舟未發閑有身死者，其物卻還。其運脚出庸調之家，任和雇送達。所須裹束調度，折庸調充，隨物輸納。諸租，准州土收穫早晚，斟量路程嶮易遠近，次第分配。本州收穫訖發遣，十一月起輸，正月三十日内納畢。（若江南諸州從水路運送，冬月水淺，上埭艱難者，四月以後運送，五月三十日内納了。）其輸本州者，十二月三十日内納畢。若無粟之鄉，輸稻麥，隨熟即輸，不拘此限。即納當州未入倉窖及外配未上道有身死者，並卻還。應貯米處，折粟一斛，輸米六斗。其雜折皆隨土毛，准當鄉時價。諸邊遠州有夷獠雜類之所，應輸課役者，隨事斟量，不必同之華夏。”《新唐書》卷五一《食貨一》：“先是，楊州租調以錢，嶺南以米，安南以絲，益州以羅、紬綾、絹供春彩。”李錦繡指出：“嶺南諸州爲税米州，嶺南諸州納租庸調，衹是由於距中央較遠，故折租納米，而庸調的種類以布絲棉等，可能折納情況比中原複雜。”氏著《唐代財政史稿》第二册第 179 頁。又考伯 2507（7－4）《開元水部式》殘卷：“桂、廣二府鑄錢及嶺南諸州庸調並和市、折租等物，遞至揚州訖。令揚州差綱部領送都。應須運脚，於所送物内取充。”參考劉俊文《敦煌吐魯番唐代法制文書考釋》第 349 頁。“折纳”即折合交納，是唐代的弊政之一。按錢折價交納粟帛爲折納，也就是《賦役令》與諸州規定的庸調色目在實際繳納中被另一種色目替代。64TAM29：110/1－110/6，120（a）《唐處分庸調及折估等事殘文書（五）》（3－353）：“具顯折納多少，估價高下，申司▭綱典部領所在水遞送［鄯］［州］▭”72TAM230：46/2（a）《唐儀鳳三年（678）尚書省户部支配諸州庸調及折造雜練色數處分事條啓（二）》（4－67）：“諸州庸調折納米粟者，［若］［當］［州］應須官［物］［給］用，約准一年須數，先以庸物支留，然後折□米粟。無米粟處任取□□以堪久貯之物。庸調送納楊府轉［運］▭綱典部領，以□［船］□□［船］▭還，並請遞▭府庫物，若□［雜］用不足，請府司准一年應須用數量留，諸州折租市充訖，申所司。又准▭各依常限貯▭宜候春水得通舩之後，然▭［州］長行［即］［須］［至］［東］［都］，［水］［既］［漲］。”2006TAM607：2－2 背面《唐景龍三年（709）後西州勾所勾糧帳》（榮、李、孟 46）：“二石五斗小麦，氾積折納粟。七斗三升米，杜虔折納粟一石三斗六升六合六勺。一石三斗二升米，周通折納粟二石二斗。”又同件文書：“二石六斗小麦，論臺運欠，徵杜□。二石六斗米，中館妄破，蘇仁折納。”考《新唐書》卷五二《食貨二》：“自初定兩税，貨重錢輕，乃計錢而輸綾絹。既而物價愈下，所納愈多。絹匹爲錢三千二百，其後一匹爲錢一千六百，輸一者過二，雖賦不增舊，而民愈困矣。度支以税物頒諸司，皆增本價爲虚估給之，而繆以濫惡督州縣剥價，謂之折納。”又參考《唐大詔令集》卷一百十一所載《關内庸調折變粟米敕》。劉俊文指出：“折納係唐前期爲徵收租庸調而採取之變通方法。依賦役令，租應納粟，庸調應納綾絹絁綿或布麻。然諸州情形不同，或少蠶桑，難輸絹布，或無水（轉下頁）

72TAM230：46/6《唐儀鳳三年（678）尚書省户部支配諸州庸調及折造雜練色數處分事條啓》：“［後?］［申?］［州?］。□□▭□阝［鄉?］［仰?］［即（鄉?）］［全］輸半輸入（後缺）。”文書中涉及“全輸”“半輸”，應該與户調之制與丁中之制有關，考《晉書》卷二六《食貨志》記户調之制與丁中之制：“丁男之户，歲輸絹三匹，緜三斤，女及次丁男爲户者半輸。其諸邊郡或三分之二，遠者三分之一。夷人輸賨布，户一匹，遠者或一丈。男子一人占田七十畝，女子三十畝。其外丁男課田五十畝，丁女二十畝，次丁男半之。女則不課。男女年十六已上至六十爲正丁，十五已下至十三、六十一已上至六十五爲次丁，十二已下、六十六已上爲老、小，不事。”而輸之内容，與絲織品有關，請比較72TAM230：46/2（a）《唐儀鳳三年（678）尚書省户部支配諸州庸調及折造雜練色數處分事條啓（一）》（4－65）：“諸州庸調，先是布鄉兼有絲綿者，有□□情願輸綿絹絁者，聽。不得官人、州縣公廨典及富强之家僦勾代輸。”

8. 喪葬

《補編》收録的06TAM605：22《前涼咸安五年（377）隗田英隨葬衣物疏》，是迄今爲止能見到的最早一件吐魯番出土隨葬衣物疏，對研究西域早期

利，不便納粟。故實行折納之制，規定庸調可準時價折合粟米交納，而租粟亦可折合絹布代輸。”氏著：《敦煌吐魯番唐代法制文書考釋》第321頁。吴宗國指出：“折納在南北朝時期即已實行，南朝各地區生産的地方性很强，産品種類較多，交换關係也比較發達。因此，折納較爲盛行。除納布代租外，還以米折布，收雜物當租，以錢折租。北朝也曾折絹爲穀，以錢折絹。唐朝在武則天統治時期已在江南地區實行納布代租。新疆吐魯番曾出土光宅元年（684）婺州信安縣（今浙江衢州）顯德鄉梅山里祝伯亮租布一端。中宗神龍（705－707）以後，又以義倉之粟，變米納京師，當時謂之變造。開元四年，停義倉變造，至開元二十一年，因關中糧食不足，乃用裴耀卿爲相，次年爲江淮以南回造使，廣運江淮義倉變造米。開元二十五年，由於西北地區農業的發展與和糴的實行，關中糧儲豐富，江淮糧食漕運量得以減少。唐政府進一步調整各地折納實物的規定：關内諸州庸調資課，根據實價變粟取米送京，路遠的則就地收貯以充隨近軍糧；河南河北應送含嘉太原等倉租米，折粟留納本州；河南河北不通水運的州，折租造絹，以代關中調課。唐初以來，實行於江淮一帶的變造制度，進一步在關中和河南河北推廣。同時還規定，江南諸州租並回造納布。天寶四載（745），韋堅又請於江淮轉運租米，取義倉粟轉市輕貨。”見中國大百科全書總編輯委員會《中國歷史》編輯委員會隋唐五代史編寫組《隋唐五代史》，北京：中國大百科全書出版社，1988年，第199頁。

喪葬文化具有重要的意義。“咸安五年”即公元 377 年[①]。如果將吐魯番出土的較晚一件隨葬衣物疏確定爲唐永徽六年（674）[②]，那麽，中古時期吐魯番的隨葬衣物疏這種體裁前後流行了近 300 年。根據我們的統計，吐魯番出土的隨葬衣物疏和在生功德疏有 100 餘件[③]。

隨葬衣物疏在早期叫作“遣策”。《儀禮·既夕禮》：“書遣於策。”鄭玄注：“策，簡也。遣猶送也。謂所當藏物茵以下。”賈公彦疏：“云‘策，簡’者，編連爲策，不編爲簡，故《春秋左氏傳》云南史氏執簡以往，上‘書賵’云‘方’，此言‘書遣於策’，不同者，《聘禮》記云‘百名以上書於策，不及百名書於方’，以賓客贈物名字少，故書於方則盡，遣送死者明器之等，並贈死者玩好之物名字多，故書之於策。策書明器之物，應在上文，而於此言之者，遣中並有贈物，故在賓客贈賄（引者按：一作“賻”）與賵之下特書也。”[④] 1954 年，長沙仰天湖 25 號墓出土了一批竹簡，葉恭綽指出：“策中所書各物，大抵皆金屬、絲屬，其爲賵贈遣送之物，無可疑者。引斷此項竹簡當即《儀禮》中之遣策。以覆湘友，皆以爲然。”[⑤]“遣策”實際上是中華禮制的具體體現。從漢代以來，這一類型的文獻出土甚多，廣泛見於漢晉南北朝簡牘以及紙質文獻，學者們更傾向於將其名爲“物疏”[⑥]。

---

① 朱雷指出：“按《晉書》，前涼諸王自張寔至張天錫皆有年號。但出土文獻所見前涼或奉行西晉或奉行東晉年號。咸安本東晉簡文帝即位，改元咸安（371），行用二年。子即位，是爲孝武帝，改元寧康（373－375）。昔年吐魯番文書見有咸安三年寫本《法句經》，唐《開元釋教録》中見有咸安六年記載，知前涼行用東晉簡文帝年號，但因道遠，中間又隔絶前秦，故不悉東晉皇帝易位改元，依舊行用咸安，直至亡於前秦。”（朱雷《吐魯番出土文書補編》。）

② 王啓濤《吐魯番文獻合集·喪葬卷》，即出。

③ 王啓濤《吐魯番文獻合集·喪葬卷》，即出。

④ （漢）鄭玄注，（唐）賈公彦疏，王輝整理《儀禮注疏》，上海：上海古籍出版社，2008 年，第 1190 頁。

⑤ 葉恭綽給史樹青《長沙仰天湖出土楚簡研究》所作《序》，上海：群聯出版社，1955 年，第 2 頁。

⑥ 參見陳直《長沙馬王堆一號漢墓的若干問題考述》，《文物》1972 年第 9 期，第 30 頁；洪石《東周至晉代墓所出物疏簡牘及其相關問題》，《考古》2001 年第 9 期，第 59 頁；黄景春《中國宗教性隨葬文書研究——以買地券、鎮墓文、衣物疏爲主》，上海：上海人民出版社，2018 年，第 328 頁。

06TAM605：22《前凉咸安五年（377）隗田英隨葬衣物疏》是一件有關女性的隨葬衣物疏。如果把這件文書與吐魯番出土另一件文書 2004TAM408：17《令狐阿婢隨葬衣物疏》（榮、李、孟 20）進行比較研究[①]，就會有更深刻的認識。後一件文書出土墓室北壁繪有一幅墓主人夫婦莊園圖，反映了高昌郡時期當地富有人家的日常生活景象，可以和本件隨葬衣物疏所載内容相互印證[②]。另外，由於隨葬衣物疏與官文書和民間契約關係甚密，我們完全可以將三者聯繫起來研究。這件文書的歷史學價值自不待言，它爲我們研究高昌郡時期儒家喪禮文化，研究絲綢之路的服飾史以及社會生活史，均具有重要的史料價值。現在我們結合 06TAM605：22《前凉咸安五年（377）隗田英隨葬衣物疏》出現的四個詞語“手抓囊”“覆面”“鋮系綿縷”“粉絮”，並進行訓釋，以窺其全豹。

【手抓囊】“手爪囊”，裝隨葬手指甲的小包。吐魯番文書中又有“脚抓囊”，即“脚爪囊”，裝隨葬脚指甲的小包；又有“手脚爪囊”，即“裝隨葬手脚指甲的小包”；又有“脚爪一囊”即脚爪（脚指甲）一小包；又有“指抓囊”即指爪囊。75TKM91：3/1（b），3/2（b）《北凉缺名隨葬衣物疏》（1—55）：“手抓囊各一枚，脚抓囊各一枚。”59TAM305：17《缺名隨葬衣物疏二》（1—3）：“帛縺脚爪囊□□□”63TAM2：1《北凉緣禾六年翟萬隨葬衣物疏》（1—85）：“故懷袖蹹臼囊各一枚，故手爪囊一枚。”75TKM99：16《苻長資父母墟墓隨葬衣物疏》（1—91）：“故手爪囊各一枚。”59TAM305：8《缺名隨葬衣物疏一》（1—3）：“手脚爪囊各一枚，白絓被一領。”79TAM383：1《北凉承平十六年（458）武宣王沮渠蒙遜夫人彭氏隨葬衣物疏》（柳 401）：“故手爪□肆囊自副，故脚爪一囊。”75TKM99：7《建平六年張世容隨葬衣物疏》（1—90）：“指抓囊一枚，蹹臼囊一枚。”“抓”即“爪”，慧琳《一切經音義》

① 參見吐魯番文物局李肖、張永兵執筆《吐魯番阿斯塔那古墓群西區 408、409 墓清理簡報》，《吐魯番學研究》2004 年第 2 期，第 1—12 頁。

② 參見李肖《吐魯番新出壁畫莊園生活圖簡介》，《吐魯番學研究》2004 年第 1 期，第 126—127 頁；榮新江、李肖、孟憲實主編《新獲吐魯番出土文獻》，北京：中華書局，2008 年，第 16 頁。

卷七五“長抓”條：“莊狡反，亦作爪，象形。”慧琳《一切經音義》卷十二“抓掌”條：“側狡反，下章養反。手也。《説文》作爪，經從手作抓，非也。指端爲爪指。”卷七六“長抓”條：“下音爪，爪，手甲也，或從手也。”又檢《急就篇》卷三：“卷捥節爪拇指手。”顔注：“節，衆指之節也。爪，指甲也。”安世高譯《地道經》：“三十六七日，爪甲生。”再檢《儀禮·士喪禮》“蚤揃如他日”，鄭注：“蚤讀爲爪，斷爪、揃須也。”《禮記·喪大紀》：“君大夫鬊、爪實於緑（角）中，士埋之。”孫希旦集解：“《釋文》：鬊音舜。○鄭注：緑或爲‘簍’。鄭氏曰：緑當爲‘角’，聲之誤也。角中，謂棺内四隅也。鬊，亂髮也。將實爪、髮棺中，必爲小囊盛之。孔氏曰：士亦有物盛而埋之。愚謂緑當作簍。《檀弓》曰：‘設簍，翣。’簍，柳也。實於簍中者，殯時置棺外，及葬則實於棺外柳内也。士埋之者，沐浴之後，埋於甸人所掘兩階間之坎也。”（從吐魯番出土文獻角度分析，我們認爲還是鄭玄的説法爲當。）《禮記·喪大記》：“小臣爪手翦須，濡濯棄於坎。”孫希旦集解：“小臣爪手翦須者，浴竟而翦手爪，又治須，象平生也。”《淮南子·兵略訓》：“將已受斧鉞，乃翦指爪，設明衣，鑿凶門而出。”《魏書》卷三五《崔浩傳》：“初，浩父病篤，浩乃剪爪截髮，夜在庭中仰禱斗極，爲父請命，求以身代，叩頭流血，歲餘不息，家人罕有知者。”《新唐書》卷二十《禮樂十》：“浴者舉屍，易床，設枕，翦鬢斷爪如生，盛以小囊，大斂内入棺中。”《資治通鑑》卷一五七“武帝大同三年”：“上修長干寺阿育王塔，出佛爪髮舍利。辛卯，上幸寺，設無礙食，大赦。”胡三省注：“今建康府上元縣有長干里，去縣五里，李白《長干行》謂‘同居長干里’乃秣陵縣東里巷。江東謂山壟之間曰干。《僧家載國事》曰：佛泥洹後，天人以新白緤裹佛，以香花供養。滿七日，盛以金棺，送出王宮可三里許。在宮各以旃檀木爲薪，天人各以火燒薪，斂舍利得八斛四斗，諸國王各得少許，齎還本國，以造佛寺。阿育王起浮屠於佛泥洹處。李延壽《扶南傳》曰：長干寺塔，吴時有尼居其地，爲小精舍，孫綝毁除之。吴平後，諸道人複於舊處建立。晉簡文咸安中造塔，孝武太元九年上金相輪及承露，其後有西河離石縣胡人劉薩何遇疾暴亡，七日而蘇，因此家，名慧達。遊行至丹楊長干里，有阿育王塔，掘入一丈，得金函盛三舍利及佛爪髮，遷舍利近北，對簡文所造塔西造塔。及帝開之，初穿土四尺，得龍窟及昔人所捨金銀釵釧環鑷等諸雜寶物可深九尺許。至石磉之下，有石函，函内有鐵壺，以盛銀坩，坩内有金縷罌，盛三舍利，如粟粒大，圓正光潔。函内有玻璃盌，盌心得四舍利及髮爪，爪有四枚，並爲沈香色，髮青紺色，衆僧以手伸之，隨手長短，放之則旋屈爲蠡形。帝乃設無礙大會，豎二刹，各以金罌次玉罌重盛舍利及爪髮，内七寶塔内，又以石函盛寶塔，分入兩刹刹下。”又檢漢譯佛典《撰集百緣經》卷六：“從佛世尊索於髮爪，後宫之中造立塔寺，於此禮拜，香花、燈明而供養之。”（4/230a）《金光明經》卷四：“時二王子心大愁怖，涕泣悲歎，容貌憔悴，複共相將還至虎所，見弟所著帔服，衣裳皆悉在一竹枝之上，骸骨、髮爪布散狼藉，流血處處，遍汙其地。”（16/355a）再檢梁慧皎《高僧傳》卷十三“興福”：“論曰：昔憂填初刻栴檀。波斯始鑄金質。皆現寫真容工圖妙相。故能流光動瑞避席施虔。爰至髮爪兩塔衣影二臺。皆是如來在世已見成軌。自收跡河邊闍維林外。八王請分還國起塔及瓶灰二所。於是十刹興焉。其生處、得道、説法、涅槃、肉髻頂骨、四牙、雙跡、鉢杖、唾壺、泥洹僧等，皆樹塔勒銘標揭神異。”又檢《梁書》卷五十四《諸夷·扶南》載：“函内又有琉璃椀，内得四舍利及髮爪，爪有四枚，並爲沉香色。”《梁書》卷五十四《諸夷·扶南》載：“高祖又至寺設無礙大會，豎二刹，各以金罌，次玉罌，重盛舍利及爪髮，内七寶塔中。”《梁書》卷五四《諸夷·扶南》：“高祖改造阿育王寺塔，出舊塔下舍利及佛爪髮，髮青紺色，衆僧以手伸之，隨手長短，放之則旋屈爲蠡刑。案《僧伽經》云：‘佛髮青而細，猶如藕莖絲。’《佛三昧經》云：‘我昔在宫沐頭，以尺量髮，長一丈二尺，放已右旋，還成蠡文。’則與高祖所得同也。”再檢伯3532慧超《往五天竺國傳》：“又從北天國有一寺，名多摩三摩娜，仏在之日，來此説法，廣度人天。此寺東澗裏，於泉水邊有一塔，而仏所剃頭及剪爪甲，在此塔中。”又：中央電視臺百家講壇節目《清代皇陵迷案·慈禧奢華的代價》（主講人李寅，播出時間2013年10月10日中午12點45分），講到慈禧太后的屍體身邊即有指甲和牙齒（主講人認爲這是慈禧身前之物），1928年，東陵被盜，其指甲和牙齒没有被盜墓的軍隊拿走，重殮時又將其指甲和牙齒以及身前用過的兩件遺物——袍子和坎肩下葬在其遺體身邊至今。

【覆面】既指生前抵禦風沙嚴寒的用具，也指身後覆蓋遺體的面罩，有的覆面雙層，呈圓形，用剪成圓形的織物片（如錦緞）縫綴製作，上面還帶有大型珠飾和圓形畫像的圖案（周圍甚至縫綴有荷葉邊）。這些畫像有野豬頭、長翅膀的千里馬、怒目獅子、騎士等。有的甚至帶有濃厚的薩珊王朝風格，在織物片下和齊眼高的地方，還放有眼罩。眼罩是用蓮花瓣形的薄金屬片做成的，兩瓣之間由一條細金屬帶連結，其邊緣和中心都穿有許多小孔。到目前爲止，在阿斯塔那地區共發現有32件覆面，覆面以一帶格的織物進行剪裁，或者用非常珍貴的錦緞剪裁，中間没有任何開口。59TAM305：17《缺名隨葬衣物疏二》（1—3）："☐結髮一枚☐帛縺覆面一枚。"63TAM2：1《北涼緣禾六年翟萬隨葬衣物疏》（1—85）："故帛練覆面一枚，故帛尖一枚，故緋尖一枚。"2004TAM408：17《令狐阿婢隨葬衣物疏》（榮、李、孟20）："故練覆面二枚。"考《儀禮·士喪禮》："幎目，用緇，方尺二寸，赬裏，著，組繫。"鄭注："幎目，覆面者也。幎，讀若《詩》云'葛縈'之縈。赬，赤也。著，充之以絮也。組繫，爲可結也。"《禮記·玉藻》："童子之節也，緇布衣，錦緣，錦紳並組，錦束髮，皆朱錦也。"《釋名·釋喪制》："襲，匝也，以衣周匝覆衣之也。以囊韜其形曰冒，覆其形使人勿惡也。"《新唐書》卷二十《禮樂十》："衣以明衣裳，以方巾覆面，仍以大斂之衾覆之，内外入就位，哭。"句道興《搜神記》："即語妻子眷屬曰：'我今死矣，使者見到門來。我不得久住，汝等共我辭别，取衣衾覆我面上。'遂即命終。"[①] 周一良言："新疆吐魯番古墓中隨葬衣物清單中，有所謂覆面，亦稱故覆面，當即面衣之類。言故覆面，知是死者生時所用。《酉陽雜俎》續集一《支諾皋上》言死人入棺著面衣，卷一三

① 録文參見竇懷永、張涌泉《敦煌小説合集》，杭州：浙江文藝出版社，2010年，第119頁。類似文字又見伯5588+斯6022《搜神記》三。

《屍穸》門言遭喪婦人有面衣，是唐代猶有面衣之習。”[①] 齊萬良指出：“高昌人還習慣於戴一種‘面罩’，其製作方法是頂部長幅後折，與左、右邊幅相接處或用綫聯縫成帽套狀以整個套在頭上，或左右邊幅順演成兩條寬絲帶，將頂部長幅遮繫於腦後，這種帽套多於眼部開洞，供人張望，具有驅避風沙雪寒之功用，在墓葬中亦常見，又稱‘覆面’。”[②] 譚蟬雪認爲死人面上有“覆面”（面衣），主要是兩個原因，首先是“事死如事生”，尤爲活人也用面衣，又稱面帽，以綾羅爲之，四角綴帶，使用時除眼部露出外，其餘均被遮住，通常爲遠行者所服，以禦寒冷和風沙；其次，死人戴上面衣可以掩蓋亡人可怖的面容，並可保護屍體，所以亡人的面衣特別附加有眼罩，使其更好地長期安眠。覆面往往爲夾層，外層爲綿帛，裹子爲青紗，其長度應在額部至下顎，因頭上還另有帽子，而且，“覆面”男女、官民、僧俗皆可用[③]。王璞根據考古發掘中所出覆面實物，指出“覆面”的形制是不開口的，多爲長方委角形繡錦，邊縫荷花邊，通常是用多色的帶圖案的絲綢做成的橢圓形或圓形的布片，再用素面絲綢作褶邊，絲綢的圖案可能來源於西亞薩珊風格的實物[④]。筆者經見：今川北及廣大鄉村風俗：人死後依然在面部罩上一層紙，主要是掩蓋亡人可怖的面容。

【同錢】銅錢，銅制的貨幣。從高昌到唐初，作爲支付手段，往往是錢、帛兼行，銀錢與銅錢兼行。但銅錢更多的使用是在武周以後（此後，銅錢越來越成爲價值尺度），也用於喪葬。在吐魯番巴達木墓地，出土了各類遺物 1116 件，以陶器爲主，其次有木器，另外有泥塑、銅、銀、金、珠、石、骨器和絲織品、墓誌、文書等，陶器有 399 件，主要有陶碗（291 件）、陶罐（64 件）、

① 周一良《周一良集》第貳卷《魏晉南北朝史札記》，瀋陽：遼寧教育出版社，1998 年，第 5 頁。

② 氏著《魏晉南北朝時期高昌人的衣食狀況及人文風習》，《西域研究》1997 年第 3 期，第 31 頁。

③ 參考譚蟬雪《敦煌民俗——絲路明珠傳風情》，蘭州：甘肅教育出版社，2006 年，第 328—330 頁。

④ 見氏著《普林斯頓大學葛斯德圖書館藏高昌郡時代缺名衣物疏考》，《吐魯番學研究》2009 年第 2 期，第 63—70 頁。

陶盆（12 件）、陶壺（3 件）、陶盤（8 件）、陶豆（13 件）、陶燈（7 件）、紡輪（1 件）等；木器有 372 件，有木碗（30 件）、木罐（9 件）、木盆（1 件）、木盒（1 件）、木盤（4 件）、木案（30 件）、木梳（30 件）、拐杖（2 件）、木錐（4 件）、木橛（19 件）、文具（毛筆、筆筒、筆架、筆桿各 1 件）、木鴨（21 件）、木枕（3 件）、握木（73 件）、木屐（1 件）、木鉤（1 件）、木冥幣（126 件）、木塞（1 件）、木構件（4 件）、木刀柄（1 件）、木棍（3 件）、木板（2 件）、木棺擋（2 件）；泥塑 33 件，主要有鼎、缽、勺、磨、案、囊托、俑、馬牛、鎮墓獸等；銅器共 110 件，主要有鏡（1 件）、眼罩（6 件）、釵（6 件）、戒指（1 件）、扣（2 件）、飾件（17 組 88 件）及銅錢（6 枚，主要是常平五銖、高昌吉利、開元通寶）；銀幣 5 枚，金幣有 9 枚，金耳環（件）、串珠（件）、骨器（件）①。59TAM305：8《缺名隨葬衣物疏一》（1—3）："黄手糸二兩，銅錢二枚，手脚爪囊各一枚，白絓被一領。"59TAM302：35/3《高昌延壽十四年（637）四月參軍海相等五人入辛卯歲錢條記》（2—180）："辛卯歲錢壹文，銅錢拾肆個高歡住伍人，丁酉歲四月廿六日參軍海相、趙松柏、趙隆兒、趙延濟、嚴波姚伍人入。"64TAM4：46/1《唐支用錢練帳一》（3—225）："更用同錢貳拾二文數▭▭蓿。更用同錢六文，糴麨。更用同錢十四文，糴▭▭［錢］一十八文糴麨。更用同錢▭▭［踖］［用］［銀］［錢］［二］［文］［買］一脚宍，［更］［用］錢廿一文買麨。▭▭［練］▭▭□［錢］▭作用□□□［正］一文，［索］▭［用］練一疋，與［作］□。用錢壹［拾］三文，更［錢］▭［校］［尉］下。銀錢六文，銅錢六十文，安校尉下，銀錢六文，銅錢卅一文，韓校尉下，銀錢六，銅錢［伍］十文，［趙］師下。銀錢十文，銅［錢］六十文，更銅錢廿十六文，張師下。銀［錢］七文，銅［錢］［卅］文。"從武周以後，銅錢和帛逐漸成爲敦煌吐魯番地區的貨幣形式。在整個 7 世紀，

① 吐魯番市文物局、吐魯番學研究院、吐魯番博物館編著《吐魯番晉唐墓地——交河溝西、木納爾、巴達木發掘報告》，北京：文物出版社，2019 年，第 145—146 頁。

西州直至西邊的安西、疏勒一帶，在貨幣流通方面，錢帛兼行，而錢貨方面，又是銀錢與銅錢兼行。7—8世紀，粟特地區銅幣流通興盛的原因之一，是中國銅錢外流到該地區。但是，從武周到天寶年間，銅錢貶值率達到43%，在當時稱不上硬通貨，有時祇能用於小買賣①。

【手糸】手中所握絲，喪葬用具。請比較63TAM1：11《西凉建初十四年(418)韓渠妻隨葬衣物疏》(1—5)："故手中黄糸□兔豪万束，黄金千兩，正帛糸絹百匹。"59TAM305：8《缺名隨葬衣物疏一》(1—3)："懷袖囊一枚，黄手糸二兩，銅錢二枚，手脚爪囊各一枚，白絓被一領。"唐長孺主編《吐魯番出土文書》早期整理工作組注釋："黄手絲又稱手中黄絲。此墓衣物疏所屬死者雙手各握一五銖錢，用一條黄麻縷穿連，其它墓中死者也有握長絹一幅的，均當爲此物。"② 錢伯泉言："'手絲'，握在手中的絲束。《釋名·釋喪制》：'握，以物著屍手中，使之握也。'《儀禮·士喪禮》：'握手用玄纁裹，長尺二寸，牢中旁寸，著組繫。'湖北江陵馬磚廠一號楚墓的死者手中握有一卷長條狀的絲絹團，即如《儀禮·士喪禮》所説。後代往往改握絲束、玉石雕刻品等。"③

【五色絲】青黄赤白黑五種顔色的絲，喪葬用具。吐魯番出土文獻中又有"五綵雜信"，即五彩（青黄赤白黑）雜色絲織禮品，既可以送人，在唐代還可以用來换取或購買陰間宅地，還可以用於針綫活兒，迷信還可作退兵之用，又有"五糸采"，五種顔色絲綫；又有"五顔絲"，另外還單説"五色""五明"，即青赤白黑黄五種顔色。請比較L. K—橘木西圖史圖版(1)3(侯、楊526)："□尔□□王佩失五綵布□□□□" L. A. VI. ii. 023—沙木843(387)：

---

① 參考姜伯勤《敦煌吐魯番文書與絲綢之路》，北京：文物出版社，1994年，第199、202頁。有學者認爲，吐魯番出土的"銅錢"，有的可能是高昌吉利錢，也可能是開元通寶。參見吕媛媛《試析旅順博物館藏'高昌吉利'錢的年代及性質》，載《旅順博物館學苑》2009年，第139—143頁。

② 引自王素《〈吐魯番出土文書〉早期整理工作述評》，《吐魯番學研究》2003年第1期。

③ 氏著《吐魯番出土魏晉南北朝時期的隨葬衣物疏研究》，《吐魯番學研究》2001年第1期，第22頁。

“右五顔絲各一［糾］。”60TAM310：03/1《高昌缺名隨葬衣物疏》（1—460）：“▭□八百斤，五色被張。”64TAM24：30《唐趙義深與阿婆家書》（2—174）：“義深語□□故遣張明德、馬道海將五糸采布貳丈。”64TAM24：29《唐䊵連、武通家書》（2—175）：“胡妝二兩，梳三箇，細針四十箇，五色絲綖一兩，用作兩箇女信。”73TAM210：136/1《唐居太夫人隨葬衣物疏》（3—35）：“五明鮮鞋廿五量。”73TAM506：05/2（a）《唐大歷四年（769）張無價買陰宅地契》（4—395）：“謹用五綵雜信，買地一畝。東至青龍，西至白虎，南至朱雀，北至玄武。”請比較《書·益稷》：“以五采彰施於五色，作服，汝明。”《周禮·冬官·考工記》：“張五采之侯，則遠國屬。”鄭注：“五采者，内朱，白次之，蒼次之，黄次之，黑次之。”又請比較晉葛洪《抱朴子·内篇》：“以五色繒各五寸，懸大石上，所求必得。”《魏書》卷一〇三《蠕蠕傳》：“五色錦被二領，黄紬被褥三十具。”南朝梁宗懔《荊楚歲時記》：“（五月五日）以五彩絲繫臂，名曰辟兵，令人不病瘟……一名長命縷，一名續命縷，一名辟兵繒，一名五色絲，一名朱（或作‘百’）索。”《唐會要》卷二九“節日”：“今俗人五月五日作粽，並帶五彩絲及練葉，皆汨羅遺風。上曰：‘我見一記有云：五色絲可以續命，刀子可以辟兵，此言未知真虛，然亦俗行其事，今之所賜，住者使續命，行者使辟兵也。”斯6537背14分號《鄭氏書儀》：“五月五日昔屈原投汨羅水，死之日楚人懷之，以此日作筒糭，以五色綫纏，投水中祭之穰厄。”在古代，還有五色桃印、五毒符、五時圖、五時花，都是屬於符咒，之所以與“五”有關，可以因爲“五”象徵五行，指五方五土，以辟五方之瘟鬼和邪氣，同時，象徵五行相生相剋，同時還象徵滅五方之蟲害[①]。

【兔豪】兔毫，喪葬品，多見於高昌郡時代的的隨葬衣物疏中。OR.8210/斯6251Ast.ii.1.016—019《北涼玄始九年（420）隨葬衣物疏》（沙、吴2—320）：“黄金千兩，兔豪［百］▭故□懷右囊二枚▭故▭故絹蹹舊囊一枚。”2004TAM408：17《令狐阿婢隨葬衣物疏》（榮、李、孟20）：

---

① 參考何星亮《從傳統節日看古代中國人的和諧理念》，載《民族研究》2008年第3期。

“故兔豪百五十束，故黄金十斤，故蹹麴囊一枚。”63TAM1：11《西涼建初十四年（418）韓渠妻隨葬衣物疏》（1—5）：“故碧絓□鐵郭一具，故手中黄糸□兔豪萬束，黄金千兩，正帛糸絹百匹。”75TKM99：16《苻長資父母墟墓隨葬衣物疏》（1—91）：“絹九疋，布五疋，糸百斤，兔豪千束。”請比較高昌國時代隨葬衣物疏中的“狐毛”，75TKM90：19《高昌阿苟母隨葬衣物疏》（1—116）：“故被一枚，故褥一枚，狐毛千束，匹白万匹。”又請比較“絹万（萬）束”，72TAM170：77《高昌章和十八年（548）光妃隨葬衣物疏》（1—144）：“綿拾斤，絹万束，針衣、路囊，一切備具。攀天糸万々九千丈。”檢段成式《酉陽雜俎》卷十三《屍穸》：“送亡者又以黄卷、蠟錢、兔毫、弩機、紙疏、掛樹之屬。”又請比較段成式《酉陽雜俎》卷一《忠志》：“則天初誕之夕，雌雉皆雊。右手中指有黑毫，左旋如黑子，引之長尺餘。”我們注意到：吐魯番出土文書隨葬衣物疏中涉及“毫”的主人有一些是女性。在《西涼建初十四年（418）的衣物券》中，有“兔豪万（萬）束”，在《北涼緣禾六年（437）的衣物券》中，有“兔毛千束”，在橘瑞超所盜文書《前秦建元廿二年（386）女子劉弘妃隨葬衣物疏》，有“故兔毫百束”。新疆博物館於1963年—1965年在吐魯番地區晉至南北朝中期的若干墓中發掘出許多結成小束的兔毫[①]。“兔”“狐”究竟有哪些象徵和寓意呢？《藝文類聚》卷九十九《祥瑞部下》“兔”：“《瑞應圖》曰：王者恩加耆老，則白兔見。一本曰：王者應事疾則見，赤兔者。王者德貌則見。”又：“夫兔，陰獸。”又檢《藝文類聚》卷九十九《祥瑞部下》“狐”：“《吕氏春秋》曰：禹年三十未娶，行塗山，恐時暮失嗣，辭曰：吾之娶，必有應也。乃有白狐九尾而造於禹。禹曰：白者，吾服也，九尾者，其證也。於是塗山人歌曰：綏綏白狐，九尾龐龐，成於家室，我都攸昌。於是娶塗山女。”所以，兔和狐可能與女性有關。兔是吉祥的象徵，而狐代表家室。鄭學檬指出：“馬王堆漢墓出土一個笥，内有兩隻華南兔，這

① 見《發掘簡報》，《文物》1973年第10期，又參見馬雍《西域史地文物叢考》，北京：文物出版社，1990年，第124頁。

是否與‘兔，陰精之獸’的迷信有關，可以研究，大概高昌地區已不用活兔隨葬了，故用兔毛一束代替。狐屬神仙一類，自然爲人們所敬，《韓詩外傳》云‘狐，水神也。’照‘隨葬衣物疏’的記載，死者通往天國途中，要‘求東海頭’、‘覓西海壁’，所以水神的保護自然不可少。如果這種解釋可信，狐毛隨葬之俗亦屬迷信之舉。”[①]。但考《藝文類聚》卷五八《雜文部四》“筆”條引《廣志》：“漢諸郡獻兔毫，書鴻門題，唯趙國毫中用。”（又參《初學記》卷二一《文部・筆》“趙毫”條引王羲之《筆經》、《北堂書鈔》卷一〇四《藝文部十・墨》、白居易《雞距筆賦》），所以李研認爲此與宗教迷信無關，“兔豪”“狐毛”乃製作毛筆筆頭的原料，在當時具有財産的屬性[②]。這一問題還可以再研究。

（二）漢語史價值

《補編》所收録的吐魯番出土文獻，具有較高的漢語史（包括漢字史）價值。比如，06TAM605：22《前凉咸安五年（377）隗田英隨葬衣物疏》，對我們研究中古漢語的名物詞、研究中古時期西北漢語的語音、詞彙、語法以及漢字風貌很有參考價值，同時對我們研究“疏”類體裁的格式與文風很有幫助。

1. 詞彙史價值

（1）名物词

名物詞是指稱具體而特定之物的詞[③]。如上所述，《補編》收録的吐魯番出土文書，至少反映了八個方面的内容，因而保存了大量的名物詞，今試以《補編》收録的06TAM605：22《前凉咸安五年（377）隗田英隨葬衣物疏》等

---

① 見氏著《吐魯番出土文書“隨葬衣物疏”初探》，韓國磐主編《敦煌吐魯番出土經濟文書研究》，厦門：厦門大學出版社，1986年，第429頁、434頁。

② 參見氏著《吐魯番出土衣物疏中的“兔豪（毫）”“狐毛”性質考釋》，《西域研究》2020年第3期，第31—35頁。

③ 參見劉興均等著《“三禮”名物詞研究》，北京：商務印書館，2016年，第3頁。

文書爲例，列舉其中的十一個名物詞以訓釋。

【尖】帽子或固定頭髮的巾類用具，是一種上小下大的尖形帽箍式首服。這種形制明顯受到胡族冠帽風俗的影響，前期的“尖”多以帛練爲面，有青赤色、白色、黑色，後期則幾乎全部以紫羅爲面，進入唐朝以後，“尖”不再見於吐魯番隨葬衣物疏中。《補編》收録的06TAM605：22《前凉咸安五年(377)隗田英隨葬衣物疏》中有“故雜色百匹，故紺綪尖二枚”。請比較97TSYM1：5背面闞氏《高昌缺名隨葬衣物疏》(榮、李、孟126)：“故履一枚，故中衣一立，故帬一立，故衫一立，故褶一領，故大麵衣一立，故尖一立。黃金千斤，白銀万斤，厚絹百匹，糸千斤，綿万斤。”75TKM99：16《苻長資父母墟墓隨葬衣物疏》(1—91)：“故尖一枚，故巢一枚，故疏一枚，故帶O頭二枚。”72TAM169：42《高昌延昌十六年(576)信女某甲隨葬衣物疏》(1—208)：“尖一顔，紫褥褶□□綾帬一具，白練褌衫一具，錦帬褶一具。”①66TAM62：5《北凉緣禾五年隨葬衣物疏》(1—47)：“清尖一枚，兩當一枚，紫襦一枚，帛縺根一枚。”63TAM2：1《北凉緣禾六年翟萬隨葬衣物疏》(1—85)：“故帛練覆面一枚，故帛尖一枚，故綪尖一枚。”75TKM99：7《建平六年張世容隨葬衣物疏》(1—90)：“故縺覆面一枚，故綪尖一頭，故枕一枚，故縺衫一領。”59TAM305：8《缺名隨葬衣物疏一》(1—3)：“紺綪尖一枚，紫縺枕一枚。”75TKM96：15《龍興某年宋泮妻翟氏隨葬衣物疏》(1—29)：“故緋碧紺綪結髮六枚，故雞鳴枕一枚，故銀釵二枚，故耳中珠四枚。故帛縺尖一枚，故紺綪尖一枚。”75TKM90：19《高昌阿苟母隨葬衣物疏》(1—116)：“故枕一枚，故造尖一枚，故排絶髮一枚，故扠一枚，故疏一枚。”86TAM386：23《高昌延壽十四年(637)張師兒妻王氏隨葬衣物疏》(柳416)：“紫羅尖一顔，中依渾衫一具。”59TAM302：35/5《高昌缺名(女)隨葬衣物疏》(2—179)：“紫羅尖具，珠依聾館具。”2006TSYIM4：8《北凉缺名隨葬衣物疏》(榮、李、

---

① 請比較73TAM517：24《高昌延昌三十七年(597)武德隨葬衣物疏》(1—255)：“帽一顔，白綾褶袴一具，白練褌衫一具，被錦一百張。”

孟174)：“棗疏一枚，紺㚘一枚。帛縺㚘一枚，緋覆面一枚，紫繻一領。”廖名春指出：“唐劉言史《夜觀胡騰舞》詩云：‘織成番帽虛頂尖。’可見，胡帽是一種尖頂帽。Kutoba銀瓶上斯基泰武士、沂南畫像石中的匈奴武士、莫高窟43窟盛唐壁畫中的胡商、唐嗣聖十年楊氏墓出土的胡俑、禮泉唐李貞墓出土的女騎俑、開元六年韋頊墓石槨線雕中的女像，特别是吐魯番阿斯塔那230號唐張禮臣墓出土屏風絹畫上的樂人，以及吐魯番出土唐三彩騎泥俑，吐魯番出土唐彩馬夫木俑，戴的都是這種很顯目的尖頂帽。由於吐魯番人中盛行這種尖頂帽，自然，他們就有可能借帽子的特徵來代替帽子本身，稱帽爲尖。”[①] 早在公元前十世紀，吐魯番地區以及新疆地區就有高尖帽，爲用褐色毛氈支製成的筒狀，帽端縫成鳥頭狀，高尖帽在中亞和西亞地區也比較流行[②]，高尖帽的主人，往往是具有一定社會地位和特殊身份的人或者神[③]。

【鍼糸綿縷】刺繡。《補編》收録的06TAM605：22《前凉咸安五年（377）隗田英隨葬衣物疏》中有“故麄細鍼糸綿縷自副”。請比較86TAM386：23《高昌延壽十四年（637）張師兒妻王氏隨葬衣物疏》（柳416）：“箭、刀尺一具，銀牡文刀子一口，細針百枚，並針氈具，五色糸綖各百兩，僞牙梳十，黄陽梳十，被錦五十張。”64TAM24：29《唐甦連、武通家書》（2—175）：“胡妝二兩，梳三箇，細針四十箇，五色絲綖一兩，用作兩箇女信。”“縷”本指絲綫，《説文·糸部》：“縷，綫也。”段玉裁注：“此本謂布縷，引申之絲亦名縷。”漢劉向《説苑·政理》：“順針縷者成帷幕，合升斗者實倉廩。”北齊顔之推《顔氏家訓·風操》：“男則用弓矢紙

---

① 氏著《吐魯番出土文書新興量詞考》，《中國學術史新證》，成都：四川大學出版社，2005年，第336—337頁。

② 見田衛疆主編《吐魯番史》，烏魯木齊：新疆人民出版社，2004年，第37頁。

③ 參考吴妍春、王立波《西域高尖帽文化解析》，《西域研究》2004年第1期。又考王鍈《唐宋筆記語詞匯釋》第264頁引《臨漢隱居詩話》：“永叔《詩話》載陶穀詩云：‘尖簷帽子卑凡廝，短靿靴兒末厥兵。’”（王鍈《唐宋筆記語詞匯釋》（修訂本），北京：中華書局，2001年，第264頁。又考《廣韻·琰韻》：“㚘，上大下小。”《集韻·琰韻》：“本廣末狹謂之㚘。”《玉篇·大部》：“尖，小細也。”《正字通·小部》：“尖。末鋭也。”頗疑“㚘”與“尖”是異體字。在吐魯番出土文書中都表示頭帽類。張涌泉、陸娟娟認爲“㚘”當爲“尖”字之誤，指尖頂帽（氏著《吐魯番出土文獻整理的典範之作——評〈新獲吐魯番出土文獻〉》，《敦煌研究》2009年第3期，第122頁）。

筆，女則刀尺針縷。”“針縷”也指“刺繡”。唐元稹《君莫非》詩：“婦好針縷，夫讀書詩。”唐白居易《繡觀音菩薩像贊序》：“紉針縷綵，絡金綴珠。”

【粉絮】絲綿做成的粉撲，用以蘸粉敷面。《補編》收録的 06TAM605：22《前涼咸安五年（377）隗田英隨葬衣物疏》中有“故鏡粉絮自副”。檢北周庾信《鏡賦》：“懸媚子於搔頭，拭釵梁於粉絮。”倪璠注：“粉絮，即俗粉撲，用綿爲之也。言釵梁用粉絮拭之，其色光明也。”又請比較 67TAM88：12《高昌延昌七年（567）牛辰英隨葬衣物疏》（1—198）：“右黄棺一口，右釵一枚，右髻一枚，右鏡一枚，右脂粉具，右梳一，右扳天糸万々九千三千三百丈。”2004TAM408：17《令狐阿婢隨葬衣物疏》（榮、李、孟 20）：“故銀川（釧）六枚，故紅粉囊三枚，故手抓（爪）囊二枚。故銀環九指，故懷右囊三枚，故銅鏡一枚。”

【茻當】兩當，即兩襠、裲襠，男女均用。對男士來講，是武士裝，由於用來擋背部和擋胸部，所以有此名稱[①]，短袖，類似今天的背心，在西魏第 285 號窟五百强盜成佛故事中的官兵和騎士，便有此服裝。《補編》收録的 06TAM605：22《前涼咸安五年（377）隗田英隨葬衣物疏》中有“故锦一茻當一领”。請比較 66TAM62：5《北涼緣禾五年隨葬衣物疏》（1—47）：“清尖一枚，兩當一枚，紫孺一枚，帛縺根一枚。”63TAM2：1《北涼緣禾六年翟萬隨葬衣物疏》（1—85）：“故帛練兩當一領，故帛練襦一領，故帛練小褌一立。”75TKM99：7《建平六年張世容隨葬衣物疏》（1—90）：“故綺兩當一領，故碧

---

① “兩當”即裲襠，《釋名·釋衣服》：“裲襠，其一當胷，其一當背，因以名之也。”《南史》卷三八《柳元景傳》：“安都怒甚，乃脱兜鍪，解所帶鎧，唯著絳衲兩當衫，馬亦去具裝，馳入賊陣。”《資治通鑑》卷一三四“宋順帝升明元年”：“攸之有素書十數行，常韜在裲襠角，云是明帝與己約誓。”胡三省注：“《博雅》曰：‘裲襠謂之袹腹。’”今再檢南朝梁王筠《行路難》詩：“裲襠雙心共以襪，袹複兩邊作八撮。”而“袹複”實即“袹腹”，也作“袙腹”。《廣雅·釋器》：“裲襠謂之袙腹。”王念孫疏證：“《釋名》云：‘裲襠，其一當胸，其一當背也。帕腹，横陌其腹也。’帕與袙同。”《晉書》卷五九《齊王冏傳》：“著布袹腹，爲齊持服。”又作“襪腹”。《陳書》卷三五《周迪傳》：“迪性質樸，不事威儀，冬則短衣布袍，夏則紫紗襪腹。”沈從文指出：“兩當鎧制度，爲前後兩大片，上用皮襻聯綴，腰部另用皮帶束緊。外罩袍服，下面大口袴加縛，便稱一時流行的褶服。唐人因此稱‘臨戎之服’。袍服一脱，即可作戰，脱卸既極便利，是以南北流行，唐宋還未盡廢。”（參考沈從文《中國古代服飾研究》，上海：上海書店出版社，2002 年，第 217 頁。）

襦一領，故絓小褌一立，故絓大褌一立。”又請比較“羅當（纙緧）”，用絲羅製成的類似裲襠的女性短外袍，質地輕軟經緯組織顯現眼紋（“錦羅當”即花紋色彩絢麗的外袍；“繡羅當”即用彩色綫刺成花鳥圖案的、類似裲襠的女性外袍）。72TAM170：9《高昌章和十三年（543）孝姿隨葬衣物疏》（1－143）：“故樹葉錦面衣一枚，故繡羅當一枚。”72TAM170：77《高昌章和十八年（548）光妃隨葬衣物疏》（1－144）：“□□汗衫一枚，領帶具。錦羅當一枚，紫綾褶一枚。［領］□□。”73TAM517：25《高昌延昌三十一年（591）缺名隨葬衣物疏》（1－254）：“錦繡纙緧一枚，面衣一枚。”譚蟬雪指出：“裲襠是前後兩片，袖子衹到肩部，早期的裲襠在肩部以帶襻相連即可。隨着歷史的發展，裲襠經歷了由簡單到華麗、由内穿到外着的過程。隨着婦女把裲襠穿在衣衫之外，裲襠的款式也就可以或開襟、或對襟、或斜襟，做工也日益精緻，出現丹繡、彩繡。《三國志·鍾繇傳》卷一三説鍾繇見一婦鬼：‘著白練衫，丹繡裲襠。’這是鑲有金絲的彩繡背心。《樂府詩集·琅琊王歌辭》：‘陽春二三月，單衫繡裲襠。’約在漢魏之際，裲襠已成爲裝飾性很强的服裝。正由於裲襠無袖，活動方便，又起到保暖護身的作用，所以軍事上也出現裲襠鎧。”① 又：1979年，新疆阿斯塔那墓地發掘出一座十六國時期（出土了真興年間至緣禾年間文書）墓葬（79TAM382），其中出土了殘繡裲襠一件，出土時緊貼在墓主的背上，而65TAM39墓中也出土了繡裲襠一件，穿戴於死者上身，紅絹底面，内夾絲緒，2004年新發掘的阿斯塔那408號墓中的女墓主也身穿夾層棉背心，前胸縫綴一幅完好的刺繡，而同墓所出的《令狐阿婢隨葬衣物疏》中提到了“故兩當一領”，應當指的就是女墓主身上所穿的背心②。

【環】指環、戒指，手指飾物，主要有玉、金、銀制，男女均使用。其中，金指環可能帶有一定的外來文化色彩。《補編》收録的06TAM605：22《前凉咸安五年（377）隗田英隨葬衣物疏》中有“故銀環三指”。請比較

---

① 氏著《襠襠探析》，《敦煌研究》2006年第3期，引文見第33－34頁。

② 參王璞《普林斯頓大學葛斯德圖書館藏高昌郡時代缺名衣物疏考》，《吐魯番學研究》2009年第2期，第63－70頁。

72TAM170：9《高昌章和十三年（543）孝姿隨葬衣物疏》（1－143）："故金銀釧二枚，故金銀指環六枚，故擿扮耳抱二枚。"73TAM210：136/1《唐居太夫人隨葬衣物疏》（3－35）："大衫并旱衫五十具，並是綾羅，金虵並釧刀子各五十具，指環取（耳）環各五十具。"2004TAM408：17《令狐阿婢隨葬衣物疏》（榮、李、孟 20）："故銀環九指，故懷右囊三枚，故銅鏡一枚，故蹹臼一枚。"

【釧】鐲。《補編》收録的 06TAM605：22《前凉咸安五年（377）隗田英隨葬衣物疏》中有"故银釧一具"。請比較 72TAM170：9《高昌章和十三年（543）孝姿隨葬衣物疏》（1－143）："故金銀釧二枚，故金銀指環六枚，故擿扮耳抱二枚。"73TAM210：136/1《唐居太夫人隨葬衣物疏》（3－35）："大衫并旱衫五十具，並是綾羅，金虵並釧刀子各五十具，指環取（耳）環各五十具。"2004TAM408：17《令狐阿婢隨葬衣物疏》（榮、李、孟 20）："故銀川六枚，故紅粉囊一枚，故手抓囊二枚。"《説文新附·金部》："釧，臂環也。"南朝劉敬叔《異苑》卷八："脱金釧一隻及臂上雜寶，托沉與主者，求見救濟。"南朝宋何偃《與謝尚書》："珍玉名釧，因物托情。"唐慧琳《一切經音義》卷一五："釧者，以金銀爲環，莊飾其手足。""釧"之形狀類似今天的手鐲，有金、玉、銀琥珀、鍮石等，唐代的釧多是用柳葉形金銀片彎成，兩端纏金銀絲，並繞出環眼。

【蹹臼囊】踏鞠囊，用皮所作，内裝實物，呈圓形，拳頭大小，用以踢蹋而爲一遊戲項目，這一遊戲項目可能來源於古代的軍人訓練或軍中體育娛樂活動，但是，在草原民族民間非常流行，包括婦女也常常進行這一遊戲，比如在突厥非常盛行，所以，吐魯番出土文書記載高昌流行這項活動，可能説明了當地受突厥等草原民族風氣的影響；又寫作"躡麹囊""蹹麹囊""蹹舊囊""蹹後囊""荅久囊""合究囊""蹹囊"。《補編》收録的 06TAM605：22《前凉咸安五年（377）隗田英隨葬衣物疏》中有"故蹹臼囊一枚"。請比較 59TAM305：8《缺名隨葬衣物疏一》（1－3）："躡麹囊一枚。"75TKM96：17《北凉真興七年（425）宋泮妻隗儀容隨葬衣物疏》（1－28）："故懷袖囊各一枚，故白絹手［脚］▭，故白絹蹹𪎊囊一枚，故黄今［千］［兩］。”OR. 8210/斯 6251 Ast. ii. 1. 016—019《北凉玄始九年（420）隨葬衣物疏》（沙、吴 2—320）：“黄金千兩，兔毫［百］▭故□懷右囊一枚▭故絹蹹舊囊一枚。”63TAM1：11《西凉建初十四年（418）韓渠妻隨葬衣物疏》（1—5）：“故懷袖蹹臼囊各一枚。”63TAM2：1《北凉緣禾六年翟萬隨葬衣物疏》（1—85）：“故懷袖蹹臼囊各一枚，故手爪囊一枚。”60TAM313：07/2《高昌章和十八年（548）缺名隨葬衣物疏》（1—288）：“雞明枅一具，蹹後囊一枚。”75TKM91：3/1（b），3/2（b）《北凉缺名隨葬衣物疏》（1—55）：“荅O久囊一枚，手抓囊各一枚，脚抓囊各一枚。”66TAM62：5《北凉緣禾五年隨葬衣物疏》（1—47）：“手爪囊一枚，合究囊一枚，懷右囊。”大谷 4884《高昌延壽九年（632）閏八月吴君範隨葬衣物疏》（《大谷》三，圖版一）：“▭銀帶蹹囊一，銅完弓箭一具▭□□任被表，綾練及羅十▭文，銀錢五万文，錫人五十，石灰▭”2004TAM408：17《令狐阿婢隨葬衣物疏》（榮、李、孟 20）：“故銀環九指，故懷右囊三枚，故銅鏡一枚，故蹹臼一枚。”《集韻・合韻》：“踏、蹹、蹋，踐也。”①考《戰國策・齊策一》：“臨淄甚富而實，其民無不吹竽鼓瑟，擊築彈琴，斗雞走犬，六博蹹鞠者。”《史記》卷六九《蘇秦列傳》：“民六博蹋鞠。”裴駰集解引劉向《别録》：“蹋鞠，兵勢也，所以練武士，知有材也。皆因嬉戲而講練之。”索隱：“《别録》云‘蹵鞠’者，蹵亦蹋也。”1979 年 10 月甘肅省博物館文物隊與敦煌縣文化館在馬圈灣漢代長城烽燧遺址進行發掘時，記録了這樣一件出土文物：“蹴鞠一件，標本 T12：01，内填絲綿，外用細麻繩和白絹搓成的繩，捆紮成球形，直徑 5.5 釐米。”②

【懷袥】懷袖。《補編》收録的 06TAM605：22《前凉咸安五年（377）隗田英隨葬衣物疏》中有“故懷袥白縺囊二枚”。請比較 75TKM99：7《建平六年張世容隨葬衣物疏》（1—90）：“懷袥囊一枚。”又有“懷右”，66TAM62：5

---

① 又見（清）項懷述編《隸字彙》卷九，第五册，北京：中華書局，2014 年，第 25 頁。

② 参見吴礽襍、李永良、馬建華釋校《敦煌漢簡釋文》，蘭州：甘肅人民出版社，1991 年，第 296 頁。

《北凉緣禾五年隨葬衣物疏》（1－47）："合究囊一枚，懷右囊。"OR. 8210/斯6251 Ast. ii. 1. 016－019《北凉玄始九年（420）隨葬衣物疏》（沙、吴2－320）："黄金千兩，兔毫［百］▭故□懷右囊二枚▭故絹蹹舊囊一枚。"又有"懷友"，75TAM90：19《高昌阿苟母隨葬衣物疏》（1－116）："故懷友囊一枚，故脚襪一枚。"又有"淮右"，75TKM91：3/1（b），3/2（b）《北凉缺名隨葬衣物疏》（1－55）："淮右囊各一枚，荅O久囊一枚，手抓囊各一枚，脚抓囊各一枚▭過所。"請比較"懷袖"，59TAM305：8《缺名隨葬衣物疏一》（1－3）："懷袖囊一枚，黄手糸二兩，銅錢二枚，手脚爪囊各一枚，白絓被一領。"75TKM96：17《北凉真興七年（425）宋泮妻隗儀容隨葬衣物疏》（1－28）："故懷袖囊各一枚，故白絹手［脚］▭，故白絹蹹麴囊一枚，故黄今［千］［兩］。"63TAM2：1《北凉緣禾六年翟萬隨葬衣物疏》（1－85）："故懷袖蹹臼囊各一枚，故手爪囊一枚。黄金千斤。"請比較漢班婕妤《怨歌行》："出入君懷袖，動摇微風發。"南朝梁江淹《傷愛子賦》："奪懷袖之深愛，爾母氏之麗人。"唐李白《酬崔十五見招》詩："長吟字不識，懷袖且三年。"宋王讜《唐語林》卷六："主司恐是舊知，遽言及第。其榜尚在懷袖。忽報中使宣口敕，且揖禮部從容，遂注武陵姓字呈李公。"古代的服飾，"袖"特别寬大，可盛物，《史記》卷一一八《淮南衡山列傳》："辟陽侯出見之，即自袖鐵椎椎辟陽侯。"唐李肇《唐國史補》卷中："王叔文以度支使設食於翰林中，大會諸閹，袖金以贈。"宋曾敏行《獨醒雜誌》卷一："時爲縣主簿，一日，袖所爲詩呈公。"可見古代服飾中的袖子是非常寬大的。關於吐魯番出土文獻中的"懷袖囊"的具體細節，一説是袋形的布套（直筒形的布袋），兩手從袖囊的兩端伸入，與兩袖相接，籠於懷中，亦爲手套的一種[①]。我們認爲也可能是袖子裏的小口袋，裝各類小物件。

【結髮】固定頭髮的巾結，束髮的絹帶（特别指成人，男女皆用）。《補編》

---

① 參考鄭學檬《吐魯番出土文書"隨葬衣物疏"初探》，韓國磐主編《敦煌吐魯番出土經濟文書研究》，厦門：厦門大學出版社，1986年，第434頁。

收録的06TAM605：22《前凉咸安五年（377）隗田英隨葬衣物疏》中有“故絳結髮二枚”。請比較75TKM96：15《龍興某年宋泮妻翟氏隨葬衣物疏》（1—29）：“故緋碧紺綪結髮六枚。”75TKM90：19《高昌阿苟母隨葬衣物疏》（1—116）：“故枕一枚，故造尖一枚，故排（緋）結髮一枚，故扠一枚，故疏一枚。”又有“頭結”，73TAM517：25《高昌延昌三十一年（591）缺名隨葬衣物疏》（1—254）：“頭結一枚，銀釵二雙，手把玉肫一雙。”“結髮”早在睡虎地秦墓竹簡中就已經出現，《封診式》：“賊死。爰書：某亭求盗甲告曰：‘署中某所有賊死、結髮、不智（知）可（何）男子一人，來告。’即令令史某往診。”又請比較《儀禮·士昏禮》：“親説婦之纓。”鄭玄注：“婦人十五許嫁，笄而禮之，因著纓，明有繫也。蓋以五綵爲之。”《文選》卷二九蘇子卿《詩》四首之二：“結髮爲夫妻，恩愛兩不疑。”注：“結髮，始成人也，謂男年二十，女年十五時，取笄冠爲義也。”《廣雅·釋器》：“假結謂之䰎。”錢大昭疏義：“䰎，即副也。《鄘風·君子偕老》：副笄六珈。傳：副者，后夫人之首飾，編髮爲之。《釋名·釋首飾》：皇后首飾曰副，副，覆也，以覆首，亦言副，貳也，兼用衆物成其飾也。（中略）古髻字作結。”《册府元龜》卷九六〇《外臣部·土風二》載悉立國：“男人以繒綵纏頭，衣氈褐，婦人以辮髮著短褐。”又：王璞根據對歷年吐魯番出土衣物疏的整理發現，“結髮”在衣物疏中共出現了十次，除了59TAM305：17《前秦建元廿年（384）缺名隨葬衣物疏》爲經過發掘得知墓主爲男性外，其餘九篇衣物疏記載有“裙、衩、珠”等應該爲女性墓葬所特有的陪葬物品，推測“結髮”應該是帶顏色的穿戴在婦女頭上的裝飾品①。

【結√末】末結（√爲倒乙符號），抹結，袜結。《補編》收録的06TAM605：22《前凉咸安五年（377）隗田英隨葬衣物疏》中有“故紺綪結√末一枚”。分開來講，“結”是挽在頭頂或腦後的髮結，“末”是纏繞額頭的

① 見氏著《普林斯頓大學葛斯德圖書館藏高昌郡時代缺名衣物疏考》，《吐魯番學研究》2009年第2期，第63—70頁。

巾結，但本件文書中“末結”前面的定語是“紺緭”，後面的量詞是“一枚”，可見是一物，根據吐魯番出土文書反復出現“紺緭結髮”“紺緭尖”的情況看，很可能是“結髮”或“尖”，即“固定頭髮的巾結，束髮的絹帶”或“一種上小下大的尖形帽箍式首服（這種形制明顯受到了胡族冠帽風俗的影響）”。關於“結”，請比較73TAM517：25《高昌延昌三十一年（591）缺名隨葬衣物疏》（1－254）：“頭結一枚。”64TAM31：12《高昌重光元年（620）信女某甲隨葬衣物疏》（1－358）：“重光元年庚辰歲二月朔乙未日，釵結一具。”又作“髻”，66TAM48：3《高昌義和四年（617）六月缺名隨葬衣物疏》（1－336）：“釵髻、粡枝胡粉、箭刀、尺一具。”“結”與“髻”通用，《玉篇·髟部》：“髻，髮結也。”清段玉裁《説文解字注·糸部》：“結，古無髻字，即用此。”《説文新附·髟部》：“髻，總髮也。”李楨《説文逸字辨證》：“髻，古作結，西漢以前無作髻者。”又請比較“萩頭”，幧頭，用來裹住頭髮的頭巾。63TAM1：11《西涼建初十四年（418）韓渠妻隨葬衣物疏》（1－5）：“故紫結髮□［故］縺萩頭□　□故縺覆面一枚，故幘一枚，故絹小衫。”蔣禮鴻指出：“《廣韻》下平聲六豪韻：‘幧，所以裹髻，七刀切，又七摇切。’又十八尤韻：‘萩，簫似蒿也。七由切。’‘萩頭’的‘萩’是‘幧’的音近通借字。幧頭亦作綃頭、帩頭、陌頭。《釋名·釋首飾》：‘綃頭：綃，鈔也，鈔髮使上從也。或謂之陌頭，言其從後横陌而前也。’孫楷説：‘《廣雅》云：陌頭、絡頭，幧頭也。’王念孫《廣雅疏證》：‘古樂府詩：脱帽著帩頭。’”[①] 又考《方言》卷四：“絡頭，陌頭也，自河以北，趙魏之間曰幧頭。”可見這是個北方方言詞。《後漢書》卷二四《馬援傳》：“城中好高髻，四方高一尺。”關於“末”，吐魯番出土文獻中的“末額”，束在額上的頭巾。72TAM178：8＋72TAM178：9＋72TAM178：10《唐袁大壽等資裝簿》（4－190、191）：“黄衫、袴奴、末額各一。”檢傳世文獻中有“抹額”，唐杜牧《上宣州高大夫書》：“以紅抹額應猛士詔，躬衣皮袴，率士屯田。”宋高承《事物紀原·戎容兵械·抹額》：“中有

① 氏著《蔣禮鴻文集》第三卷，杭州：浙江教育出版社，2001年，第228頁。

甲卒千人，其不被甲者，以紅綃帕抹其頭額，云海神來朝，禹問之，對曰：‘此武士之首服也。’秦始皇至海上，有神朝，皆抹額，緋衫，大口袴，侍衛自此抹額，遂爲軍容之服。”又比較“袹首”。《資治通鑑》卷一一五“唐玄宗天寶二年”：“陜尉崔成甫著錦半臂，缺胯緑衫以裼之，紅袹首。”胡三省注：“袹首，今人謂之抹額。”“抹”又寫作“袜”，束帶，慧琳《一切經音義》卷九四“袜額”條引《考聲》：“袜，束也。”又卷三五“繫袜”條引《集訓》：“（袜），横繫也。”可資比較的還有“袜肚”，又寫作“抹腹”“抹肚”“陌複”“帕腹”“抱腹”“袙腹”“袹腹”，其更早形式可能爲“陌”“帕”“抱”[①]。

【紫桂】牡桂。《補編》收録的06TAM603：7《前凉木牘》有“紫桂一枚，緋二丈，紵五”[②]。《證類本草・木部・牡桂》（卷十二）引《藥性論》稱該藥所主爲“能去冷風疼痛”“主治九種心痛，殺三蟲”“（主）痛不可忍”[③]。

（2）術語和套語

《補編》收録的文書，有相當一部分是應用型文書，所以術語和套語非常多，謹舉五例以證之。

【謹條】謹羅列，應用文體術語，“條”是一種應用文體，官方下級人員向上級報告收與支的明細簿，是上行文書，也用指隨葬衣物疏，羅列隨葬衣物明細。《補編》收録的06TAM605：22《前凉咸安五年（377）隗田英隨葬衣物疏》中有“謹條時隨身物數”。請比較L. A. II. ii—孔紙14. 2（侯、楊180）：“謹條督武詡□物穀食與胡牛賈綾綵匹數。□九月廿日。”L. A. VI. ii05—沙木758（侯、楊378）：“鎧曹謹條所領器杖刃亡失薄。”L. A. Ⅲ. i. 7—沙木

① 參見董志翹《入唐求法巡禮行記詞彙研究》，北京：中國社會科學出版社，2000年，第221頁。

② 關於這件文書的墓葬背景，朱雷先生指出：“本墓遭盜擾，爲一男二女合葬。所出除陶木及織綿等外，僅木牘一件。”又注釋道：“據發掘簡報，此件木牘原稱木簡，長方形，兩側各有兩個小圓孔，其中三個孔内殘留木釘，推測應爲隨葬品的標簽牌。觀其書法，頗有隸意。又據發掘簡報，該墓與06TAM601墓相近，兩墓出土陶、木器及木雕、織錦都非常相似。又後墓出《前凉咸安五年衣物疏》，故此件姑作前凉時物。”這説明西域地區墓葬的複雜多樣性。朱先生將墓葬聯繫起來研究，進行打通、繫聯，對我們非常具有啓發性。

③ 參見張顯成《先秦兩漢醫學用語研究》，成都：巴蜀書社，2000年，第46頁。

759（侯、楊 330）："□監倉謹條正領雜穀簿狀。" L. A. Ⅲ. i. 26—沙木826（侯、楊 338）："□今權復減省督將吏兵所食，條所減。" 63TAM1：11《西涼建初十四年（418）韓渠妻隨葬衣物疏》（1—5）："建初十四年八月廿九日高昌郡高縣都鄉孝敬里民韓渠［妻］□命早終，謹條隨身衣裳雜物如右。" 75TKM91：31《北涼義和三年（433）兵曹條知治幢墼文書》（1—63）："馮珍［一］□作墼□埻□治□□韓□近來被□謹條知治幢□□右，事諾□校曹［主］□□；義和三年□主薄識；功曹史悦；典軍主薄嘉；□官善。" 75TKM91：42（a），42（b）《兵曹條往伯芳人名文書二》（1—72）："兵曹掾［張］預、史杜華白：謹條次往白芳守［人］名在右，事諾班示，催遣奉行。校曹主薄彭。" 又作"絛"，《白雀元年衣物疏》[①]："白雀元年九月八日□歸蒿里。絛衣裳□行，不得留難。時見：左□雀，後玄武。□領。□二枚，□銅錢全副。" 72TAM151：16《高昌義和四年（617）役課條》（2—102）："將阿奴下翟黄頭爲麹歡［悦］□［共］人，次將保謙下趙彭伯入田地。義和四年丁丑歲十月十六日二人條。" 60TAM331：12/2《高昌義和六年（619）伯延等傳付麥、粟、床條（二）》（1—356）："唐紹太傳：小麦壹斫，給與白仏救。㊣和六年乙卯歲九月十日條。門下校郎高寶。" 67TAM78：33《唐某年九月府史張道龕領受馬踖抄》（2—60）："□［赤］亭烽帥［馮］懷守烽□馬食踖粁帖［肆］條並□司訖。九月廿九日□［道］龕［領］抄下。" 請比較《史記》卷二一《建元以來王子侯者年表》："諸侯王或欲推私恩分子弟邑者，會各條上。"《後漢書》卷六四《史弼傳》注引謝承《書》："年二十位郡功曹，悉條諸（生）聚斂姧吏百餘人，皆白太守掃跡還縣。"《唐會要》卷八九"泉貨"："（元和）六年二月制：公私交易十

① 黄文弼《吐魯番考古記》，北京：中國科學院，1954 年，第 33 頁。

貫錢已上，即須兼用疋段，委度支鹽鐵使及京兆尹，即具作分數，條流聞奏。”①

【雜色】各類（尤其指絲織品）。《補編》收録的06TAM605：22《前凉咸安五年（377）隗田英隨葬衣物疏》中有“故雜色百匹”。請比較64TAM23：16《高昌延和四年（605）某甲隨葬衣物疏》（1—306）：“綾絹一千段，雜色糸綿一千斤。”73TAM113：1《高昌義和四年（617）缺名隨葬衣物疏》（1—332）：“［白］□布褶一襲，鞾一兩□一，雜色糸一千斤。”73TAM116：19《高昌重光二年（621）張頭子隨葬衣物疏》（1—370）：“錫人具，金錢一万文，銀錢二万，被錦一千張，雜色綾各五百匹。”64TAM15：6《唐唐幢海隨葬衣物疏》（2—20）：“白練一千段，雜色物一万段，黄金白銀盡足。”大谷3425《物價文書》（《大谷》二，圖版一六）：“雜色隔沙壹尺，上直錢拾肆文□夾緑綾壹尺，上直錢拾陸文□”64TAM15：18《唐雜物牲畜帳》（2—37）：“雜色物壹車。”《後漢書》卷八八《西域傳・大秦國》：“刺錦縷繡，織成金縷罽，雜色綾。”北周庾信《謝明皇帝賜絲布等啓》：“奉敕垂賜雜色絲布綿絹等三十段，銀錢二百文。”又請比較斯5804背《僧智弁遣堂子卿送吊儀狀》：“忽聞孟闍梨母亡没，便合奔赴吊問。（中略）白羅壹段，紫絁壹，緋紬壹段，色物叁事，謹遣堂子卿爲奴送赴。”斯2894背《壬申年十二月廿一日親情社轉帖》：“鲜净綾絹色物，三丈。”斯2242《親情社轉帖》：“褐布色物，二丈。”可見“色物”往往爲各種布帛綢緞的總稱②。

【物數】種類數量。《補編》收録的06TAM605：22《前凉咸安五年（377）隗田英隨葬衣物疏》中有“謹條時隨身物數”。請比較63TAM1：11《西凉建初十四年（418）韓渠妻隨葬衣物疏》（1—5）：“謹條隨身衣裳雜物如右。時

① “條”即“一一羅列”，在應用型文書（特别是官文書）裏，非常注重陳述事、交辦事由、處理事由的條理性，因此，應用型文書中表示條理性的術語或套語非常多，比如“列别”，《補編》所收73TAM519：31/1—4，2—1《高昌延壽九年（632）某月十九日侍講馬太岳等傳用刺薪奏》：“□條列用刺薪車數，列别如右，□識奏諸奉行。”有關這一方面的詳細情況，請參見王啓濤《敦煌西域法制文書語言研究》，北京：人民出版社，2016年，第26—31頁。

② 參考張小豔《敦煌書儀語言研究》，北京：商務印書館，2007年，第337頁。

見：左清龍，右白虎，書物數。”63TAM2：1《北凉緣禾六年翟萬隨葬衣物疏》(1—85)：“緣禾六年正月十四日，延壽里民翟万去天入地，謹條隨身衣裳物數如右。”杜佑《通典》卷一百四十九《兵》二“雜教令”引大唐《衛公李靖兵法》：“諸兵士隨軍被袋上，具注衣服、物數，並衣資、弓箭、鞍轡、器仗，並令具題本軍營、州縣、府衛及己姓名，仍令營官視檢押署，營司鈔取一本立爲文案。如有破用，隊頭、火長須知用處，即鈔爲文記，五日一申報營司。如其勘檢衣資，與簿不同，物有剩數，即是偷來。並仰當火隊見有他物，即須勘當，狀送營司。其衣資不上文歷，縱使道失，官不爲理。亦不得遞相寄附。即是盗來，受寄及寄物人併科罪。”“物”指種類。《周禮・夏官・校人》：“辨六馬之屬，種馬一物，戎馬一物，齊馬一物，道馬一物，田馬一物，駑馬一物。”鄭玄注：“謂以一類相從也。”《周禮・地官・牧人》：“牧人，掌牧六牲而阜蕃其物。”孫詒讓正義：“物猶言種類也。”《左傳・昭公九年》：“事有其物，物有其容。”杜預注：“物，類也。”《周禮・春官・保章氏》：“以五雲之物，辨吉凶。”鄭玄注：“物，色也。”《唐律疏議》卷一三《户婚》“輸課税物違期”條疏議曰：“‘輸課税之物’，謂租、調及庸、地租、雜税之類。物有頭數，輸有期限，而違不充者，以十分論，一分笞四十。”

【故】舊，往往指生前，比如生前已經備置好或生前已用過之物，但在隨葬衣物疏中，往往衹具有象徵性意義，並不一定有此實物，即使有，也不一定在數量上有那麼多。《補編》收録的06TAM605：22《前凉咸安五年（377）隗田英隨葬衣物疏》中有“故銀叉四枚”。請比較63TAM1：11《西凉建初十四年（418）韓渠妻隨葬衣物疏》（1—5)：“故縺覆面一枚，故幘一枚，故絹小衫。”79TAM383：1《北凉承平十六年（458）武宣王沮渠蒙遜夫人彭氏隨葬衣物疏》(柳401)：“故雜彩絹九万九千九百九十九匹，故綿九万九千九百九十九斤，故□雜彩綿□囊一枚。”考“故”在西漢即有類似用法，敦煌懸泉置遺址出土西漢《陽朔二年車輂簿》册[①]："□故完可用。□乘，敝可用。"長沙出土《升平五年（361）石質墓券》："故持綺方衣一具，故練梁衣一要，故絹梁衣一要，故練衫二領……故玉豘一雙，故棺材一口。"[②]

【自副】配搭、配套。《補編》收録的 06TAM605：22《前涼咸安五年（377）隗田英隨葬衣物疏》中有"故鏡粉絮自副"。請比較 L. A. VI. ii—侯木 LBT：058（侯、楊 492）："鎧杖自副。"63TAM2：1《北涼緣禾六年翟萬隨葬衣物疏》（1—85）："手中黄糸三丈，銅錢自副。"79TAM383：1《北涼承平十六年（458）武宣王沮渠蒙遜夫人彭氏隨葬衣物疏》（柳 401）："故帛練雞鳴枕一枚，珠□自副。故帛練脚遮一枚，□剪刀一枚，尺自副。□□□□枚，霸（把）自副。"79TAM383：1《北涼承平十六年（458）武宣王沮渠蒙遜夫人彭氏隨葬衣物疏》（柳 401）："故手爪□肆囊自副，故脚爪一囊，碧□自副，故雜彩絹九万九千九百九十九匹，故綿九万九千九百九十九斤，故□雜彩綿□囊一枚，故針旃一枚，帶自副。故銀策一具，通天綾黄囊霸（把）自副，故軒盂一枚，□自副。"請比較"全副"，哈拉和卓出土《白雀元年衣物疏》[③]："銅錢全副。"按：《六韜・虎韜・軍用》："天浮鐵螳螂，矩内圓外，徑四尺以上，環絡自副。"又："材士强弩矛戟爲翼，以五尺車輪，絞車、連弩自副。"[④] 又檢東漢支讖譯《道行般若經》卷九《薩陁波倫菩薩品》："以五百乘車載自重，五百侍女自副。"《法顯傳・竭叉國》："供養都畢，王以所乘馬，鞍勒自副，使國中貴重臣騎之。"《搜神記》卷十六"盧充"條："姻緣始爾，别甚悵恨，今復致衣一襲，被褥自副。"《晉書》卷三三《何曾傳》："賜錢百萬，絹五百匹及八尺床帳，簟褥自副。"請比較《宋書》卷一八《禮志五》："朝服一具，冠幘各

---

① 圖版見胡之主編《中國簡牘書法系列・甘肅敦煌漢簡一》，重慶：重慶出版社，2008 年，第 1 頁。

② 參見湖南省博物館《長沙兩晉南朝隋墓發掘報告》，《考古學報》1959 年第 3 期，第 75—106 頁。又參見周一良《周一良集》第貳卷《魏晉南北朝史札記》第 5 頁。

③ 黄文弼《吐魯番考古記》第 33 頁有《説明》，又見該書圖版一八，圖 21—22。

④ 駢宇騫、李解民、盛冬鈴等譯注《武經七書》將"自副"譯爲"輔助裝備"，北京：中華書局，2007 年，第 449 頁。

一，絳緋袍，皂緣中單衣領袖各一領，革帶袷褲各一，舃、襪各一量，簪導餉自副。”①

2. 語法史價值

《補編》所收録的文書，由於大多數是應用型文書，文書緊扣時代，反映了當時語言的語法風貌。比如量詞，是漢語這種孤立語的典型語法特徵，尤其是到了中古時代，量詞成批量地産生，形成了中古漢語的鮮明特色，今試以《補編》所收文書为考核對象，從量詞的角度，舉三例以證之：

【枚】個、張，用途很廣。《補編》收録的06TAM605：22《前涼咸安五年（377）隗田英隨葬衣物疏》中有“故絳結髪二枚”“故紫結髪一枚”“故絳緋結髪二枚”“故怀祐白縺囊二枚”“故紺綪結髪一枚”“故紺綪結√末一枚”“故银叉四枚”“故疏一枚”“故两耳真珠二枚”“故珊瑚二枚”“故虎瑰一枚”“故白縺手抓囊一枚”“故白縺脚抓囊一枚”“故綵覆面一枚”“故紺綪尖二枚”“故緑綵审一枚”“故同钱二枚”“故蹹臼囊一枚”。請比較59TAM305：8《缺名隨葬衣物疏一》（1—3）：“絳結髪兩枚，鍮鉅釵一雙，白珠一雙。絓覆面一枚，紺綪尖一枚，紫縺枕一枚；白縺衫一領，白絓褌一立，縹絓袴一立。白縺褌一立，紫碧帬一立，白絓襪一立。絳地糸鞓一量，躧麹囊一枚。懷袖囊一枚，黄手糸二兩，銅錢二枚，手脚爪囊各一枚，白絓被一領。”79TAM383：1《北涼承平十六年（458）武宣王沮渠蒙遜夫人彭氏隨葬衣物疏》（柳401）：“故帛練雞鳴枕一枚，珠□自副。故帛練脚遮一枚，□剪刀一枚，尺自副。□□□□枚。”79TAM383：1《北涼承平十六年（458）武宣王沮渠蒙遜夫人彭氏隨葬

---

① 又參考方一新《東漢魏晉南北朝史書詞語箋釋》，合肥：黄山書社，1997年，第188頁。另：此條訓釋，筆者曾經在2021年10月15日—18日於中國人民大學舉行的第十二屆中古漢語國際學術研討會上宣讀，承蒙方先生賜教甚多，謹致謝忱。又請比較《唐六典》卷三“金部郎中員外郎”條：“凡時服稱一具者，全給之；一副者，減給之。（原注：一具者，春、秋給袍一、絹汗衫一、頭巾一，白練袴一、絹褌一、鞾一量並氈；夏則以衫代袍，以單袴代夾袴，餘依春、秋；冬則袍加綿一十兩，襖子八兩，袴六兩。一副者，除襖子、汗衫、褌、頭巾、鞾，餘同上。）”

衣物疏》(柳 401)：“故帛練褥一枚，池緣自副。故竹蕈一枚，緣自副，故梳一枚。”79TAM383：1《北凉承平十六年（458）武宣王沮渠蒙遜夫人彭氏隨葬衣物疏》(柳 401)：“□帛練絹中衣二枚，罥帶自副。”75TKM99：16《苻長資父母墟墓隨葬衣物疏》(1—91)：“故尖一枚，故巢一枚，故疏一枚，故帶○頭二枚，故覆面一枚，故絹宭一枚，故褶一枚，故褌一立，故小褌一枚，故大袴一立，故蹼一枚，故履一枚，故幡一枚，故遮一枚。故○被一枚。絹九疋，布五疋，糸百斤，兔毫豪千束，黄今百斤，銀百斤。故手爪囊各一枚。”86TAM386：19《高昌延和十八年（619）張師兒隨葬衣物疏》(柳 415)：“龍貫一牧（枚），面衣具，涆衫一牧（枚），紫褶具，玉豚一枚（枚），手把具，雞鳴針一牧（枚），脚只具，銀眼龍一牧（枚）。”64TAM23：16《高昌延和四年（605）某甲隨葬衣物疏》(1—306)：“箭刀尺一具，侷牙梳一枚。”64TAM23：16《高昌延和四年（605）某甲隨葬衣物疏》(1—306)：“針一万枚，鳴V鷄枕一枚，手把玉一枚。”60TAM333：08/1—08/4《高昌延和四年（605）宜□隨葬衣物疏》(1—307)：“▭［玉］屯一枚，脚［靡］一枚，若欲求海□□，［若］欲覔海西［辟］，若求覔去□□［海］畔上住。黄▭□□□万文，錢［銀］▭□□□□頭囊一枚，［銀］□帶一枚。”64TAM15：6《唐唐幢海隨葬衣物疏》(2—20)：“婆斯錦面衣一枚。”65TAM42：40《唐缺名隨葬衣物疏》(3—110)：“雞鳴審（枕）一枚。”請比較居延新簡 EPT5：15《破城子探方》：“小槃十三枚，小樽一合，案三枚，小杯三枚，餔比一枚，中槃三枚。”[①] 盧弼《三國志集解》提及曹操遺物，有“床薦席具寒夏被七枚”“奏案大小五枚”“書刀五枚”“琉璃筆一枚”[②]。又請比較中村不折藏元嘉寫經跋：“持世第一。歲在己丑凉王大且渠安周所供養經吴客丹楊郡張烋祖寫用紙十六枚。”[③]由此可見，“枚”從漢代到高昌國末期使

① 彩色圖版見張德芳主編、孫占宇著《居延新簡集釋》(一)，蘭州：甘肅文化出版社，2016 年，第 30 頁。

② 參考周一良：《周一良集》第貳卷《魏晉南北朝史劄記》第 3 頁。

③ 録文依據［日］中村不折著，李德範譯《禹域出土墨寶書法源流考》，北京：中華書局，2003 年，第 34 頁。

用最多，簡直有泛化的傾向，這在出土文獻如居延漢簡和吐魯番出土紙質寫本中體現得非常突出①。

【領】量詞，使用面比較廣，主要用來修飾限制衣物、鎧甲、被子等，多用於上衣，如衫等，相當於“件”。《補編》收録的06TAM605：22《前凉咸安五年（377）隗田英隨葬衣物疏》中有“故紫襦一領”“故絓衫一領”“故白縺衫一領”“故錦两当一領”“故緞被一領”。請比較59TAM305：8《缺名隨葬衣物疏一》（1—3）：“白縺衫一領，白絓褌一立，縹絓袴一立。白縺褌一立，紫碧帬一立，白絓襪一立。絳地糸鞕一量，躧麴囊一枚。懷袖囊一枚，黄手糸二兩，銅錢二枚，手脚爪囊各一枚，白絓被一領。”75TKM91：3/1（b），3/2（b）《北凉缺名隨葬衣物疏》（1—55）：“覆面一枚，褶一領。”OR. 8210/斯6251 Ast. ii. 1. 016—019《北凉玄始九年（420）隨葬衣物疏》（沙、吴 2—320）：“［故］絹衫一領，故縵紫□故絹小□［故］□□褌一立，故□故絹遮一領。”75TKM99：7《建平六年張世容隨葬衣物疏》（1—90）：“故絹蓐一領，故絹被一領，雜色百千匹。”67TAM377：06《高昌乙酉、丙戌歲某寺條列月用斛斗帳歷》（1—400）：“粟肆研伍兜，用買馱被氈壹領。”73TAM113：1《高昌義和四年（617）缺名隨葬衣物疏》（1—332）：“錦襦一領，黄襌□紋綾襌一胥，白綾褶一領。”73TAM222：51《唐軍府甲杖簿》（3—373）：“槍四張。甲五領一鐵，四皮，一皮抽付疎勒軍。”OR. 8212/1518M. Tagh. 0113《唐衣物帳》殘片（沙、吴 2—197）：“蜀衫四領。”64TAM15：6《唐唐幢海隨葬衣物疏》（2—20）：“諸衣農綰一具，白練早衫一領。”73TAM507：014/1《唐隊正陰某等領甲仗器物抄（一）》（2—275）：“［甲］陸領並皮五□一□□伏佐妃。”“領”常常用作上衣的量詞。《荀子·正論》：“衣衾三領。”楊注：“三領，三稱也。”漢荀悦《漢紀·宣帝紀一》：“上賜金錢，繒絮繡被百領。”《世説新語·德行》：“王恭從會稽還，王大

① “枚”在唐代使用面逐漸縮小，張萬起指出：我們查閲了唐代詩人如王勃等30人的詩集作品，没有發現量詞“枚”的用例。參見張萬起《量詞“枚”的産生及其歷史演變》，《中國語文》1998年第3期。

看之。見其坐六尺簟，因語恭：‘卿東來，故應有此物，可以一領及我。’”《魏書》卷一〇三《蠕蠕傳》：“物色錦被二領，黄紬被褥三十具，私府繡袍一領並帽，内者緋納襖一領，緋袍二十領並帽。”《北齊書》卷一三《清河王岳傳》：“家有私兵，並蓄戎器，儲甲千餘領。”在今天的湖南土話中，有12個點“件”説成“領”[①]。

【立】量詞，用於衣物，多用於“褌、褲、裙”等穿於腿上、有腿有脚的衣物，但上身衣物也用“立”，可見並無絶對分别，“立”或作“位”。《補編》收録的06TAM605：22《前涼咸安五年（377）隗田英隨葬衣物疏》中有“故白縺大褌一立”“故白縺小褌一立”“故緋紅一立”“故緋袴一立”“故白縺單帬一立”“故緋碧帬一立”。請比較59TAM305：8《缺名隨葬衣物疏一》（1—3）：“白絓褌一立，縹絓袴一立。白縺褌一立，紫碧帬一立，白絓襪一立。”75TKM96：17《北涼真興七年（425）宋泮妻隗儀容隨葬衣物疏》（1—28）：“故紫襦一立，故華緋帬一立□故白絹褌一立，故白絹小褌一立。”97TSYM1：5背面闞氏《高昌缺名隨葬衣物疏》（榮、李、孟126）：“故履一枚，故中衣一立，故帬一立，故衫一立，故褶一領，故大麺衣一立，故尖一立。”75TKM91：3/1（b），3/2（b）《北涼缺名隨葬衣物疏》（1—55）：“大褌位，小褌一立。”“位”通“立”，自古已然。《逸周書・允文》：“選同氏姓，位之宗子。”朱右曾校釋：“位，立，古通用。”在銀雀山漢簡中亦作“立”[②]。《周禮・小宗伯》：“掌建國之神立。”鄭衆注“立”讀爲“位”，古文《春秋經》“公即立”，《三體石經》亦作“立”。

3. 音韻學價值

《補編》所收録的文書，是漢語西北方音的真實記録，其中的通假字，對漢語語音史研究很有帮助，今試舉一例以證之。

---

① 參考羅昕如《湖南土話中的古語詞》，《古漢語研究》2004年第2期。

② 參見吴九龍《銀雀山漢簡中的古文、假借、俗省字》，載國家文物局古文獻研究室編《出土文獻研究續集》，北京：文物出版社，1989年，第197—224頁，尤其是第199頁。

【真珠】珍珠，此即耳當，耳璫，婦女的耳飾。《補編》所收 06TAM605：22《前凉咸安五年（377）隗田英隨葬衣物疏》有“故蔺耳真珠二枚”。請比較 75TKM96：15《龍興某年宋泮妻翟氏隨葬衣物疏》（1—29）：“故銀釵二枚，故耳中珠四枚。”[①]“真珠”即“珍珠”，“真”在上古屬章母真部，《廣韻》音“職鄰切”，章母真韻開口三等平聲臻攝，“珍”在上古讀端母文部，《廣韻》音“陟鄰切”，知母真韻開口三等平聲臻攝[②]。《補編》所收 06TAM605：22《前凉咸安五年（377）隗田英隨葬衣物疏》中“真”“珍”通用，它説明最遲在公元 377 年，“知”母和“章”母就通用了，這是我們見到“知”“章”通用的最早語料，因此在漢語音韻史上具有重要價值[③]。

4. 文字學價值

《補編》所收録吐魯番出土文書，相當一部分是十六國至高昌國時期的文書，這時候，正是漢字急劇變化的時期，南北朝時期，由於國家的分裂，通用語言文字的推廣普及和約束力有限，漢字的形體與使用産生了鮮明的地域化變體，十六國至高昌國時期，吐魯番受到北魏等影響非常大，但北魏的漢字規範就出現問題，《魏書》卷九一《藝術·江式傳》載延昌三年三月江式上表：“皇魏承百王之季，紹五運之緒，世易風移，文字改變，篆形謬錯，隸體失真。俗學鄙習，復加虚巧，談辯之士，又以意説，炫惑於時，難以釐改。故傳曰，以衆非，非行正。信哉得之於斯情矣。乃曰追來爲歸，巧言爲辯，小兔爲䨲，神

---

① 又請比較 64TAM29：89（a）《唐永淳元年（682）坊正趙思藝牒爲勘當失盗事》（3—341）：“其銅錢、耳當等在廚下。”《後漢書》卷一二〇《輿服志下》：“珥，耳璫垂珠也。”《釋名·釋首飾》：“穿耳施珠曰璫，此本出於蠻夷所爲也。”高麗藏本玄應《一切經音義》卷十七《俱舍論》“耳璫”：“都當反。《釋名》云：‘穿耳施珠曰璫，本出西戎也。’”

② 郭錫良《漢字古音手册》（增訂本），北京：商務印書館，2011 年，第 362 頁。

③ “知”“章”通用，我們在高昌國時期的文書中找到一例，72TAM151：51《高昌甶子中布帛雜物名條疏》（2—105）：“飲水馬錦鎮二，碎錦五戀，小斤二，同旱三，路囊二。”唐長孺主編圖録本《吐魯番出土文書》（2—105）注“鎮”爲“枕”，是。與此件文書同墓所出有紀年者，起高昌延和八年（609），止高昌義和五年（618），所以此件文書也可能是這一時段的文書。參見唐長孺主編圖録本《吐魯番出土文書》（2—85）。廖名春先生認爲吐魯番文書中的“知”“章”通用最早時間爲公元 618 年（參見氏著《中國學術史新證》，成都：四川大學出版社，2005 年，第 377 頁），比我們的結論晚了 241 年。

虫爲蠶，如斯甚衆，皆不合孔氏古書、史籀大篆、許氏《説文》《石經》三字也。凡所關古，莫不惆悵焉。嗟夫！文字者六藝之宗，王教之始，前人所以垂今，今人所以識古，故曰‘本立而道生’。孔子曰：‘必也正名乎。’又曰：‘述而不作。’《書》曰：‘予欲觀古人之象。’皆言遵修舊史而不敢穿鑿也。”[①]《顔氏家訓·雜藝》：“北朝喪亂之餘，書迹鄙陋，加以專輒造字，猥拙甚於江南。乃以百念爲憂，言反爲變，不用爲罷，追來爲歸，更生爲蘇，先人爲老，如此非一，徧滿經傳。”[②] 今人王利器集解：“《職官分紀》十五引韋述《集賢注記》載開元十九年集賢院四庫書中古代書云：‘齊、周書紙墨亦劣，或用後魏時字，自反爲歸（案：《龍龕手鑒》三《自部》：皈，音歸。）文子爲字，欠畫爲點，應三反四，又無當時名輩書記。’《蘇氏演義》上：‘袛如田夫民爲農（案：《龍龕手鑒》一《田部》有畓字，音同。）百念爲憂，更生爲蘇，兩隻爲雙，神虫爲蠶，明王爲聖（案：《龍龕手鑒》三《玉部》：𤣩，古文，音聖。即此字。）不見爲覔（《龍龕手鑒》三《見部》作覔）美色爲豔，囗王爲國（案：《龍龕手鑒》一囗部：国，俗，邦國也。正作國。）文字爲學，如此之字，皆後魏流俗所撰，學者之所不用。’顧炎武《金石文字記》亦就後魏孝文帝《弔比干墓文》記其別構字。諸所言北朝俗字，可以互參。近人乃有《碑別字》《碑別字補》之作，可備觀焉。又案：《魏書·世祖紀》：‘始光二年，初造新字千餘，頒下遠近，永爲楷式。’則顔氏所斥爲‘專輒造字’者，特其一隅耳。”[③] 以上情況在《補編》所收文書中有鮮明的體現，文書中文字的新造、形符或聲符省略、繁化等現象，非常普遍，從高昌郡到高昌國，文字五彩繽紛，甚至五花八門，對於記載漢語，肯定會帶來負面作用，而到了唐平高昌、建立西州後，這一現

---

① 引文據（北齊）魏收《魏書》，北京：中華書局，2017 年，第 2128—2129 頁。“巧言爲辯”，《龍龕手鑒》一《言部》：“䛒，古文辨字。”在敦煌文獻斯 779V《大蕃沙洲釋門教授和尚洪辯修功德》題記中以及斯 530《大唐沙洲釋門索法律義辯和尚修功德記碑》中有“䛒”字；“小免爲覨”，《龍龕手鑒》一《兒部》：“覨，於盈反，覨兒。”“神虫爲蠶”，《龍龕手鑒》二《䖵部》：“蚕，古，昨含反，吐絲虫也。”

② 引用文字據王利器《顔氏家訓集解》（增補本），北京：中華書局，1993 年，第 576—577 頁。

③ 王利器《顔氏家訓集解》（增補本），第 576—577 頁。

象得到有效的遏制，明顯地整齊劃一，更加規範化了，這説明大唐帝國對唐西州的管理是强有力的，今略舉五例以證之。

【鞓】履，鞋。該字《漢語大字典》《漢語大詞典》《敦煌俗字典》均未收[①]，可見是一個典型的局部地域通行字。《補編》收録的06TAM605：22《前凉咸安五年（377）隗田英隨葬衣物疏》中有“故五色糸鞓一莔”。追尋這個字的造字理據，左邊的“革”，意味着其材質是皮革，右邊的“里”是聲符，則説明在高昌郡時期的吐魯番，“里”“履”已經同音[②]。請比較63TAM1：11《西凉建初十四年（418）韓渠妻隨葬衣物疏》（1－5）：“故鞓一量。”2004TAM408：17《令狐阿婢隨葬衣物疏》（榮、李、孟20）：“故糸鞓一枚。”59TAM305：8《缺名隨葬衣物疏一》（1—3）：“絳地糸鞓一量。”（非常有趣的是，在此件文書出土的墓中，出土了“絳地絲履”實物，以黄、紅、醬色以及原色絲綫織成。鞋臉作獸面紋，極爲工細，色彩素雅大方，搭配和諧，絳紫色底面色澤均匀，醬色條紋濃淡相宜。體現了我國古代絲織工匠的染色技藝及配色技巧的高超水準。從“絳地絲履”質料、色彩來看，裝飾黄邊，是代表皇親貴族穿的絲織品，“絳地絲履”編織技法不同於“織成履”，“織成履”從工藝、錦的織造、款式來看都是來源於中原[③]。考“鞓”從“里”聲，來母止韻開口三等上聲止攝，而“履”屬來母旨韻開口三等上聲止攝[④]，二字均屬止攝，可見止、旨代用現象最遲在公元377年的吐魯番出土文書已經出現，廖名春先生

① 徐中舒主編《漢語大字典》，成都：四川辭書出版社，2010年；羅竹風主編《漢語大詞典》，上海：上海辭書出版社，2011年；黄征《敦煌俗字典》第二版，上海：上海教育出版社，2020年。

② 关於“履”，請比較睡虎地秦墓竹簡《封診式》：“男子西有鬈秦綦履一兩，去男子其一奇六步，一十步；以履履男子，利焉。”

③ 參考殷福蘭《瑰麗的國寶——織成履》，收入殷晴主編《吐魯番學新論》，烏魯木齊：新疆人民出版社，2006年，第956—957頁。

④ 以上二字的讀音據郭錫良《漢字古音手册》（增訂本），北京：北京大學出版社，2011年，第83頁、第119頁。

原定公元384年，又可提前7年[①]，又考《方言》四："絲作之者謂履；麻作之者謂之不借，粗者謂之屨。"在高昌國時期，"履""�"交互使用，此爲過渡階段，到了唐西州時期的文書，初唐见"里"，不見"�"，説明其渐进过程。但初唐以後，"�""里"少見，逐步退出歷史舞臺，更多的是使用"履"，這説明唐平高昌後，吐魯番在漢字使用上與中原一體化，更加規範化了。另外，"�"不作動詞，動詞衹有"履"。吐魯番出土文獻又有"跟履"，即一種鞋；"根履"即跟履；又有"根里"，即跟履；"艮里"即跟履。72TAM205：2《高昌重光元年（620）缺名隨葬衣物疏》（1－360）："脚靡一具，穴跟履一兩，白絹褶衫一具，手衣一具。"73TAM116：19《高昌重光二年（621）張頭子隨葬衣物疏》（1－370）："穴［根］履一兩。"72TAM151：6《高昌重光元年（620）氾法濟隨葬衣物疏》（2－85）："諸衣籠管一具，脚靡具，穴根里具，手把玉豚一雙。"2004TMM102：4＋2004TMM102：6《唐顯慶元年（656）西州宋武歡移文》（榮、李、孟104）："移文。脚靡一具，脚敊一枚，穴艮里一具，根袴一具。"北齊顔之推《顔氏家訓·勉學》："駕長簷車，跟高齒屐。"王利器集解："黄本及《少儀外傳》'跟'作'躡'，盧文弨曰：'跟，古痕切，《説文》足踵也。《釋名》曰：足後曰跟。'依此文則當有著義，或字當爲跟也。"[②] 杜甫《短歌行贈王郎司直》："西得諸侯棹錦水，欲向何門跟珠履？"劉子翬《蘇文卿傳》："夜織履靸，堅過革舄，人争買之。"）"跟履"指鞋子。唐李商隱《行次西郊作一百韻》："忤者死跟履，附之升頂顛。""履"與"里"通。"履"在《廣韻》音力幾切，上聲旨韻來母，"里"《廣韻》良士切，上聲止韻來母，

① 參考廖名春《中國學術史新證》，成都：四川大學出版社，2005年，第381－383頁。在吐魯番出土文書中，還有"理"通"履"的現象，2006TSYIM4：4《北涼趙貨隨葬衣物疏》（榮、李、孟172）："故手脚爪囊二枚，故黑理一兩，故絹被一具。"關於此件文書的时代，同墓出土2006TSYIM4：1《北凉缘禾二年（433）高昌郡高宁县赵货母子冥讼文書》（荣、李、孟170），同墓女性纸鞋还拆出前秦建元二十年（384）户籍等。"理""履"通用，在高昌国依然如此，请比较75TKM90：19《高昌阿苟母隨葬衣物疏》（1－116）："故蹹毰囊一枚，故理一枚，故被一枚，故褥一枚。"考"理"在《廣韻》中音良士切，來母止韻開口三等上聲止攝（郭錫良《漢字古音手册》增補本第83頁）。

② 《顔氏家訓集解》（增補本）第150頁。

在吐魯番出土文書中，旨、止相通，其例甚多①。從考古資料來看，履多指平頭鞋，往往由絲、麻織成，類似後世的草鞋②。

【縺】練，熟絹，又寫作“連”，这一意义和用法《漢語大字典》《漢語大詞典》《敦煌俗字典》均未收③，可見是一個典型的局部地域通行字④。“縺”應該是“練”的繁化字。《補編》收録的06TAM605：22《前凉咸安五年（377）隗田英隨葬衣物疏》中有“故白縺小褌一立”“故白縺大褌一立”“故白縺單帬一立”“故白縺手抓囊一枚”“故白縺脚抓囊一枚”。請比較59TAM305：8《缺名隨葬衣物疏一》（1—3）：“紫縺枕一枚，白縺衫一領，白絓褌一立，縹絓袴一立，白縺褌一立。”2006TSYIM4：4《北凉趙貨隨葬衣物疏》（榮、李、孟172）：“故白縺覆面一枚，故縺繻一枚，故縺兩當一枚，故絹衫一枚，故絹單衣一枚，故縺褌一立，故絓小褌一立，故縺羣一立，故手脚爪囊二枚，故黑理一兩，故絹被一具。”63TAM2：1《北凉緣禾六年翟萬隨葬衣物疏》（1—85）：“故帛練覆面一枚，故帛尖一枚，故綪尖一枚。”（“帛練”

---

① 詳參廖名春《中國學術史新證》第381—382頁。

② 參考武敏《吐魯番考古資料所見唐代婦女時裝》，收入殷晴主編《吐魯番學新論》，烏魯木齊：新疆人民出版社，2006年，第314—326頁。關於吐魯番文書的地域造字，張涌泉師此前已經注意到了，如“𣁬”爲“十斗”，連書便成“𣁬”。《説文・斗部》：“斛，十斗也。”參考張涌泉《〈吐魯番出土文書〉辨誤舉隅》，《西域研究》1992年第3期；張涌泉《漢語俗字研究》增訂本，北京：商務印書館，2016年，第359—363頁。

③ 衹收録了另外三種意義，一是“絲綫糾結不解”，引用例證爲《玉篇・糸部》：“縺，縷不解。”《集韻・先韻》：“縺，縺縷不解”；二是一種漁網，引用例證爲清黄叔璥《台海使槎録・雜著》：“大繒斷流，修縺橫海。”三是同“連”，引用例證爲《康熙字典・糸部》：“縺，又《集韻》力延切，音連，義同。”參見徐中舒主編《漢語大字典》，成都：四川辭書出版社，武漢：湖北辭書出版社，2010年，第3662—3667頁；羅竹風主編《漢語大詞典》第九卷，上海：上海辭書出版社，2011年，第960頁。趙紅《吐魯番俗字典》（上海：上海辭書出版社，2019年，第296頁）有收録。

④ 又考“連”“縺”在《廣韻》中同屬平聲仙韻來母。而“連”在《集韻》中又音郎旰切，去聲換韻來母；“練”在《廣韻》中音郎甸切，去聲霰韻來母。語音非常接近。所以“連”“縺”“練”三字在語音上的關係是可以溝通的。

即白練，故“帛尖”即帛縺尖，白練尖[①]。）60TAM313：07/2《高昌章和十八年（548）缺名隨葬衣物疏》（1－288）：“白連□□□具。”75TKM96：15《龍興某年宋泮妻翟氏隨葬衣物疏》（1－29）：“故帛縺尖一枚，故紺綪尖一枚，故帛縺衫一［領］。”66TAM62：5《北凉緣禾五年隨葬衣物疏》（1－47）：“帛縺根一枚。”72TAM170：77《高昌章和十八年（548）光妃隨葬衣物疏》（1－144）：“履一雙，帛練中衣一枚。”73TAM517：24《高昌延昌三十七年（597）武德隨葬衣物疏》（1－255）：“白練褌衫一具，被錦一百張。”72TAM151：14《高昌義和元年（614）高懷孺物名條疏》（2－90）：“白練叁拾段，紫綾壹領，黄練裹，黄綾［壹］，白練裹。”73TAM206：42/10－7《唐質庫帳歷（?）（一一）》（2－336）：“白練汗衫一（按：旁邊有“輊”或“輕”字），故緋絁被表一。”64TAM15：6《唐唐幢海隨葬衣物疏》（2－20）：“郊具帶一具，白練手巾一，白拖壹子一，水牛角把刀一具。”64TAM29：44之四《唐咸亨三年（672）新婦爲阿公録在生功德疏》（3－337）：“帛練單袴一腎，帛練汗衫一領，帛練褌一腎，細絲襪一量。”64TAM29：113《唐□伏威牒爲請勘問前送帛練使男事》（3－356）：“前送帛練使王伯歲男，曹。”71TWM1：2《唐至德二載（757）張公買陰宅地契》（4－601）：“帛練五十疋，謹於五土將軍買宅地一段，東西南北，各廿步。”我們注意到，高昌國時期，“縺”“練”交互使用，到了唐代，“縺”不再使用，而使用“練”，可見，唐平高昌後，在文字上也與中原一樣，更加規範化了。考張籍《凉州詞》：“邊城暮雨雁飛低，蘆筍初生漸欲齊。無數鈴聲遥過磧，應駄白練到安西。”

---

① 《淮南子·説林訓》：“墨子見練絲而泣之，爲其可以黄，可以黑。”高誘注：“練，白也。”而“帛”通“白”。“帛”在《廣韻》中音傍陌切，入聲陌韻並母，“白”在《集韻》中音博陌切，入聲陌韻幫母。衹是聲紐的清濁有異，故可通用。“帛”“白”相通，自古已然。《禮記·玉藻》：“親没不髦，大帛不綏。”鄭玄注：“帛，當爲白。聲之誤。大帛，謂白布冠也。”《詩·小雅·六月》：“織文鳥章，白旆央央。”孔穎達疏：“言白旆者，謂絳帛。”陳奂傳疏：“白旆，《正義》本作‘帛茷’。”《管子·輕重戊》：“民被白布。”戴望校正：“白，帛假字。”《後漢書》卷八六《南蠻西南夷傳·哀牢》：“土地沃美，宜五穀、蠶桑。知染綵文繡，罽㲣帛疊，蘭幹細布，織成文章如綾錦。”李賢注引《外國傳》曰：“諸薄國女子織作白疊花布。”

【叉】“釵”的省写。《補編》收録的06TAM605：22《前凉咸安五年（377）隗田英隨葬衣物疏》中有“故叉四枚”。請比較73TAM517：25《高昌延昌三十一年（591）缺名隨葬衣物疏》（1—254）：“頭結一枚，銀釵二雙。”

【疏】梳。吐魯番出土文書中的名物詞，在書寫上往往不止一種寫法，這種書寫，不是任意的，往往是同族字詞的關係，甚至帶有存古的色彩。《補編》收録的06TAM605：22《前凉咸安五年（377）隗田英隨葬衣物疏》中有“故疏一枚”。請比較63TAM1：11《西凉建初十四年（418）韓渠妻隨葬衣物疏》（1—5）：“故木疏一枚。”75TKM99：7《建平六年張世容隨葬衣物疏》（1—90）：“故綁結髪一枚，故紺績結髪一枚，故釵一枚，故木疏一枚。”2006TSYIM4：8《北凉缺名隨葬衣物疏》（榮、李、孟174）：“棗疏一枚，紺汆一枚，帛縺汆一枚。”59TAM302：35/5《高昌缺名（女）隨葬衣物疏》（2—179）：“箭刃、釵疏具▭具。□□繡靴具，皇今千斤▭縱［具］，［車］牛畜乘具▭”73TAM113：1《高昌義和四年（617）缺名隨葬衣物疏》（1—332）：“［炣］支糊粉具，僞牙疏一。”伯2567v《癸酉年（793）二月沙洲蓮台寺諸家散施歷狀》：“碁子一副，牙疏子一，青銅鏡二，活鏡一十五。”又有“梳”，請比較67TAM88：12《高昌延昌七年（567）牛辰英隨葬衣物疏》（1—198）：“右黄棺一口，右釵一枚，右髻一枚，右鏡一枚，右脂粉具，右梳一，右扳天糸万々九千三千三百丈。”72TAM169：42《高昌延昌十六年（576）信女某甲隨葬衣物疏》（1—208）：“剪刀尺一具，僞牙梳一具。針氈并針□悉具，雜色錦一百段。”64TAM23：16《高昌延和四年（605）某甲隨葬衣物疏》（1—306）：“箭刀尺一具，僞牙梳一枚，佃支胡分具。”86TAM386：23《高昌延壽十四年（637）張師兒妻王氏隨葬衣物疏》（柳416）：“箭、刀尺一具，銀牡文刀子一口，細針百枚，並針氈具，五色糸綖各百兩，僞牙梳十，黄陽梳十，被錦五十張。”64TAM24：29《唐翃連、武通家書》（2—175）：“多冨新婦在後去時，［有］白陵五尺，用作阿婦信；胡妝二兩，梳三箇，細針四十箇，五色絲綖一兩，用作兩箇女信。語阿姊阿嫂兩箇。［憶］翃蓮時好慈孝者，阿婦兩□□□□”[①] 73TAM210：136/1《唐居太夫人隨葬衣物疏》(3—35)：“頭髮五十兩，釵梳廿具。”[②]“疏”通“梳”。居延新簡 E. P. T52：332：“布複襲一予。疎比一予。槖一□□□□韋絝一予，鏡一予，槖一予□□□□布單襦一予，巾一予□□□□，□槖一予□□□□”《急就篇》卷三：“鏡奩疏比各異工。”顔師古注：“櫛之大而麤，所以理鬢者，謂之疏，言其齒稀疎也；小而細，所以去蟣虱者謂之比，言其齒密比也，皆因其體而立名也。”《補》：“《漢·匈奴傳》：‘比疎。’《史記》作‘比餘’。《蒼頡篇》：‘靡者爲比，麤者爲疏。’《説文》：‘疏，理髮也。’《廣雅》：‘比，櫛也。’《長楊賦》：‘頭蓬不暇疏。’《後漢·章帝諸王傳》：‘頭不枇沐。’《玉藻》云：‘髮晞用象櫛。’櫛，疏比之總名。《詩》：‘其比如櫛。’”《釋名·釋首飾》：“梳，言其齒疏也。數言比，比於疎，其齒差數也。比言細相比也。”可见“梳”得名於“疏”。《漢書》卷九四上《匈奴傳上》“比梳一”之“梳”，文淵閣四庫本作“疎”，《北史》卷四五《張讜傳》之“不能梳沐”之“梳”，監本作“疏”。據考古發現，戰國以後，梳子的材質主要以骨、玉、銅及象牙爲主，從戰國到魏晉南北朝以竹、木爲主，尤其以木質爲主[③]。我們注意到：在高昌郡時代，衹用“疏”，在高昌國時代，“疏”“梳”交互使用，而到了唐平高昌後，衹使用“梳”，可見，唐西州時期的吐魯番，在國家通用文字—漢字的使用上，更加整齊劃一，規範化了。

【帬】裙，下裳，此形體從高昌郡延續到高昌國時期，在北凉时期的吐魯

---

① 此件文書應該爲初唐文書，關於其墓葬背景與同墓文書，唐長孺主編圖録本《吐魯番出土文書》“説明”(2—168)：“本墓爲合葬墓，無墓誌及隨葬衣物疏。‘男屍’實爲一布包草人，先葬。此草人紙鞋拆出三二至三五號文書，其中有紀年者爲高昌延昌酉歲，女屍後葬，其紙鞋拆出二六至三一號文書，有紀年者爲唐貞觀二十年(648)至永徽二年(651)。”

② 此件文書應該爲初唐文書，關於其墓葬背景與同墓文書，唐長孺主編圖録本《吐魯番出土文書》“説明”(3—35)：“此墓當作唐初。”“其餘文書有紀年者，最早爲唐貞觀二十三年(649)。”

③ 参見勞榦《漢晉西陲木簡新考》，中國臺北：“中央”研究院歷史語言研究所，1999年，第24頁；高春明《中國服飾名物考》，上海：上海文化出版社，2001年，第122—124頁；杜朝暉《釋“襪肚”》，《中國典籍與文化》2005年第4期，第115—119頁。又參見杜朝暉《敦煌文獻名物研究》，北京：中華書局，2011年，第37—39頁。

番出土文書中，又作“羣”，在高昌國時期的文書中，作“裠”“襌”“裙”“裙”“宭”“群”“帬”。《補編》收録的 06TAM605：22《前凉咸安五年（377）隗田英隨葬衣物疏》中有“故緋碧帬一立”“故帛縺單帬一立”。請比較 63TAM2：1《北凉緣禾六年翟萬隨葬衣物疏》（1—85）：“故帛練大褌一立，故帛練袴一立，故帛練帬一立。”2004TAM408：17《令狐阿婢隨葬衣物疏》（榮、李、孟 20）：“故緋碧帬一領。”72TAM169：42《高昌延昌十六年（576）信女某甲隨葬衣物疏》（1—208）：“紫褁褶□□綾帬一具，白練褌衫一具，錦帬褶一具。”又請比較 2006TSYIM4：4《北凉趙貨隨葬衣物疏》（榮、李、孟 172）：“故縺羣一立。”72TAM205：2《高昌重光元年（620）缺名隨葬衣物疏》（1—360）：“白絹裠衫一具。”73TAM113：1《高昌義和四年（617）缺名隨葬衣物疏》（1—332）：“黃襌 ☐ 紋綾襌一誓，白綾褶一領，白綾裠一誓。［白］ ☐ 布裠一誓。”60TAM312：017/1《高昌諸寺僧尼財物疏（一）》（1—472）：“☐ 寺寶葉布裠。”75TKM99：16《苻長資父母墟墓隨葬衣物疏》（1—91）：“故覆面一枚，故絹宭一枚。”64TAM31：12《高昌重光元年（620）信女某甲隨葬衣物疏》（1—358）：“重光元年庚辰歲二月朔乙未日，釵結一具，黃陵群。”72TAM169：82/1（a）《高昌僧僧義等僧尼財物疏（一）》（1—209）：“法顯帬一口三百丈。”60TAM313：07/2《高昌章和十八年（548）缺名隨葬衣物疏》（1—288）：“溧袘帬儒□□帬儒一具。”60TAM335：10《高昌延昌三十二年（592）缺名隨葬衣物疏》（1—253）：“錦千張。絹万疋。百綾百匹，細布百匹，細疊百匹，百淩裙褶一具，井淩裙褶一具，細布裙衫一具，奴婢十具。”66TAM48：3《高昌義和四年（617）六月缺名隨葬衣物疏》（1—336）：“錦繻黃裠一具，褶綾綺襦一具，白綾裠褶一具，釵髻粈 枝胡粉、箭刀、尺一具。”我們注意到：到了唐西州時期，衹作“裙”，64TAM29：44 之一《唐咸亨三年（672）新婦爲阿公録在生功德疏》（3—334）：“去年十二月廿三日，請廿僧乞誦，並施馬一疋与佛。將黃紬綾袍裙一［領］（下殘）懺悔出罪。”73TAM206：42/10—6《唐質庫帳歷（一〇）》（2—335）：“故破白絹衫子一，破縵青單裙替衫去。”亦可證高昌郡與高昌國時期紛繁複雜的文字形式，到了唐平高昌後，經過規範化，整齊劃一了。考“帬”同“裙”，即下裳。《説文·巾部》：“帬，下裳也。”《集韻·文韻》：“帬，亦書作裙。”錢大昕《十駕齋養新録》卷六“緹裙”條：“《南齊書·始安王遥光傳》：‘緹裙可望，天路何階？’‘裙’當作‘羣’。《續漢書·五行志》：‘王莽末，天水童謡曰：出吴門，望緹羣。見一蹇人，言欲上天，令天可上，地上安得民。時隗囂起兵天水，欲爲天子，遂破滅。囂少病蹇，吴門，冀郭門名也。緹羣，山名也。’遥光亦病躄，故以隗囂况之。《郡國志》天水郡冀縣有緹羣山。”① 檢睡虎地秦墓竹簡《封診式·賊死》：“衣络禪襦、帬各一。”《樂府詩集·相和歌辭三·陌上桑》：“緗綺爲下帬，紫綺爲上襦。”而“䙍”是“帬”的偏旁繁化字。“䙍”又是“帬”的俗寫形式。宭，《廣韻》渠雲切，平文群，又舉雲切，諄部。因此與“帬”通。“䙖”是“䙍”“裙”的異體，“羣”即“群”，通“裙”，“帬”即“帬”的省文。我國古代男女均着裙，吐魯番阿斯塔那 304 號墓曾見唐代男性死者下身繫絞纈裙，女性往往是齊胸曳地長裙。從出土情况看，唐代女裙有以下三式：一種是二間色裙外罩紗裙；二種是六破、八破喇叭口形長裙；三種是四至五幅直縫裥折裙。有關女裙的名目，或據質料，或以色彩花紋等指稱。比如“絳碧”“紫碧”“丹碧”應指二間色裙，紗、綾、羅並指織物，“複裙”當指有裏之夾裙，雙裙可能即裙外套紗裙②。

---

① 引用文字據程羽黑《十駕齋養新録箋注》，上海：上海書店出版社，2015 年，第 166 頁。

② 參考武敏《吐魯番考古資料所見唐代婦女時裝》，原載《西域研究》1992 年第 1 期，第 62—75 頁，後收入殷晴主編《吐魯番學新論》，烏魯木齊：新疆人民出版社，2006 年，第 314—326 頁。

三、朱雷先生整理吐魯番出土文獻的成就

朱雷先生是著名歷史學家，他的歷史學成就是建立在文獻學基礎上的，因此，他也是杰出的文獻學家。現在我們從《補編》一書出發，將視野擴大到朱先生一生的學術研究論著，較爲全面地總結一下朱先生在歷史文獻學方面的成就。我們認爲朱先生的成就主要體現在以下七個方面：

（一）從語言文字學角度整理與研究文獻

朱雷先生極爲重視從語言文字學角度整理與研究歷史文獻，早在 2012 年，朱先生就指出："唐長孺師以其深厚而廣泛的學識，繼承了'乾嘉之學''義寧之學'，因而能自然游刃於歷史學和語言文字學之間，但更多的後學晚輩，或稍長於歷史學，或稍長於語言文字學，而難於二者兼備。以自身而言，或略長於史，却無語言文字的科班訓練，但凡撰文碰到語言文字障礙，雖知查閲有關前人成果，但總覺得衹知其然而不知其所以然，每每拜讀蔣禮鴻先生的《敦煌變文字義通釋》，深感我輩無知，而有豁然開朗之感。但看某些語言文字工作者之成果，又感其於歷史典章制度有缺。"① 這當然是朱雷先生的謙遜之辭。但是，他語重心長地叮囑後學者：治歷史文獻，必須雙管齊下，既要有語言文

① 朱雷先生爲拙著《吐魯番出土文獻詞典》（成都：巴蜀書社，2012 年）所作《序》。

字學的功底，又要有歷史學的功夫，確實是至理名言。

朱雷先生對語言文字學的高度重視，是與他的老師唐長孺先生的影響分不開的，我們曾經對唐長孺先生的論著進行全面考察，從七個方面論述唐先生在語言文字學上的杰出貢獻：一、將語言史和政治史相互觀照；二、將詞的本義、引申義和術語義綜合考察；三、將俗字與寫本符號作爲重要的研究对象；四、將名物訓詁視爲文獻整理的重要一環；五、將通假作爲探究字義的重要手段；六、將方音考察與古音演變研究相結合；七、將語言文字作爲史料斷代的證據。我們得出結論：唐先生繼承了乾嘉之學和義寧之學的優良傳統，畢生學術以語言文字學爲根底，善於從詞的本義、引申義、假借義角度考察語義脉絡，善於從微觀、中觀、宏觀層面考論史實真相①。朱雷先生是繼承了唐先生這一傳統的。

由於一切文獻都是以語言文字爲載體，所以，在中國文獻學史上，一直有重視語言文字學的傳統，語言文字學被稱爲“小學”，這本身就意味着它是學者們的“童子功”，早在先秦時代，就産生了《爾雅》《史籀篇》這樣的語言文字學著作，它們是閱讀古文獻的津梁，也是童蒙識字課本。漢代的古文經學非常强調從語言文字的角度切入經典，這一傳統到了清代的乾嘉學派更加深入人心。王念孫《説文解字注序》言：“訓詁聲音明而小學明，小學明而經學明。”段玉裁《王懷祖廣雅注序》言：“小學有形、有音、有義，三者互相求，舉一可得其二。有古形，有今形，有古音，有今音，有古義，有今義，六者互相求，舉一可得其五。古今者，不定之名也。三代爲古，則漢爲今，漢魏晉爲古，則唐宋以下爲今。聖人之制字，有義而後有音，有音而後有形，學者之考字，因形以得其音，因音以得其義。”張之洞《書目答問補正》亦言：“由小學入經學者，其經學可信；由經學入史學者，其史學可信；由經學史學入理學者，其理學可信；以經學史學兼詞章者，其詞章有用；以經學史學兼經濟者，

---

① 參見王啓濤《絲綢之路新探》第六章《從乾嘉之學到義寧之學——唐長孺先生在語言文字學領域的貢獻》，北京：社會科學文獻出版社，2021年，第290—355頁。

其經濟成就遠大。”正是在前人的基礎上，朱雷先生總結道：“乾嘉諸老之治學方法，完全可用於治敦煌吐魯番學。”① 朱先生又指出：“由於吐魯番文獻來自千年以前的官府和民間，文書擬定者、抄寫者和閱讀者的文化程度參差不齊，其中的俗字別字數不勝數，加之方言俗語、文言古語、行業術語、體裁套語連篇累牘，從而導致文史領域和詞典編纂領域對其誤録、誤釋和誤注，郢書燕説，時常發生，所以，從語言文字學入文獻學，其文獻學可信。”②

歷史文獻愈古老，語言文字學就愈重要，這是因爲歷史文獻産生於遥遠的古代，時有古今，地有南北，那時候的語言文字系統已經不易被今人識讀，加之傳世文獻在歷代的傳寫刊刻中有意無意地被改動而失其本真，出土文獻又因書寫者文化水準的參差不齊以及地下保存環境的各不相同而殘缺不全。因此，我們必須首先下一番文字、聲韻、訓詁功夫，將文獻中字、詞、句的本義搞清楚。中國古代的學者，特别是清代的乾嘉學派，一直堅守這樣的優良傳統，直到近現代，王國維、陳寅恪等學術大師都有非常富厚的語言文字學功力，甚至本身就是一流的語言文字學家，這一傳統在 21 世紀的今天，依然具有非常重要的現實意義。

朱雷先生從語言文字學角度整理與研究歷史文獻學，精彩紛呈，謹以“莫名”“不”“貲”之訓釋爲例以證明之。

【莫名】“莫”通“冒”，“莫名”即“冒名”。《補編》所收 06TAM605：22《前凉咸安五年（377）隗田英隨葬衣物疏》：“咸安五年三月十八日，大女尊□士隗田英［薄］［命］早終，謹條時隨身物數，人不得莫［名］，若莫名者，時知見：左清龍、右白虎，前□雀，後玄□▭”③ “莫”，朱雷先生注釋爲

① 朱雷《求其真義，集其大成——王啓濤〈吐魯番出土文獻詞典〉評介》，《光明日報》2014年5月6日。

② 引文同上。

③ 又有“無名”，不得認領爲己物。66TAM62：5《北凉緣禾五年隨葬衣物疏》（1—47）：“清尖一枚，兩當一枚，紫孺（襦）一枚，帛縺根一枚。黄紺裙一枚，連綵一枚，鞸一枚，手爪囊一枚，合究囊一枚，懷右囊。緣禾五年六月廿三日謹條衣裳物在右而無名者，急如律令。”

“冒”，甚是。到了唐代，更多説成“冒名”，請比較64TAM29：24《唐垂拱元年（685）康義羅施等請過所案卷（四）》（3—349、350）：“保人庭伊百姓康阿了[　　]，保人伊州百姓史保年卌[　　]（引者按：末尾有畫指），保人庭州百姓韓小兒年卌[　　]E（引者按：末尾有畫指），保人焉耆人曺不那遮年[　　]E，保人高昌縣史康師年卅五[　　]E；康尾義羅施年卅，作人曺伏磨[　　]婢可婢支，驢三頭，馬一匹[　　]，吐火羅拂延年卅，奴突蜜[　　]奴割邏吉，驢三頭[　　]吐火羅磨色多[　　]奴莫賀咄[　　]婢頡，［婢］[　　]駞二頭，驢五［頭］，（下殘）何胡數剌，作人曺延那，（下殘）驢三頭——康紇槎，男射鼻，男浮你了，作人曺野那，作人安莫延、［康］[　　]婢桃菜，驢一十二頭——阿了辯：被問得上件人等牒稱，［請］[　　]家口入京，其人等不是壓良[　　]冒（?）名假代等色以不者？謹審：但了[　　]不是壓良假代等色，若後［不］□求受依法罪，被問依實謹□。垂拱元年四月 日連亨□。”又請比較《十六國春秋輯補·前燕録六·慕容暐》：“時有司奏中山蒲陰劉洛，縣差充役，弟興私代，背軍逃歸，州以本名捕斬。興詣郡列稱，逃是興身，請求代洛死。洛又因陳己實正名，宜從憲辟。兄弟争命，詳刑有疑。暐曰：‘洛應徵輒留，興冒名逃役，俱應極法，但兄弟競死，情義可嘉，宜特原之。’”《唐律疏議》卷八《衛禁》“冒名守衛”條：“諸于宫城門外，若皇城門守衛，以非應守衛人冒名自代及代之者，各徒一年。”又請比較《唐律疏議》卷八《衛禁》“不應度關而給過所”條：“諸不應度關而給過所，若冒名請給過所而度者，各徒一年。”疏議曰：“不應度關者，謂有征役番期及罪譴之類，皆不合輒給過所，而官司輒給。及身不合度關，而取過所度者，若冒他人名，請過所而度者，各徒一年。”又請比較《唐律疏議》卷二四《鬥訟》“投匿名書告人罪”條：“諸投匿名書告人罪者，流二千里。（原注：謂絶匿姓名及假人姓名以避己作者，棄、置、懸之俱是。）疏議曰：有人隱匿己名，或假人姓字，潛投犯狀，以告人罪，無問輕重，投告者即得流坐。”又考宋王讜《唐語林》卷六：“衛侍郎次公在吏部，避嫌，宗從皆不注擬。有從子申甫，自江淮來調選，因告主吏曰：‘但得官，便出城，即可矣。’遂館申甫於别第。未幾，撥江南令，將出城，爲次公老僕所遇，不得已，見次公。次公詰其由，申甫以實對，次公曰：‘今年所注，不省有汝姓名。’驗其簽名，則次公署之也。乃召主吏，貸其罪以問之。吏曰：‘凡所取押，皆冒。’”又請比較《通制條格》卷一六《田令》“影占民田”：“官民房舍田土，諸官豪勢要之家，毋得擅立宅司莊官，冒立文契，私己影占。”又有“詐名”，《資治通鑑》卷十三“高後八年”：“吕後以計詐名他人子，殺其母養後宫，令孝惠子之，立以爲後及諸王，以强吕氏。”

“莫”在上古屬明母鐸部，《廣韻》慕各切，明母鐸韻開口一等入聲宕攝；“冒”在上古屬明母幽部，《廣韻》莫報切，明母號韻開口一等去聲效攝[①]，如果《補編》所收 06TAM605：22《前凉咸安五年（377）隗田英隨葬衣物疏》“莫名”即“冒名”不誤，就説明在公元 4 世紀時，在西北邊地，入聲鐸韻與去聲號韻就代用了。另外，很早以來，“冒”就有“墨”音，《史記》卷一百十《匈奴列傳》：“單于有太子名冒頓，後有所愛閼氏，生少子，而單于欲廢冒頓而立少子，乃使冒頓質於月氏。”司馬貞索隱：“冒音墨”。“墨”在上古屬明母職部，《廣韻》莫北切，明母德韻開口一等入聲曾攝，上古讀 mə̃k，中古讀爲 mək[②]，“mɑk”与“mək”衹是元音韻母微别。“冒”又與“陌”通，檢《資治通鑑》卷十四“文帝前五年”：“絳侯周勃既就國，每河東守、尉行縣至絳，勃自畏恐誅，常被甲，令家人持兵以見之。其後人有上書告勃欲反，下廷尉。廷尉逮捕勃，治之。勃恐，不知置辭。吏稍侵辱之，勃以千金與獄吏，獄吏乃書牘背示之曰：‘以公主爲證。’公主者，帝女也，勃太子勝之尚之。薄太后亦以爲勃無反事。帝朝太后，太后以冒絮提帝曰：‘絳侯始誅諸吕，綰皇帝璽，將兵於北軍，不以此時反，今居一小縣，顧欲反邪？’帝既見絳侯獄辭，乃謝曰：‘吏方驗而出之。’於是使使持節赦絳侯，復爵邑。絳侯既出，曰：‘吾嘗將百萬軍，然安知獄吏之貴乎！’”胡注：“師古曰置，立也。辭，對獄之辭。牘，

① 參見郭錫良《漢字古音手册》（增訂本），北京：北京大學出版社，2011 年，第 39 頁、第 254 頁。

② 參見郭錫良《漢字古音手册》（增訂本），第 39 頁。

木簡也，以書獄辭。李奇曰：牘，吏所執簿。韋昭曰：牘，版也，《索隱》曰：簿即牘也，故《魏志》'秦宓以簿擊頰，則亦簡牘之類也。應劭曰：冒絮，陌頟絮也。如淳曰：太后恚怒，遭得左右物提之也。晉灼曰：《巴蜀異物志》謂頭上巾爲冒絮。師古曰：冒，覆也，老人所以覆其頭。提，擊之也。提，徒計翻；《索隱》音抵，擲也。"“陌”在上古屬明母鐸部，《廣韻》莫白切，明母陌韻開口二等入聲梗攝，上古讀meāk，中古讀爲mɐk[①]。其實，“冒”“陌”“抹”“末”[②]“袹”“靺”“絔”“絈”“帓”“帞”“絉”“韎”[③]都是同族詞，其得名之由是“纏繞”“圍繞”，“末（抹）額”即纏繞在額上的頭巾。72TAM178：8＋72TAM178：9＋72TAM178：10《唐袁大壽等資裝簿》（4－189、190）：“袁大壽緤布襖子一，小襖子一，黄衫袴奴末額各一，氈裝一；□善保緤襖子一，帛衫一，單袴一▭兩量。靺一量，黄衫袴奴末額各一。徐□□袴奴末額黄衫各一，緤襖子一，鞾一量，靺一量。董清水襖子一，黄衫袴奴末額各一，小襖子一，單袴一，鞋兩量，鞾一量並。陰辰保緤襖子一，鞾一量，黄衫、末額各一▭氈；張孝義黄衫一，末額［一］▭馮忠禮緤襖▭（中缺）▭▭鞋靺各一▭，▭▭［具］，▭子一，綿袴一，□衫一。▭黄衫、袴奴、末額一［具］。大襖子一，衫一，單袴一，鞋靺各□，驄蒙一。車大忠黄衫、袴奴、末額一具。大襖子一，衫一，單袴一，鞋靺［各］［一］，驄蒙一。▭黄衫▭單袴一。（中缺）高景沖黄衫、袴奴、末額一具，大襖子、小襖［子］、衫一，鞋靺各 一量，襆頭一，單袴一，鞾一量。▭▭末額各一；王神表黄衫、袴奴、末額各一，大衫一，單袴一，大襖子一，鞋靺各 一 ，襆頭一，驄蒙一，鞾一量。”唐杜牧《上宣州高大夫書》：“以紅抹額應猛士詔，躬衣皮袴，率士屯田。”宋

---

① 參見郭錫良《漢字古音手册》（增訂本），第40頁。

② 上古屬明母月部，讀爲muāt，《廣韻》莫撥切，明母末韻合口一等入聲山攝，讀爲muɑt。參見郭錫良《漢字古音手册》（增訂本），第40頁。

③ 上古屬明母月部，讀爲muāt《集韻》莫葛切，明母末韻合口一等入聲山攝，讀爲muɑt。參見郭錫良《漢字古音手册》（增訂本），第40頁。

高承《事物紀原·戎容兵械·抹額》："中有甲卒千人，其不被甲者，以紅綃帕抹其頭額，云海神來朝，禹問之，對曰：'此武士之首服也。'秦始皇至海上，有神朝，皆抹額，緋衫，大口袴，侍衛自此抹額，遂爲軍容之服。"在西魏第285號洞窟五百强盜成佛故事畫以及唐代第320窟"未生怨"故事宫廷政變圖中，刑吏、門衛及 武士均身着此服裝，可見此類服裝是當時北方軍中服飾。又參考杜佑《通典》卷一百四十八《兵》一"今制"。又比較"袹首"。《資治通鑑》卷一一五"唐玄宗天寶二年"："陝尉崔成甫著錦半臂，缺胯緑衫以裼之，紅袹首。"胡三省注："袹首，今人謂之抹額。""抹"又寫作"袜"，束帶，慧琳《一切經音義》卷九四"袜額"條引《考聲》："袜，束也。"又卷三五"繫袜"條引《集訓》："（袜），横繫也。"後來又寫作"抹"，"袜肚"又寫作"抹腹""抹肚""陌複""帕腹""袌腹""袙腹""袹腹"，其更早形式可能爲"陌""帕""袌"[①]。

【不】通"逋"，拖欠（往往指對官方賦役的拖欠）。73TAM519：31/3《唐麟德元年（664）某人雇張信、光慶契》："□［德］［元］年十二月廿伍＿＿□銀錢肆伍文，［雇］＿＿ □□［兩］个六十日，其［錢］＿＿＿＿文，到正＿＿ ＿＿到三月與錢十伍文，＿＿高昌之日［還?］，＿＿文，若有不留，官＿＿［光］［自］［當］。張信悉不知。先有悔＿＿貳，入不悔人。張信、光慶兩个＿＿［光］作來，不相見，光慶不

① 參見董志翹《入唐求法巡禮行記詞彙研究》，中國社會科學出版社，2000年，第221頁；杜朝暉《釋"袜肚"》，《中國典籍與文化》2005年第4期，第115－119頁。

來，若▭□伍文，入光，八月五日與▭二月□▭（後缺）”[①]
“不”，朱雷先生注爲“逋”，甚是。“不”在上古屬幫母之部，《廣韻》分勿切，幫母物韻合口三等入声臻攝，“逋”在上古屬幫母鱼部，《廣韻》博孤切，幫母模韻合口一等平聲遇攝，因此通假[②]。作爲入聲的“物”韻與作爲陰聲的“模”韻至遲在公元664年的吐魯番文書中通假代用，這一點在漢語音韻學史和吐魯番學史上從未有人注意到，説明在初唐（甚至唐前），入聲就走向消亡，有與陰聲合流的傾向[③]。這不僅説明了《補編》所收73TAM519：31/3《唐麟德元年（664）某人雇張信、光慶契》的音韻學價值，也説明了朱雷先生老吏斷獄，見識精准，立論可爲定論。

【貲】廣泛出現在北凉到高昌國時代的吐魯番文書中，翻開《朱雷敦煌吐魯番文書論叢》（上海：上海古籍出版社，2012年）第一頁所收朱先生第一篇文章《吐魯番出土北凉貲簿考釋》，第一句話即言：“‘貲’同‘資’，本意是

---

① 69TAM140：17/3《唐張信受雇上烽契》（2－200）：“▭月十四日▭ ▭銀錢陸文，雇同鄉人▭ ▭烽一次十五日。若上▭ ▭［有］罪，一仰張信自▭ ▭一罰貳入不悔人▭ ▭信。”OR. 8212/570Ast. Ⅲ. 4. 090《武周天授三年（692）西州高昌縣武城鄉張文信租田契》（沙、吴1－132）：“𠑺穐三秊壹𠥱拾捌〇武城鄉人張文信▭海多邊租取棗樹渠部田伍畒▭麥V小壹研，就中交付叁畒價訖。［餘?］▭□價到六𠥱内分付使了。若到六［𠥱］▭者，壹罰貳入康。若到種田之日，不得田［佃］▭壹研罰貳研入張文。兩和立契，畫指▭契，兩本各執一本。田主康海多；租田人張信（引者按：“信”下面開始畫指E）；知見人翟寅武（“武”後左邊開始E）；知見人白六洛（“洛”後左邊開始E）；知見人趙胡單。”64TAM35：60（a）之一《武周載初元年（689）西州高昌縣寧和才等户手實》（二）》（3－501）：“合受常部田。一段半畒常田，城南一里杜渠，東張海，西康德，南渠，北渠；一段一畒半常田，城西卌里交河縣，東塞，西官田，南官田，北官田；一段二畒常田，城北廿里新興疊底渠，東曹磨羅，西渠，南王丘慈，北渠；一段二畒常田，城南二里王渠，東白圈々，西渠，南范阿留，北馬禿子；一段二畒常田，城南二里杜渠，東白皅子，西田石師，南氾建緒，北和武集；一段四畒部田，城東五里胡道渠，東荒，西荒，南荒，北麴老師；一段一畒部田，城西十里南路塢，東渠，西渠，南荒，北渠；一段四畒部田，城西五里毛頭渠，東張斌，西渠，南渠，北宋行；一段一畒部田，城西五里馬塠渠，東荒，西荒，南張信，北渠；一段一畒部田，城東五里左部渠，東水田，西陰伯，南范隆，北渠；一段一畒部田，城東五里胡道渠，東張尾，西渠，南渠，北渠。”

② 參見郭錫良《漢字古音手册》（增訂本），第168－169頁。

③ 在隋末唐初詩人王梵志的詩歌中，也不乏入聲與陰聲相押之例，廖名春發現吐魯番文書中“入聲”字與陰聲字形成别字異文的最早年代是公元543－548年。以上詳細情況，可參見廖名春《中國學術史新證》第398頁。

‘資産’，按照資産多寡劃分等第，據此以徵發賦役等，是漢魏以迄於南北朝所通行的一種制度。”今檢79TAM382：6－2《北凉緣禾五年（436）民杜犢辭》：“緣禾五年二月四日，民杜犢辭：犢有貲七十八斛，自爲馬頭。宋相明有貲十六斛在犢，馬著身即自乘。去前十月内胡賊去後，明共犢私和義，著有貲，義身□□取馬之［際］，困□。”79TAM382：5－2《北凉緣禾六年（437）闞連興辭》：“所具貲馬，前取給虜使。使至赤尖，馬於彼不還、辞達，隨□給賈，謹辞。”2006TZJI：172《北凉高昌計貲出獻絲帳》（一）》：“右十二家，貲合三百七十斛，出獻糸五斤。”75TKM91：20（b）《劉□明啓》（1－75）：“劉□明啓：明［　　　］劉，晁合貲具［　　　］馬頭，歲々從伯［　　　］草。”60TAM326：01/7，01/8《高昌□污子從麴鼠兒邊夏田、鼠兒從污子邊舉粟合券》（2－251）：“貲租佰役，□［悉］不知。”考《史記》卷一一七《司馬相如列傳》：“（司馬相如）以貲爲郎，事孝景帝，爲武騎常侍，非其好也。”《漢書》卷五七上《司馬相如傳上》引此文，“貲”作“訾”，顔師古注曰：“訾讀與貲同。貲，財也。以家財多得拜爲郎也。”《漢書》卷五《景帝紀》“今訾算十以上乃得宦，廉士算不必衆。有市籍不得宦，無訾又不得宦，朕甚愍之。訾算四得宦，亡令廉士久失職，貪夫長利。’”《晉書》卷七十《劉超傳》：“尋出補句容令，推誠於物，爲百姓所懷。常年賦税，主者常自四出結評百姓家貲。至超，但作大函，村别付之。使各自書家産，投函中訖。送還縣。百姓依實投上。課輸所入，有踰常年。”高麗藏本玄應《一切經音義》卷三《明度無極經》“貲貨”：“子移反。《蒼頡篇》：‘貲，財也。’《周禮》：‘通財賄。’鄭玄曰：‘金玉曰貨，布帛曰賄。’亦與資同。經文作訾。訾，量。”《龍龕·貝部》：“貲，貨也，財也，或與資同。”“貲”又從“財”引申爲罰繳財。這在秦代已然，睡虎地秦墓竹簡《秦律十八種·徭律》：“斗不正半升以上，貲一甲；不盈半升到少半升，貲一盾。”按，《説文·貝部》：“貲，小罰以財自贖也。”又引申爲“據財徵税”，也就是按照資産（包括土地、房屋、奴婢、牲口、車輛）多寡劃分等第，據此以徵發賦役，《後漢書》卷三九《劉平傳》載漢光武年間（25－57）就出現計貲定賦：“百姓懷感，人或增貲就賦，或减年從役。”在長沙走馬樓所出的孫吴籍帳文書中，有一類結句簡作："凡口若干事若干算若干事若干訾若干。"（此處之"訾"即"貲"。張榮强指出此即財産税。）[①] 又比較《北史》卷一《魏紀一・太祖道武帝》："詔大軍所經州郡皆復貲租一年，除山東人租賦之半。""貲"在魏晉南北朝是徵收絹綿等實物的户調。《魏書》卷三《太宗紀》神瑞二年（415）三月詔："刺史守宰率多逋慢，前後怠惰，數加督罰，猶不悛改。今年貲調懸違者，謫出家財充之，不聽徵發於民。"《魏書》卷四下《世祖紀》下太平真君四年（443）閏六月詔："今復民貲賦三年，其田租歲輸如常。"唐人房玄齡等撰《晉書》卷一〇四《石勒載記》上："勒以幽冀漸平，始下州郡，閲實人户，户貲二匹，租二斛。"著名語言學家裘錫圭曾經從文字學角度對"貲"進行了詳細分析："當財産講的'貲'本來是訾量之'訾'的分化字，它跟資貨之'資'在古代不同音（貲是支韻字，資是脂韻字），並不是同一個詞的不同書寫形式。秦漢政府爲了收税等方面的需要，經常訾量各家各户的財産，因此'訾'引申而有'所訾量的家産'以至一般的家産的意思。居延漢簡中記户貲之簡，有'凡訾直（值）十五萬''訾直四五千'等語，熹平四年陶瓶有'訾財千億'等語，都用'訾'字表示這類意義。後來才改'言'旁爲'貝'旁，分化出了專用的'貲'字（貲字出現後，訾量的'訾'也往往寫作'貲'，《説文》：'貲，小罰以財自贖也。'這一意義的'貲'屢見於睡虎地秦墓所出的秦律，貲財、貲量的'貲'可以看作它的同形字）。《史記》《漢書》中，家貲之'貲'本來也作'訾'，但是有的被後人改成了'貲'。例如《史記・張釋之傳》有'以訾爲騎郎'語，今本《漢書・張釋之傳》已改'訾'爲'貲'。《漢書・司馬相如傳》有'以訾爲郎'語，今本《史記・司馬相如傳》已改'訾'爲'貲'。由於'貲''資'義近，這兩個字變成同音字之後，人們往往把它們當作通用字。異體字整理中干脆把貲財的'貲'併入'資'字，二者就完全混而不分了（貲量之'貲'和當小罰以財自贖講的'貲'，現在仍作

---

① 見氏著《孫吴簡中的户籍文書》，載《歷史研究》2006年第4期。

‘貲’)。”[①] 吴震先生也指出：“吐魯番出土文書中的‘貲簿’見於十六國時期，以鄉里爲單位，諸户分别登記田畝，以田畝高下及種植分别計貲，並合計其總貲數。當時租税可能即按貲徵收，同一時期的‘按貲配馬生帳’可證。高昌時期的文書中雖然未見類似的‘貲簿’，但當時的租佃券書中常有‘貲租百役仰田主’之語，説明仍以‘貲’之多少定租税。”[②] 朱雷先生對“貲”的解釋是完全正確的。

（二）從歷史學角度整理與研究文獻

在整理與研究歷史文獻的過程中，語言文字學家能够將問題講準，歷史學家能够將問題講透，所以二者缺一不可。清代文史大家王鳴盛有一段話頗具説服力：“經以明道，而求道者不必空執義理以求之也，但當正文字、辨音讀、釋訓詁、通傳注，則義理自見，而道在其中矣。……讀史者不必以議論求法戒，而但當考其典制之實，不必以褒貶爲與奪，而但當考其事蹟之實，亦猶是也。”[③]《清史稿》卷四八一《錢大昭傳》載史學家、語言文字學家錢大昭對歷史文獻整理與研究的經驗之談：“注史與注經不同，注經以明理爲宗，理寓於訓詁，訓詁明而理自見。注史以達事爲主，事不明，訓詁雖精無益也。每怪服虔、應劭之於《漢書》，裴駰、徐廣之於《史記》，其時去古未遠，稗官、載記、碑刻尚多，不能會而通之，考異質疑，徒戔戔於訓詁，乃著《兩漢書辨疑》四十卷，於地理、官制皆有所得。又仿其例著《三國志辨疑》三卷。又以宋熊方所補《後漢書年表》祇取材范《書》、陳《志》，乃於正史外兼取山經、地志、金石、子集，其體例依班氏之舊，而略變通之，著《後漢書補表》八卷。計所補王侯，多於熊書百三十人，論者謂視萬斯同《歷代史表》有過之無不及。”從以上兩位乾嘉學派文史大家的一番話可以看出，對歷史文獻的整理

① 裘錫圭《文字學概要》，北京：商務印書館，2005 年，第 251—252 頁。
② 氏著《吐魯番出土法制文書概述》，《西域研究》1992 年第 3 期，第 76 頁。
③ 王鳴盛《十七史商榷・自序》，北京：中華書局，1987 年。

與研究，語言文字學和歷史學的素養均極爲重要。

朱雷先生就有這樣的傑出素養。他對歷史文獻中的諸多問題，既能從語言文字學角度知其然，還能從史學角度知其所以然。他既能從語言文字學角度觀其通，還能從史學角度察其變。他能左右逢源，這從他對敦煌變文詞語的訓釋上可見一斑。敦煌變文素稱難治，不衹是俗字滿紙，俗詞盈篇，還體現在衆多的術語令人難解。這些術語的準確訓釋，就需要朱雷先生這樣兼歷史學和語言學素養於一身的學者才能較爲圓滿地完成。謹舉一例：

斯328《伍子胥變文》中有一段話，其斷句一直存在争議，爲此，朱雷先生撰寫了《敦煌藏經洞發現之民間講唱文藝作品的歷史考察——二十一世紀的展望》一文，指出："諸本録文斷句皆作如下：'未曾諳悉山川，險隘先登，遠致虞候，長巡子將，絞略横行，傔奏偷路而行，游奕經餘一月，行程向盡。'但若據此種斷句標點方式，仔細玩味，幾不可解。但若從歷史研究角度出發，據《太白陰經》《通典》等史籍，依照每種軍職的執掌特點去進行考察，就可發現上種斷句標點僅據原文書抄録形式而定，實欠妥當。筆者曾撰文指出，據史籍，按照唐代之行軍制度，並及虞候、子將、傔人、别奏、游奕等武職之執掌、擇用標準諸方面去考定，應作如下斷句標點：'未曾諳悉山川險隘，先登遠致，虞候長巡，子將絞（較）略，横行傔奏，偷路而行游奕，經餘一月，行程向盡。'"①

現在看來，朱雷先生的斷句是完全正確的，斷句的背後，體現了他對字詞句的準確把握。筆者結合吐魯番出土軍事文獻，謹就"虞侯長巡""偷路而行游奕"進行考證，以證朱先生之説不誤。"虞候"即武職，負責警戒執法、催徵收税，同時負責刺奸，往往又是民丁所服雜役（時間較長較爲固定的力役），有的差配上番烽燧，充當長探，有的從事修橋、拓路勞役。73TAM501：109/6（a）《唐高宗某年西州高昌縣左君定等征鎮及諸色人等名籍》："一人侍：白皁子；一［人］大角手，沮渠足住；二人虞候：魏辰歡、魏屯爽，一［人］［疎］［勒］道□　　" 2004TMM102：38d＋2004TMM102：34e＋2004TMM

① 《朱雷敦煌吐魯番文書論叢》第378頁、第388—403頁。"游奕"，原卷作"遊弈"。

102：35d＋2004TMM102：35a＋2004TMM102：34g《唐永徽六年（655）某月西州諸府主帥牒爲請替番上事（一）》："牒：畳舉身當今月十六日番▭虞候職當，即時種麥，▭憧護替處，謹以牒陳，▭永徽六年▭依替□▭"73TAM509：19/8《武周天山府下張父師團帖爲追虞候赴州事》（4－255）："□□□帖校尉張父師團▭虞候｜｜｜▭［稱］追見在虞候速赴州，擬蕃□▭▭所遊弈，覘探，並鞍馬器仗，一［匝］▭▭□□匝十七乙到州，此已録申州訖▭［仰］團速即［發］遣，齎一匝［糧］▭"京都大學日比野丈夫新獲見藏吐魯番文書04《唐西州都督府牒蒲昌府爲取實狀報賊情事》："虞候吴玄武。"（同件文書還有"賊來處谷下，馳馬逐便""有人無人，一一取實狀報"等語，有"西州都督府之印"一方。）73TAM509：8/21（a）之一《唐開元二十一年（733）西州都督府案卷爲勘給過所事》（4－291）："見今虞候先有文案，請撿即知虚實。"考《資治通鑑》卷二二三"唐代宗廣德二年"："涇州刺史段秀實自請補都虞候，孝德從之。"注："虞，防虞也，候，候望也。"嚴耕望先生在考證唐代方鎮府史之武職軍將時，指出虞候之職"皆不出常衮所謂'職在刺奸，威屬整旅'之範圍"[①]。程喜霖先生指出："虞候是一種職稱，敦煌所出《西魏大統十三年（547）記帳》雜任役中有虞候，是官府的吏；軍中也有虞候，其職司是巡營警備。"[②]"長探"即遠探，邊境地區的軍士，主要負責刺探軍情（尤其是遠距離刺探）。寧樂一七（2）、一九（3）號《唐開元二年二月三十日西州都督府下蒲昌府牒爲差替人番上事》（29）："遊弈▭處置，諮，慶示。二［日］。依判。玉示。二日▭弈人王定遠身死替行客王▭▭［撿］替人中男氾至尚白仁軌胡▭月▭▭四月番長探配懸泉，懸泉遊弈▭▭挎谷遊弈人段阿忠已上▭▭已差替訖。"寧樂三〇（5）、二二（3）、一三（2－1）號《唐開元二年閏二月蒲昌府范阿祚牒爲知

① 氏著《唐史研究叢稿》第三篇《唐代方鎮使府僚佐考》，香港：新亞研究所，1969年。
② 氏著《漢唐烽堠制度研究》，西安：三秦出版社，1990年，第208頁。

菌臨番方始與替、仗備失時事》(32)："▭才應上薩捍烽長探奉司▭如前。"寧樂一四（4)、一六（4)、二六（1）號《唐開元二年三月二十日赤亭鎮典任管牒爲檢白仁軌閏二月番上事》(50)："▭檢州牒，稱上件人差替維磨戍長探，兵曹▭者。"寧樂二七（1)、一號《唐開元二年五月十九日蒲昌府索才牒爲來月當上番、改補、請替申州處分事》(64)："達匪長探車方平白丁，虞候孫玄通被苻放，倚團。塞亭康歡住被苻放，倚團。"寧樂二七（1)、一號《唐開元二年五月十九日蒲昌府索才牒爲來月當上番、改補、請替申州處分事》(64)："懸泉烽主帥史才智便抽長探，長探虞候郭才感已上兩人因賊，兩脚五指落。上薩捍旅帥王意感身死。長探虞候蘇才感、三衛蘇才應已上兩人來月次當長探，合去不？請裁下。"寧樂九（2）號《唐開元二年八月蒲昌府賀方判抽突播烽兵向上薩捍烽候望事》(74)："隊副高行琳，苻下授官訖。其上薩捍烽所，即頓闕人候望。突播烽既有四人，並長探兩人，宜抽烽兵白圈子，向上薩捍替高琳候望，即帖維磨戍，準狀。"寧樂一三（1)、一六（5）號《唐蒲昌府終服、没蕃及現支配諸所等名簿》(96)："狼泉峰主帥嚴定遠、孫才名▭毛奕本、曹龍表、長探竹思敬、趙武剛▭□帥樊孝通、張申敬、白記生、賈定滿▭禮、范定傲、達匪邢立奕、范小遠▭騰立節、孫申住、令狐阿通、鄯長壽▭亭康思禮、塞亭左君住、康節進、王才達、郭立住。胡麻泉李仁則，米善文，程感子▭捍烽楊安升，令狐行達，竹阿屯，車坊安胡子，蘇文行▭懸泉烽趙慈道便長探。""探"有"偵察"義，《穀梁傳・隱公元年》："已探先君之邪志。"唐張籍《出塞》："月冷邊帳濕，沙昏夜探遲。""長探"是一種兵種，指遠距離進行偵察的兵士，這從語言文字學和史學的角度都可以得到證明，楊琳指出："《說文》：'探，遠取也。'朱駿声《通訓》：'遠取，猶深取也。罙即深之初文。探字從手從罙，義爲深處摸取。'《商君書・新經》：'探淵者知千仞之深，懸繩之數也。'成語'探囊取物'亦謂將手深入囊中取物。深處摸取，目無所見，故引申爲試探、探測之義。"[1] 程喜霖也指出：

---

① 氏著《小爾雅今注》，上海：漢語大詞典出版社，2002 年，第 36—37 頁。

“虞候、三衛、白丁、行客不同身份的人，都可能被差作長探，長探乃烽上役名。”“凡軍駐營則置外探、巡探、探騎負責偵查警戒，‘探’者刺探敵情之謂，若長期充任名爲長探。”[①] 程喜霖又指出：“爲了‘警固’，在戰爭時期，邊防烽燧還配備一、二名長探，目的是偵查敵情，進行有效的防禦。”[②]“游（遊）弈”即唐置於邊地掌握巡邏偵察、俘獲奸細的士兵，一般由熟悉山川泉井、驍勇善戰者充當，每天與驛鋪等交牌，巡邏於亭障之外。“遊弈”與烽鋪、土河構成警戒系統。“遊弈”又分爲若干分隊，配備在要道遊弈所，要道遊弈所一般有十至五十人，由主帥率領。主帥即領兵親監當者，不限官之高下，隊副以上，將軍以下皆可以稱爲主帥，蓋唐人對軍官的俗稱，遊弈主帥至少是隊副，從九品下。65TAM341：30/1（b）《唐開元五年考課牒草》：“並遊弈、斥候、探羅。”73TAM509：8/15（a）之二《唐開元二十一年（733）西州都督府案卷爲勘給過所事》（4－295）：“牒蔣化明爲往北庭給行牒事。岸頭府界都遊弈所。狀上州。”73TAM509：23/2－1《唐開元二十二年（734）西州都督府致遊弈首領骨邏拂斯關文爲計會定人行水澆溉事》（4－315）：“遊弈突厥，令於此計［會］，□□□行水澆溉，關牒［所］由准狀者。關至准狀謹，關。”73TAM509：8/14（a）之二《唐開元二十一年（733）西州都督府案卷爲勘給過所事》（4－288）：“右件人至酸棗戍捉獲，勘無過所，今隨狀送，仍差遊弈主帥馬静通領上。”寧樂二八（2）、一三（2－2）號《唐西州都督府牒蒲昌府爲寇賊在近、鎮戍烽候督察嚴警事》（35）：“都督府：一。諸府縣鎮戍界烽候覘探等，人各仰□□□加常，督察嚴警，常知見賊，州司即□□□三衛，分往巡探，點撿鞍馬器仗，並應□□□。事虧違，所由縣府、鎮戍、遊弈、巡官及押領□□□帥，且決陸拾，依法科罪｜。”杜佑《通典》卷一百五十二《兵》五“守拒法”：“遊弈，於軍中選驍果、諳山川泉井者充，常與烽、鋪、

① 氏著《從吐魯番出土文書中所見的唐代烽堠制度之一》，收入唐長孺主編《敦煌吐魯番文書初探》，武漢：武漢大學出版社，1983年，第275－315頁。

② 氏著《唐代烽堠制度拾零》，《魏晉南北朝隋唐史資料》第五輯，香港中華科技出版社，1992年，第48－50頁。

土河計會交牌，日夕邏候於亭障之外，捉生問事。其軍中虛實舉用，勿令遊弈人知。其副使、子將並久軍行人，取善騎射者兼。”考《南史》卷六七《樊毅傳》附弟猛傳載隋滅陳，大軍濟江：“時猛與左衛將軍蔣元遜，領青龍八十艘爲水軍，於白下游奕，以禦隋六合兵。”又檢俄藏 Дх. 18917《貞元四年（788）五月傑謝百姓瑟□諾牒爲伊魯欠負錢事》：“右件人，先欠負□□□年正月内，被所由薩波思略掣□□□與前遊弈副使趙剛取□□□理，又其婦人更自取錢一千五□□□伊魯見在神山路探候，昨被思略□□□諾，將錢四千三百文贖來在此，更覓得錢四百文，餘欠劉百文，作油麻價，秋熟便送來。其婦人將去，共平章，趙副使不肯。”張廣達、榮新江先生指出：“游奕副使爲游奕使的副手，其職掌也是領兵在烽堡之外巡邏。”[1] “游奕”又可與宋代的“護塞軍”相比較。今考李燾《續資治通鑑長編》卷一三四《仁宗・慶曆元年》：“詔陝西諸路部署司，除見充保毅强壯人並弓箭手外，別置護塞軍，募熟山川道路、曉蕃情，善騎射者涅臂充。”

歷史文獻首要的問題是斷代。因爲年代是否確切，直接關係到該文獻的歷史學價值和語言文字學價值。出土文獻較之傳世文獻往往具有這樣的優勢（前者多爲寫本，後者多爲刻本），特別是一些應用型文書如契約、官文書等，往往可以告知我們該件文書産生的確切年代，甚至精確至年月日，從而成爲極爲

---

① 氏著《聖彼德堡藏和田出土漢文文書考釋》，《敦煌吐魯番研究》第六卷，北京：北京大學出版社，2002 年，第 226 頁。

珍稀的“同時資料”[①]。但是出土文獻往往因爲墓葬或其他出土地内的長期自然損壞或出土、收藏、整理過程中的第二次、第三次人爲損壞，包括缺損和撕裂等，從而導致其年代的比定需要下一番歷史文獻學功夫，需要將其與其他墓葬的文書或内容、體裁相關的文書進行合觀或綴合才能判定其年代，朱雷先生在這一方面是行家裏手。《補編》所收録的 73TAM519：31/2－1、2－2、2－3、2－4、1－1、1－2、1－3、1－4《高昌延壽九年（632）閏八月侍講馬太岳等傳用刺薪車數奏》，朱先生將此件文書與吐魯番阿斯塔那第五〇七號墓文書之第九件進行比較，後者亦有“壬辰歲閏八月”，與本件紀年及干支完全吻合，據之作“延壽九年”。

作爲一位資深的歷史學家，朱雷先生非常善於從歷史内容、歷史用語等角度，將不同的吐魯番文書進行聯合研究，同時還更正了當年圖録本《吐魯番出土文書》中命名欠妥的地方。又比如：《補編》收録 73TAM206：42/9－34《唐課公廨錢本利歷》（一）：“（前缺）張三、高四姑、張師、張二、張三。”73TAM206：42/9－35《唐課公廨錢本利歷》（二）：“□余卅六倍課。（後缺）”73TAM206：42/9－36《唐課公廨錢本利歷》（四）：“（前缺）四年春二正月十日取陸伯文。（後缺）”73TAM206：42/9－37《唐課公廨錢本利歷》（三）：“（前缺）[正][月][十][日][所][欠]。（後缺）”73TAM206：42/9－38

① 日本學者太田辰夫提出的“同時資料”和“後時資料”理論，直到今天對我們的語言文字學研究和歷史學研究都具有重要的啓發意義。太田辰夫指出：“所謂‘同時資料’，指的是某些資料的内容和它的外形（即文字）是同一時期産生的，甲骨、金石、木簡等，還有作者的手稿是這一類。法帖衹要不是僞造的，也可看作這一類。不過即使不是這樣嚴格的考慮，粗略地説，比如宋人著作的宋刊本，姑且看作同時資料也可以。語言的大變動大約是和朝代的更迭一起産生的，因此，可以認爲，如果是同一朝代之内，某種資料外形即使比内容産生得晚，兩者的差距也不會太大的。所謂‘後時資料’，基本上是指外形比内容産生得晚的那些資料，即經過轉寫轉刊的資料。但根據對同時資料的不嚴格的規定，後時資料的内容和外形間有無朝代的差異就很重要。比如唐人集子的宋刊本，就是後時資料。中國的資料幾乎大部分是後時資料，他們尤其成爲語言研究的障礙。根據常識來説，應該是以同時資料爲基本資料，以後時資料爲旁證。但没有同時資料的時代就衹有根據例子的多寡和其前後時代的狀況如何來推測，這樣還得不出明確的結論。”（[日] 太田辰夫著，蔣紹愚、徐昌華譯《中國語歷史文法》，北京：北京大學出版社，2003 年，第 374－375 頁。）如果根據太田辰夫的分類，吐魯番出土的應用型文書基本上都是同時資料，因此具有極爲寶貴的語言學價值和歷史學價值。

《唐課公廨錢本利歷》（五）：“（前缺）二月十九日入本一百卌三文（引者按：後面簽名）。（後缺）”73TAM206：42/9－39《唐課公廨錢本利歷》（六）：“（前缺）二月廿一日入本七十九□□□。（後缺）”朱先生指出：“本件爲昔年漏出文書五殘片，原無出土墓號及文書編號，今據人名、内容、書寫格式，並及筆迹，知與昔年刊布《唐課錢帳歷》同爲一件。故新予文書編號，姑置予舊件後。又昔年訂名爲‘課錢帳歷’未妥，應是‘課公廨錢本利歷’。此件非是西州高昌縣物，且年代應在永徽前。俟後專文論之。”[①]

又如《補編》所收録73TAM206：42/3－3《唐咸亨三至五年（672－674）文官俸案文書》：“（前缺）▭［願］尾盡，其年五月廿。（後缺）”朱先生指出：“本件爲昔年漏出文書，殘剩一行八字，無出土墓號亦無文書編號。今據‘尾盡’二字，知是唐制。復據書寫筆迹、内容，考訂與昔年刊布二〇六號墓所出《唐咸亨三至五年文官俸案》同爲一件。今予新編號，姑附予昔刊件後。又昔定名作‘文官俸案’，未妥，俟後考。今且依昔年定名。”朱先生所言昔年刊布文書，指73TAM206：42/3－2《唐咸亨三至五年（672－674）文官俸案文書（一）》（2－301）：“□［官］［俸］［案］，右頭起咸亨三年七月八日，兵部牒，崔獻，尾盡咸四年二月五［日］，王義誠。”

又比如，《補編》收録了有關“帳”，如64TAM4：46/1－1、2、3、4、5、6《〈唐支用錢練帳一〉補》，朱雷先生指出：“本件爲昔年漏出殘片。原無出土墓號，亦無文書編號，經内容、用語、筆迹考定，知爲昔年刊布《唐支用錢練帳一》漏出碎片，今新予文書編號。唯舊定名欠妥，俟考。今定名姑依舊，後加一‘補’字。”

《補編》還收録了另外一件文書：64TAM4：50（a）－1《唐兵士領幕鍋等物抄》：“（前缺）▭［幕］一口，銅過一口▭，▭［鐵］一口，領［人］▭（後缺）”朱雷先生據筆迹判斷是当年唐团队《吐魯番出土文

---

① 朱先生所言“昔年刊布《唐課錢帳歷》”，見於唐長孺主編圖録本《吐魯番出土文書》第貳册，第307－327頁。

書》已经刊布的另外一件文書的缺失部分，朱先生認爲後件文書釋文有漏誤，定名不確，因此需要重新定名。此件文書即：64TAM4：50（a）《唐厌武等領物抄（一）》（3－228）：“▭一口並鐵過等▭［厌］武二人同領▭椀一口等物□守達，張歡德，邵舍□▭［隆］歡、劉海▭右件［物］▭張隆々二人同領。”“過”即“鍋”，“過”“鍋”在《廣韻》中同屬於古禾切，平聲戈韻見母，所以通用。檢伯2567背《癸酉年（793）二月沙洲蓮臺寺諸家散施歷狀》：“鐵鍋子一，胡禄帶一，銅匙筋一副。”伯2917《乙未年（935或995）後常住什物交割點檢歷》：“伍斗鐵鍋壹。”《方言》卷九：“車釭，齊、燕、海、岱之間謂之鍋。”《太平御覽》卷七七六引“鍋”作“鐹”。《集韻・果韻》：“鐹鍋，刈鉤。《方言》：‘陳楚謂之鐹。’或省。”再檢伯3631《辛亥年（951?）正月二十九日善因願通等柒人將物色折債抄録》有“銅鐹子”，斯4199《年代不明（10世紀）某寺交割常住什物點檢歷》有“銅鐹”，“鐹”是“鍋”的换旁俗字。伯2049《後唐同光三年（925）正月沙洲净土寺直歲保護手下諸色入破歷算會牒》正好寫作“銅鍋子”。

（三）從考古學角度整理與研究文獻

考古學對於歷史文獻的整理與研究極爲重要。吐魯番出土文獻往往來自墓葬或古遺址，其定名、斷代、綴合、識讀、録文、斷句、校勘、注釋、歸類，往往都需要考古學的背景資料，需要將相關文書與同墓葬的其他文書和文物進行比較。無論是當年唐長孺先生主編的圖録本《吐魯番出土文書》（北京：文物出版社，1992－1996年），還是朱雷先生主編的這部《吐魯番出土文書補編》（成都：巴蜀書社，2022年），以及榮新江、李肖、孟憲實先生主編《新獲吐魯番出土文獻》（北京：中華書局，2008年），都注重對吐魯番出土文書的墓葬背景等考古信息給讀者以翔實的介紹和深度的分析，由於這些考古信息對我們從事這批文書的研究具有極爲重要的作用，因此，以上佳作成爲吐魯番出土文獻整理的一代豐碑，代表了吐魯番文書乃至出土所有文獻整理的水準[①]。

今試舉一例以證之。

《補編》收録06TAM605：22《前涼咸安五年（377）隗田英隨葬衣物疏》，對於這件文書，朱雷先生介紹："本墓爲男女合葬墓，經盗擾，出前涼衣物疏一件，又出五銖銅錢一枚。"毫無疑問，該枚五銖銅錢是隨葬品，對我們了解銅錢在前涼時期吐魯番的使用情況很有幫助。西漢五銖錢從漢武帝元狩五年開始鑄造，至隋朝的隋五銖止，一直沿用了七百多年。從高昌到唐初，作爲支付手段，往往是錢、帛兼行，銀錢與銅錢兼行[②]。但銅錢更多的使用還是在武周以後（此後，銅錢越來越成爲價值尺度）。此前的銅錢，常常見於喪葬中，59TAM305：8《缺名隨葬衣物疏一》（1—3）："黄手糸二兩，銅錢二枚，手脚爪囊各一枚，白絓被一領。"從武周以後，銅錢和帛逐漸成爲敦煌吐魯番地區的貨幣形式。在整個7世紀，西州直至西邊的安西、疏勒一帶，在貨幣流通方

① 相比之下，［日］小田義久責任編集《大谷文書集成》（壹、貳、叁、肆，京都：法藏館，1983年，1990年，2003年，2010年）由於没有翔實的考古背景與分析内容，價值不如前者。

② 請比較59TAM302：35/3《高昌延壽十四年（637）四月參軍海相等五人入辛卯歲錢條記》（2—180）："辛卯歲錢壹文，同錢拾肆个高歡住伍人，丁酉歲四月廿六日參軍海相、趙松柏、趙隆兒、趙延濟、嚴波（?）姚伍人入。"64TAM4：46/1《唐支用錢練帳一》（3—225）："▭三將去五匹，校尉買去二匹，用買何堛（塠?）馬。練▭□［軄］城下。用練一匹，糴馬䭾。更錢八文，亦用糴。胡乍城更用練一［匹］▭用錢拾文，憧▭糴麦。用麦造粮。據史德城用［錢］▭□文，校尉用四文，糴䭾，用錢二文，買弦（?）。更練一匹，曺師［邊］用糴［䭾］▭□（此字圖録本《吐魯番出土文書》録有下半"心"，並與後文"渾"連在一畫上專名號）渾。用練一匹，糴麨來V回河頭，用一匹。曺愿住［處］［買］羊。更用［錢］▭□□住内。撥换城用練半匹糴米，買婢，闕練一匹。［更］用［錢］▭□□買宍。更用一匹，買白氈。用練半匹尾鼠處買氈。用錢三文▭□［安］西，［用］錢三文，糴䭾。更用錢一文，買草。更用同錢貳拾二文䝼▭▭蓿。更用同錢六文，糴麨。更用同錢十四文，糴▭▭［錢］一十八文糴麨。更用同錢▭▭［䭾］［用］［銀］［錢］［二］［文］［買］一脚宍，［更］［用］錢廿一文買䝼。▭▭［練］▭▭□［錢］▭作用□□□［正］一文，［索］▭［用］練一匹，与［作］□。用錢壹［拾］叁文，更［錢］▭［校］［尉］下。銀錢六文，銅錢六十文，安校尉下，銀錢六文，銅錢卌一文，韓校尉下，銀錢六，銅錢［伍］十文，［趙］師下。銀錢十文，銅［錢］六十文，更銅錢廿十六文，張師下。銀［錢］七文，銅［錢］［卌］文。"（唐長孺主編圖録本《吐魯番出土文書》第叁册第208頁《説明》指出本墓"所出文書有紀年者，起顯慶五年，止咸亨四年"。）

面，錢帛兼行，而錢貨方面，又是銀錢與銅錢兼行。7—8 世紀，粟特地區銅幣流通興盛的原因之一，是中國銅錢外流到該地區。但是，從武周到天寶年間，銅錢貶值率達到 43%，在當時稱不上硬通貨，衹能用於小買賣[①]。

（四）將歷史文獻的範圍擴大，將敦煌變文等視爲歷史文獻

朱雷先生在歷史文獻學上的又一大貢獻，就是擴大了歷史文獻學的視野，將敦煌變文等文學作品也納入歷史文獻範圍。

文學作品能否被作爲史料對待？朱雷先生在《敦煌藏經洞發現之民間講唱文藝作品的歷史考察——二十一世紀的展望》做了肯定性的回答：“講唱者爲取悦世人，自然蔓生枝葉，添加杜撰，不顧史實真實，而作文藝誇張。至於取材民間傳説之作，更是荒誕無稽。在這些作品中，也就往往出現或子虛烏有之處，或張冠李戴之處，因而往往易爲世人忽視其真實性。如果揭去這層面紗，就會發現作者往往因時而作，總是直接間接反映了時代之特徵，如世人所關心的現實問題，時代風尚變化發展與社會現實的變化發展、制度變化等，特别是作者總是在有意無意中，把當代風俗及現行之各種制度糅摻於自己作品之中，看似‘無知’卻又‘有知’。因此，在進一步探討這一批民間文藝瑰寶時，還應從歷史學角度考察，方能進一步認識其價值，同時也更有利於對文字、標點、斷句以及創作時代與動機的準確判斷。”[②]

朱雷先生的觀點是完全正確的，清代章學誠在《文史通義·内篇·易教上》就提出“六經皆史”的著名論斷，在章氏看來，儒家經典《易》《書》《詩》《禮》《樂》《春秋》都是歷史文獻。當代學術大師陳寅恪先生所撰《元白

① 參考姜伯勤《敦煌吐魯番文書與絲綢之路》，北京：文物出版社，1994 年，第 199、202 頁。有學者認爲，“銅錢”可能是高昌吉利錢，也可能是開元通寶。參見吕媛媛《試析旅順博物館藏“高昌吉利”錢的年代及性質》，載《旅順博物館學苑》2009 年，第 139—143 頁。

② 《朱雷敦煌吐魯番文書論叢》第 377 頁。

詩箋證稿》就是詩史互證的名篇，不僅如此，陳先生撰《寒柳堂集》中所收《論再生緣》《韋莊〈秦婦吟〉校箋》，《金明館叢稿初編》所收《天師道與濱海地域之關係》《書世説新語文學類鍾會撰四本論始畢條後》《桃花源記旁證》《陶淵明之思想與清談之關係》《讀哀江南賦》《李太白氏族之疑問》《書唐才子傳康洽傳後》《論韓愈》《讀東城老父傳》，《金明館叢稿二編》所收《以杜詩證唐史所謂雜種胡之義》《書杜少陵哀王孫詩後》《元白詩中俸料錢問題》《庾信哀江南賦與杜甫詠懷古迹詩》[①]，均是將古典文學作品納入歷史文獻範圍進行考察的典範，著名歷史學家唐長孺先生撰《讀桃花源記旁證質疑》《讀陶淵明贈長沙公詩序論江南風俗》《木蘭詩補證》《讀李波小妹歌論北朝大族騎射之風》《論南北文學的北傳》《文心雕龍“士衡多楚”釋》《讀王梵志詩偶見》《紅樓夢中的幾出冷戲與南府劇本》[②]，也是將文學作品視爲歷史文獻進行研究的範本。而錢鍾書先生撰寫《管錐編》[③]、《談藝録》[④]，項楚先生撰寫《敦煌變文選注》[⑤]《王梵志詩校注》[⑥]《寒山詩注》[⑦]，也是從語言文字學角度和歷史學角度對文學作品進行闡釋的精品。

朱雷先生從歷史文獻學角度，重新審視和珍視敦煌變文這樣的唐五代講唱文學作品，並撰寫了有關敦煌變文研究的系列論文，主要有《敦煌兩種寫本〈燕子賦〉中所見唐代浮逃户處置的變化及其他——讀〈敦煌變文集〉札記（一）》《敦煌所出〈索鐵子牒〉中所見歸義軍曹氏時期的“觀子户”》《敦煌寫本〈廬山遠公話〉中之惠遠緣起及〈涅槃經〉之信仰》《〈伍子胥變文〉〈漢將王陵變〉辨疑——讀〈敦煌變文集〉札記（二）》《〈捉季布傳文〉〈廬山遠公話〉〈董永變文〉諸篇辨疑——讀〈敦煌變文集〉札記（三）》《〈舜子變〉〈前

---

① 以上論著均收入《陳寅恪集》，北京：三聯書店，2001年。
② 以上論著均收入《唐長孺集》，北京：中華書局，2011年。
③ 北京：中華書局，1979年。
④ 北京：中華書局，1998年。
⑤ 北京：中華書局，2006年。
⑥ 上海：上海古籍出版社，1991年。
⑦ 北京：中華書局，2000年。

漢劉家太子傳〉〈唐太宗入冥記〉諸篇獻疑——讀〈敦煌變文集〉札記（四）》，《〈李陵變文〉〈張義潮變文〉〈破魔變〉諸篇辨疑——讀〈敦煌變文集〉札記（五）》[①]，謹舉一例：

朱雷先生指出伯3697《捉季布傳文》中的“兩家圃一保”即“五家團一保”，並指出“唐代文書中，諸如買賣之‘市券’以及申請過所所立的保證書，乃至民間私券中，凡涉及保人的，其數額皆限定要有五人作保”[②]。檢吐魯番出土文獻中有“伍保”，亦即“五保”，五家爲保；“五家户”即鄉里基層組織“什伍”的“伍”。65TAM341：29/1，23，24（a）《唐景龍三年（709）南郊赦文》：“□□□□所徵逃人四［鄰］、［伍］保租調□□□□［龍］二年□［前］諸色勾徵，並宜□□□□者委□□［使］即分明勘會。”考杜佑《通典》卷三《食貨》三“鄉党”載唐《户令》：“諸户以百户爲里，五里爲鄉，四家爲鄰，五家爲保。每里置正一人，掌按比户口、課植農桑、檢察非違，催驅賦役。”[③]

又如伯3697《捉季布變文》：“朱解押良何所似，由（猶）如煙影嶺頭雲”。其中的“押良”如何訓釋？朱雷先生指出：“舊有釋作‘相貌’，實誤。此處之‘押良’，即‘壓良’，‘壓’‘押’二字互通。在敦煌及吐魯番出土之買奴婢契券中，往往寫作‘寒良’。據蔣禮鴻先生之考證，‘寒良’之‘寒’，即是‘拔取’之意。故‘寒良’亦即‘壓良’。”[④] 朱先生的訓釋是正確的，“壓良”即利用權勢及暴力威逼等手段，將良人抑爲、掠賣作奴婢賤口（或許還包括對那些通過各種途徑已獲釋爲良人的奴婢、部曲，還壓爲賤口），“良”即良人，從廣義的角度講，包括官人與無官勛爵蔭的庶民百姓。從狹義角度，良人又稱爲常人、凡人、百姓、白丁，主要是指有獨立社會地位、編户爲民的人，其中有地主，也有自耕農，良人除老、小及疾之外，均須依法納課服役，無任

---

① 以上系列論文收入《朱雷敦煌吐魯番文書論叢》第301—439頁。

② 參見《〈捉季布傳文〉〈廬山遠公話〉〈董永變文〉諸篇辨疑——讀〈敦煌變文集〉札記(三)》，收入《朱雷敦煌吐魯番文書論叢》第404—414頁。

③ 陳國燦先生指出：“里下還有‘五家户’，即相當於内地‘伍’的編制。”（氏著《敦煌學史事新證》，蘭州：甘肅教育出版社，2002年，第6頁。）

④ 《朱雷敦煌吐魯番文書論叢》第407頁。

何特權。“押”是“壓”的後期形聲字[①]，“壓”表示“强迫”，屢見於吐魯番出土文獻，72TAM209：88《唐貞觀年間西州高昌縣勘問梁延臺、雷隴貴婚娶糾紛案卷（一）》：“實不是□壓者。又＿＿媒度物，即應＿＿細審。答。得欵［稱］＿＿前辯所問，衹遣［辯］＿＿以直答，今既更同（問?），乞［從］＿＿台母既款伏嫁女與＿＿得何財娉仰具＿＿嫁女與張幹作［妾］＿＿並已領訖，尋即婚了者＿＿夫□在何處？仰實答。得欵稱：延臺＿＿□法義比爲與＿＿”[②] 64TAM29：24《唐垂拱元年（685）康尾義羅施等請過所案卷（四）》：“辯：被問得上件人等牒稱，［請］＿＿家口入京，其人等不是壓良＿＿冒名假代等色以不者？謹審：但了＿＿不是壓良假代等色，若後［不］□求受依法罪，被問依實謹□。”73TAM509：8/4—3（a）《唐開元二十年（732）薛十五娘買婢市券》：“保上件人婢不是寒良詃誘等色。如後虛妄，主、保當罪。”73TAM509：8/9（a）之一《唐開元二十一年（733）染勿等保石染典往伊州市易辯辭》：“所將人畜，並非寒詃等色。”又有“略良”，2004TBM207：1—4《唐儀鳳三年（678）九月西州功曹牒爲檢報乖僻批正文案事》：“大素自考［後］以來，諸司所有乖僻處分隨案，並捉得略良胡數人及財物等，官□之日，並皆不通，請撿附狀者。”考《小爾雅·廣詁》：“寒、探、鉤、掠、采、略，取也。”又考《方言》卷二：“略，强取也。”《魏書》卷一一一《刑罰志》：“掠人、掠賣人爲奴婢者，皆死。”《唐律疏議》卷一二《户婚》“放奴婢部曲還壓”條：“諸放部曲爲良，已給放書而壓爲賤者，徒二年。若壓爲部曲及放奴婢爲良而壓爲賤者，各減一等；即壓爲部曲及放爲部曲而壓爲賤者，又各減一等，各還正之。”《唐律疏議》卷四《名例》“略和誘人赦後故蔽匿”：“諸略、和誘人，若合同相賣。疏議曰：不和爲‘略’。前已解訖。和誘者，謂彼此和同，共相誘引，或使爲良，或使爲賤，限外蔽匿，俱入此條，輕重之制，自從本法。若和同相賣者，謂兩相和同，共知

---

① 有關“押”與“壓”的密切關係，可參見張涌泉《説“押韻”》，《文史》2014年第1期。

② 壓，即壓妻爲妾，見劉俊文《敦煌吐魯番唐代法制文書考釋》，北京：中華書局，1989年，第523頁。

違法。”《唐律疏議・賊盜》“略人略賣人”：“諸略人、略賣人（原注：不和爲略。十歲以下，雖和，亦同略法）爲奴婢者，絞；爲部曲者，流三千里；爲妻妾子孫者，徒三年（原注：因而殺傷人者，同强盜法）。”唐昭宗《改元天復赦》：“舊格：買賣奴婢，皆須兩市署出公券，仍經本縣長吏，引檢正身，謂之過賤。及問父母見在處分，明立文券，並關牒太府寺。兵戈以來，條法廢壞，良家血屬，流落他門。既遠家鄉，或遭典賣。州府曾不尋勘，豪猾得恣欺淩，自此准京兆府並依往例處分。兩市立正印委所司追納毀棄改給朱記行用。其傳典賣奴婢，如勘問本非賤人，見有骨肉，證驗不虛，其賣主並牙人等，節級科決，其被抑壓之人，便還於本家。”[①]《唐憲宗元和四年（809）閏三月敕》：“緣公私掠賣奴婢，宜令所在長吏切加捉搦，並審細勘責，委知非良人百姓，乃許交關，有違犯者，准法處分。”[②] 仁井田陞著、池田温編集《唐令拾遺補・户令》：“凡良人及家人，被壓略充賤配奴婢而生男女者，後訴得免，所生男女，並從良人及家人。”[③]《資治通鑑》卷一五一“武帝大通元年”：“初，侍御史遼東高道穆奉使相州，前刺史李世哲奢縱不法，道穆按之。世哲弟神軌用事，道穆兄謙之家奴訴良，神軌收謙之繫廷尉。赦將出，神軌啓太后先賜謙之死，朝士哀之。”胡注：“律禁壓良爲賤。謂本是良民，壓爲奴婢。”《資治通鑑》卷二八三“後晉齊王天福八年”“禁壓良爲賤”胡三省注：“買良人子女爲奴婢，謂之壓良爲賤，律之所禁也。”均其證。

在敦煌文獻中，有不少文學作品，其史學價值至今還没有得到應有的重視，它們中有不少應該被視作歷史文獻。比如，敦煌小説，根據竇懷永、張涌泉先生的分類[④]，有：

第一類：古體小説。又分爲二類，一類是志人類，包括斯 610《啓顔録》、斯 389 背、伯 3536 背、伯 3680 背《孝子傳》、伯 2621、斯 5776《事森》。另

---

① （宋）敏求編《唐大詔令集》卷五《帝王部・改元下》，北京：中華書局，2008 年，第 33 頁。

② （宋）王溥《唐會要》卷八六《奴婢》，北京：中華書局，1998 年，第 1570—1571 頁。

③ 東京大學出版會，1997 年，第 1037 頁。

④ 參見竇懷永、張涌泉《敦煌小説合集》，杭州：浙江文藝出版社，2010 年，第 1—5 頁。

一類是志怪類，中村不折藏本、伯 5545、伯 3156 碎一、斯 3877、伯 2656《搜神記（一）》、斯 525《搜神記（二）》、伯 5588＋斯 6022《搜神記（三）》、伯 3126、斯 5915《冥報記》、浙敦 26、大谷大學藏本、伯 2186、俄敦 4792＋北 8290（陽 21）、北 2297、上圖 84、中村不折藏本、俄敦 1672＋1680、北 8291（淡 58）、伯 2136《黄仕强傳（一）》、伯 2136《黄仕强傳（二）》、斯 3092《道明還魂記》、伯 3142《白龍廟靈異記》、斯 6036《貧女因數落番供齋僧感應記》、斯 381《龍興寺毗沙門天王靈驗記》、伯 2066、北 178（秋 97）《往生西方記驗》、伯 3023《妙法蓮華經感應記》、伯 3877 背＋伯 3898 背《歷代衆經感應興敬録》、北 1426（555）、北 1367（生 99）、斯 462、斯 6514、斯 4487、俄敦 5755、伯 2099、斯 3257、北 1424（海 69）、北 1362（爲 69）、北 1363（成 013）、俄敦 4363＋北 1360（藏 62）、北 1369（河 66）、斯 9515、斯 6035、俄敦 6587、俄敦 2325、石谷風藏品、俄敦 5692、北 1361（日 11）、斯 4984、北 1364（列 55）、俄弗 260、伯 2203、斯 2981、斯 4155、斯 1963《懺悔滅罪金光明經傳》、伯 2094、斯 4037 背、伯 4025、俄敦 514《持誦金剛經靈驗功德記》、斯 1625 背、斯 381《唐京師大莊嚴寺僧釋智興鳴鐘感應記》、伯 3916、伯 3236、北大 160《佛頂心觀世音菩薩救難神驗記》、斯 5257《道俗侵損常住僧物現報靈驗記》、伯 3918、《佛説金剛壇廣大清净陁羅尼經感應記》。

第二類：通俗小説。又分類兩類，一類是傳奇類，伯 3741《周秦行記》、斯 133《秋胡小説》、斯 2630《唐太宗入冥記》、斯 3457《劉季遊學乞食故事》、伯 2680、斯 1625 背《佛圖澄和尚因緣記》、伯 3570 背、伯 3727、伯 2680《劉薩訶和尚因緣記》、伯 3570 背、伯 3727、伯 2680《靈州龍興寺白草院史和尚因緣記》。另一類是話本類，斯 6836《葉净能小説》、斯 2144《韓擒虎話本》、斯 2073、斯 2165 背《廬山遠公話》。其中，《黄仕强傳》《唐太宗入冥記》《韓擒虎話本》等都具有極高的史學價值。

朱雷先生對文學作品的史學價值的重視，也是受到他的老師唐長孺先生的影響。唐先生素來非常重視從史學角度去研究古典文學作品，此謹舉一例：

《木蘭詩》在中國家喻户曉，但該作品究竟創作於何時？一直聚訟紛紜，宋代以來，學者一般認爲此詩爲唐人所作，“但宋人雖知其爲唐人作，並未提出有力證據，逯氏（引者按：指逯欽立）以十二轉勳爲唐制，乃是確證。”[①]唐先生撰寫了《木蘭詩補正》一文，文中言：“今就詩中用語，補舉數證，以成唐人所作之説。”[②] 唐先生在文中首先從“帖”字在唐代的廣泛運用入手來爲《木蘭詩》斷代，然後又論證“點”字作爲術語，意思是“點檢”，見於唐代，又論證“轉”是唐代遷調官職的專門術語，從而最終判定《木蘭詩》作於唐代[③]。唐先生從語言文字角度爲作品斷代，也正是語言學家們非常認同和喜愛的一項工作，徐復先生曾經撰寫《從語言上推測〈孔雀東南飛〉一詩的寫定年代》[④]、張永言先生撰寫《從詞彙史看列子的撰寫時代》[⑤]、季羨林先生撰寫《〈列子〉與佛典》[⑥]，均是這一方面的例子。

（五）將傳世文獻與出土文獻相結合

朱雷先生的主攻方向是出土文獻，但他同樣諳熟傳世文獻。對此，朱先生的弟子劉進寶教授在《朱雷先生學術簡歷》中有這樣的記載：“1961 年，參加唐長孺教授主編的《中國通史參考資料（魏晉南北朝分册）》的編選工作。1962 年 7 月碩士研究生畢業，留在唐先生創建的魏晉南北朝隋唐史研究室從事科研工作。在唐長孺先生的指導下，除了通讀《全唐文》、作分類資料卡片外，還對敦煌文書有關社會經濟及社邑的部分文書進行校對、補遺。”[⑦]

正是因爲朱雷先生對傳世文獻和出土文獻了若指掌，得心應手，所以先生對一些疑案的考釋，往往廣徵博引，游刃有餘。比如先生考證麴氏高昌時期的

---

① 唐長孺《唐長孺文集》第六卷《山居存稿續編》，北京：中華書局，2011 年，第 113 頁。
② 唐長孺《唐長孺文集》第六卷《山居存稿續編》，第 113 頁。
③ 參見王啓濤《絲綢之路語言新探》第六章《從乾嘉之學到義寧之學——唐長孺先生在語言文字學領域的貢獻》。
④ 《學術月刊》1958 年第 2 期。
⑤ 收入《語文學論集》（增補本），北京：語文出版社，1999 年。
⑥ 收入《季羨林學術論著自選集》，北京：北京師範學院出版社，1991 年。
⑦ 劉進寶《朱雷先生學術簡歷》，收入《朱雷敦煌吐魯番文書論叢》，第 1—5 頁。

作人共有三類，一類是高昌政權徵發的各種服役者，一類是寺院中的雇傭勞動者，還有一類是被當成財産可以繼承買賣之人，但却有着某種程度不同的私有經濟活動。請比較60TAM338：14/2（a）《高昌延壽四年（627）趙明兒買作人券》（2－241）："延壽四年丁亥歲□□十八日，趙明兒從主薄趙懷祐□買作人胳奴，年貳［拾］□□□價銀錢叁佰捌拾文。即日交□□貳佰捌拾文。殘錢壹佰□，到子歲正月貳日償錢使畢。□□□壹月拾錢上生壹□，□後□人何道忍名者，仰本□承了。"72TAM154：20，22，27，28《高昌西南坊作人名籍一》（1－364）："西南坊：張相斌作人［相］□、□護、養兒、范像護作人［阿］□、嚴歡岳作人寅豊，鎮軍作人桑奴、相洛、賢遮，樊慶延▭作人青麦。"朱雷先生把這類作人與傳世史書《宋書》和《南齊書》中的"十夫客"聯繫起來考察，今檢《周禮·地官·遂人》："十夫又溝，溝上有畛。"鄭玄注："十夫，二鄰之田。"孫詒讓正義："上文一夫授田百畮，是一夫即一家所授。六遂五家爲鄰，二鄰爲聯，則有十家。《論語》所謂'十室之邑'是也。居同邑，耕同野，故十夫爲二鄰之田。凡十夫，爲田千畮，不成方，其長十萬步。"又檢《宋書》卷九一《孝義·郭世道傳附子原平》："父亡，哭踴慟絶，數日方蘇。以爲奉終之義，情禮所畢，營壙凶功，不欲假人。本雖智巧，而不解作墓，乃訪邑中有營墓者，助人運力，經時展勤，久乃閑練。又自賣十夫，以供衆費。窀穸之事，儉而當禮，性無術學，因心自然。葬畢，詣所買主，執役無懈，與諸奴分務。每讓逸取勞，主人不忍使，每遣之，原平服勤，未曾暫替。所餘私夫，傭賃養母，有餘聚以自贖。本性智巧，既學構塚，尤善其事，每至吉歲，求者盈門。原平所赴，必自貧始，既取賤價，又以夫日助之。"朱雷先生指出："如《原平傳》所記，他自賣爲'十夫客'以後，仍有'所餘私夫'，可供其支配，故原平得以'傭賃養母'，而且還能積累一點錢來自贖，這就表明，在完成爲主人執役的任務以外，所餘時間可由'十夫客'自己支配，《原平傳》中所講到的爲人'構塚'時，'又以夫日助之'的'夫日'，也應即是其'所餘私夫'内的時間了。如上所述，自賣不稱奴婢而稱'客'，又有一定的由自己支配的時間和財物，這同麴氏高昌時期的‘作人’頗爲相似。”[①] 朱雷先生將南朝宋齊時代的有關情況與麴氏高昌進行對比，啓發我們不妨將這兩地聯繫起來考察，思考所涉及的現象是偶然巧合呢，還是有所關聯？

歷史文獻的大宗是傳世文獻和出土文獻，整理與研究出土文獻，不能衹顧及紙本文獻，還必須兼顧其他材質的文獻。朱雷先生在整理與研究吐魯番出土紙質文獻的同時，對臨近地區出土的石刻文獻也高度重視。

出土石刻因爲有文字，所以既是出土文獻，也是出土文物。朱先生在這一方面的代表作有《出土石刻及文書中北凉沮渠氏不見於史籍的年號》[②]《龍門石窟高昌張安題記與唐太宗對麴朝大族之政策》[③]。

1949 年前，在甘肅酒泉有“承陽二年馬德惠塔”出土，該塔有如下題款：“承陽二年歲在［丙］寅次於鶉火十月五日馬德惠於酒泉西城立爲父母報恩。”但是遍檢史籍，歷代建元中均不見“承陽”年號。朱先生在《出土石刻及文書中北凉沮渠氏不見於史籍的年號》一文中認爲甘肅酒泉“承陽二年馬德惠塔”中“承陽”二字之出現，有兩種可能：一是史籍所載“承光”爲“承陽”之誤，因爲出土石刻及文書係當時人所寫所鐫，應較可信，尤其是年號，不應有誤；二是“承光”本不誤，是北凉用韻同義近“陽”字代替了“光”字，故將“承光”寫作“承陽”[④]。

朱先生的思路給我們以寶貴啓發。我們遍檢中國歷史紀年，沒有一例年號尾字帶“陽”者，反而是帶“光”者屢見不鮮，以下是我們的統計結果：元光（前 134—前 129）、永光（前 43—前 39）、建光（121—122）、延光（122—125）、壽光（355—357）、元光（393—394）、光始（401—406）、建光（388—391）、勝光（428—431）、永光（465）、始光（424—428）、興光（454—455）、正光（520—525）、承光（577）、重光（620—623）、同光（923—926）、

① 《朱雷敦煌吐魯番文書論叢》第 70—71 頁。
② 同上，第 33—46 頁。
③ 同上，第 95—104 頁。
④ 同上，第 38 頁。

元光（1222－1223）、宣光（1371－1379）、弘光（1645－428）、道光（1821－1850）[①]，所以，我們認爲《資治通鑑》卷一二〇“宋文帝永嘉二年八月”條作“承光”不誤（“承光”起公元425年，止428年），《太平御覽》卷一二七引崔鴻《十六國春秋》作“永光”誤（《魏書》《册府元龜》同誤）。“承光”一詞還見於漢代文獻，《文選》卷二《張平子〈西京賦〉》：“馺娑駘蕩，燾奡桔桀，枍詣承光，睽罛庨豁。”薛綜注：“馺娑、駘蕩、枍詣、承光皆臺名。”

同時，我們受朱先生啓發，認爲酒泉石刻作“承陽”也不誤，這體現了當地人在當時既不得不臣服於夏，奉行夏之正朔，又希望有自己的地方特色和相對獨立的微妙心態。這一點不奇怪，衹要我們看看吐魯番出土文獻中出現北凉年號“緣禾”便知。“緣禾”年號的干支正好與北魏“延和”年號相符，“緣”與“延”、“禾”與“和”音近通用（“禾”還可以理解爲是“和”的省寫），原來，北凉曾奉行北魏的年號，但北魏“延和”衹有三年，而北凉“緣禾”却見有六年，這大概是北凉並不嚴格遵守北魏紀年的緣故。“承陽”年號也可作如是觀。

朱先生在《龍門石窟高昌張安題記與唐太宗對麴朝大族之政策》一文中，敏鋭地注意到清陸蔚亭稿本《龍門造像目録》記有“高昌張安造像，總章二年二月十日”，並果斷地做出以下判斷：“題記中所云‘高昌’，即指立國於今吐魯番盆地的麴氏高昌王朝。而高昌張氏之内徙，與唐太宗貞觀十四年平高昌國後，對麴朝大族處置之政策有關。”[②]

我們贊成朱先生的判斷，我們在吐魯番出土文獻中發現了數件唐初西州人内徙洛州的書信，還有一件契約、一件墓誌，而“洛州”一詞更是出現了至少3次。“洛州”是州名，唐太宗貞觀八年（634）已移治所於河南縣之宣範坊，唐滅高昌建西州後，高昌一部分人士從西州遷往洛州。64TAM24：27（a）《唐趙義深家書面》（2－173）：“洛州趙義深書達，西州付歡相、張隆訓。”

---

① 參見李崇智編著《中國歷史年號考》修訂本，北京：中華書局，2001年。
② 《朱雷敦煌吐魯番文書論叢》第95頁。

64TAM24：27（b）《唐貞觀二十年（646）趙義深自洛州致西州阿婆家書》（2—172）："▭言疏，違離累載，思慕無寧，奉▭ ▭不審阿婆、南平阿祝、々母、大兄等，尊體起居▭常。即日居子等蒙恩，且度朝夕，在此親眷皆悉▭" 64TAM24：27（b）《唐貞觀二十年（646）趙義深自洛州致西州阿婆家書》（2—172）："居子、義深再拜：從六月廿日已後，家中大小、内外親眷悉平安否？居子、義深二人千万再拜：阿婆、兩箇阿舅、兩箇阿姨盡得康和以否？從□□［六］月三日已來，勝妃何囘不共［居］□、［義］［深］遣一帋書來，［大］□［限］在▭" 64TAM24：27（b）《唐貞觀二十年（646）趙義深自洛州致西州阿婆家書》（2—172）："居子等巢寄他土，曉夜思鄉，粗得偷存，實無理賴。雖然此處經紀［微］薄，亦得衣食。" 64TAM5：40《唐李賀子上阿郎、阿婆書一（一）》（3—201）："手里更無物作信，共阿郎、阿婆作信，［賀］子大慚愧在，次舉仁有一个女一歲，舉仁▭生活日々不離作，取能養活身，更無長▭换共合坐，舉仁不肯，阿郎、阿婆、阿兄莫恨，賀子。"（"舉兒""舉仁"當爲一人，"舉"是"鼠"的俗寫，他們從西州遷往洛州，當安置之後，唐代官府有配婦之舉。）64TAM5：39《唐李賀子上阿郎、阿婆書二（二）》（3—203）："□□［盡］給婦，高昌有婦人，不淂婦。鼠兒淂□婦，竟（?）正是好人子紩（侄）。頁阿郎、阿婆、阿兄知，更莫愁鼠兒。虎憙來時淂重小刀一合□。不淂書，兩个兒不□□□□□□▭老阿兄充不成零［子］▭憐紫一訪車（妻?）女單，次問訊張法師，阿團□張將舍盡平安在。張岳隆死，评√問言▭孟法師。洛州兄弟二人盡平［安］。" 64TAM5：80《唐李賀子上阿郎、阿婆書四（三）》（3—206）："更家口來時，好送香女放來。香女□▭□□意將來莫怖□人能故名，寧爲來時放之。勒來兄弟病日時爲用看二人病，知阿買一▭是［近］知阿兄還得自桃，知阿▭知零子得四畝分田，次問訊郭延明兒黑［石］［平］安在不？［次］問訊氾［歡］伯合家大小，郭懷悦身平安好在，々洛州。正月十日書。" 72TAM204：18《唐貞觀二十二年（648）洛州河南縣桓德琮典舍契》（2—152）："貞觀廿二年八月十六日，河南縣張

□□［索］法惠等二人，向縣訴桓德、［琮］□宅價錢，三月未得。今奉明府、付坊正［追］向縣。”73TAM211：1《唐永徽四年（653）張團兒墓誌》（侯、吴471）：“前授東宫府門子弟將，屬大唐□□，抽擢良能，授洛州懷音府隊正。役征遼□□驍騎衛，天降慈恩，放還鄉［里］。仍授征事郎，西州交河縣尉。”

（六）注重歷史文獻的内在聯繫和外部聯繫

歷史文獻往往具有内部的系統性和關聯性，需要我們登高望遠，視作一盤棋，而不能僅僅當成殘篇碎簡，一盤散沙，甚至任意割裂開來，衹見樹木，不見森林，不要僅僅做“蛙跳式”整理，而要步步爲營，相互連結，做“地毯式”研究。朱雷先生就有這樣的格局。先生在爲拙著《吐魯番文獻合集》所作《總序》中語重心長地指出：“真正想要研究學術者，必通讀諸類，方能發現有用的材料，其研究才能超越凡識。所以，我們在此倡導，可將《吐魯番文獻合集》所收各類文體的文獻貫通閲讀和研究，從整體的角度把握吐魯番文獻。”①

朱先生的這一番話，也是對他的老師唐長孺先生學風的繼承。朱先生在《唐長孺師與吐魯番文書》裹説：“字難辨識，殘片難拼合，這都是常人難以想像的。而進入‘定名’‘斷代’階段，更是艱辛。因爲判斷文書整理成功與否的標誌，主要是根據釋文拼合之準確，‘定名’之遵合古制，‘斷代’之清晰等諸方因素。其中，文書之準確‘定名’和‘斷代’所要求的學術水準是很高的，難度因而也是極大的，故作爲文書整理的領導者，尤須在歷史及古文獻、書法諸方面具有淵博精深之學識，方能對這批從十六國到唐代開元、天寶年間的官、私文書，以及古書、佛、道經典做出準確的定名，面對大量並無紀年之殘片，既要考慮紙質，又要考慮書法之時代風格變化，除了這些‘外證’，還

① 朱先生所作《序》載王啓濤《吐魯番文獻合集·儒家經典卷》，成都：巴蜀書社，2017年，第3—4頁。

特别需要從文書本身尋求‘内證’，從而作出適當的判斷（準確或比較接近的‘斷代’）。”[①] 而朱先生所言唐長孺先生“從文書本身尋求‘内證’”，正是要把吐魯番出土文獻視作一個整體加以整理與研究。

朱先生注重歷史文獻的内在聯繫和外部聯繫，我們至少可以從三個方面進行理解。

首先，歷史文獻可以從體裁的角度進行分類，屬於同一體裁的文獻，往往具有緊密的聯繫。二十年前，我們曾經在語言文字學界提出建議：從體裁角度研究語言文字。我們認爲，完整的漢語史研究，應該在專人語言研究、專書語言研究和斷代語言研究、方言研究的基礎上，加强對體裁語言的研究。因爲屬於同一體裁的文獻，往往具有相同的語言特徵，形成一個語言聚合，而傳世文獻和出土文獻基本上都屬於不同的體裁範圍。所以，通過體裁語言的研究，可以彌補專人語言、專書語言和斷代語言研究的不足，克服對語言現象認識的單一、片面的弊端，從更高的層面和更大的格局來俯瞰語言文字全貌。比如在體裁語言中，法律語言就具有代表性[②]，我們在主持國家社科基金重大項目《吐魯番文獻合集·校注·語言文字研究與語料庫建設》時，就從體裁的角度，將吐魯番文獻分爲 20 卷[③]。這一分類得到朱雷先生的肯定，先生欣然爲《吐魯番文獻合集》撰寫《總序》。事實上，先生本人的大腦裏早就有“體裁”理念，衹要我們打開《朱雷敦煌吐魯番文書論叢》一書，就會發現有多篇論文是從體裁角度進行研究的，如《吐魯番出土北凉貲簿考釋》《敦煌藏經洞所出兩種麴氏高昌人寫經題記跋》《龍門石窟高昌張安題記與唐太宗對麴朝大族之政策》《唐代“手實”制度雜識》《唐代點籍樣制度初探》《唐代鄉帳與計帳制度初探》《跋敦煌所出唐景雲二年張君義勳告》《吐魯番出土天寶年間馬料文卷中所見封

---

① 《朱雷敦煌吐魯番文書論叢》，第 462—463 頁。

② 參見拙著《中古及近代法制文書語言研究——以敦煌文書爲中心》，成都：巴蜀書社，2003 年，第 2 頁。

③ 包括《儒家經典卷》《契約卷》《法典卷》《訴訟卷》《官文書卷》《官文書卷》《書信卷》《軍事卷》《經濟卷》《語言文字卷》《醫藥卷》《科技卷》《商貿卷》《民族交流卷》《喪葬卷》《史部卷》《子部卷》《集部卷》《佛經卷》《道經卷》。

常清之磧西北庭行》《敦煌藏經洞發現之民間講唱文藝作品的歷史考察——二十一世紀的展望》等。

其次，不同題材、不同體裁、不同篇章的歷史文獻之間，往往在時間、地點、人物、事件方面盤根錯節，相互交集，因此需要合觀。朱先生非常重視這一點，在他的論著中，衹要可能，他總是將涉及某類事件的所有吐魯番文獻一網打盡，竭澤而漁，作窮盡貫通式研究。朱先生在生前曾經多次叮囑筆者，對於吐魯番出土文書中“史玄政”的研究，就應該把涉及此人的文書進行全部檢索，一件不落，這些文書至少有以下 10 件：64TAM35：33《唐麟德元年（664）西州高昌縣里正史玄政納當年官貸小子抄》（3－485）、64TAM35：30《唐咸亨五年（674）張君君領當隊器仗、甲弩、弓、陌刀等抄》（3－486）、64TAM35：20《唐垂拱三年（687）西州高昌縣楊大智租田契》（3－493）、64TAM35：29（b）《武周載初元年（689）史玄政牒稿爲請處分替納逋懸事》（3－497）、64TAM35：28《武周如意元年（692）里正李黑收領史玄政長行馬價抄》（3－517）、64TAM35：40（a）《武周聖歷元年（698）前官史玄政牒爲四角官萄已役未役人夫及車牛事》（3－521）、64TAM35：15《武周長安三年（703）曹保保舉錢契》（3－524）、73TAM501：109/4《武周（？）西州高昌縣石宕渠某堰堰頭牒爲申報當堰見種苗畝數即田主佃人姓名事》（3－393）、67TAM376：03（a）《唐西州高昌縣諸鄉里正上直暨不到人名籍》（3－291）、64TAM35：32《唐史玄政等納錢代車牛役帳》（3－548）。如果我們把與史玄政有關的人物、事件、時間、地點再進行串聯，就可以像滾雪球一樣把原似不相干的内容連結起來，對當時的歷史全景有一個整體把握，形成更加高清完整的歷史脉動圖譜。

朱先生始終將吐魯番文書視爲一個整體，從時空聚合將它們貫通研究。《補編》收録 73TAM206：24/11－11 文書，朱雷先生將其定名爲《唐貞觀廿三年（649）榆樹辯辭爲婢死事》，録文爲：“（前缺）［　　］去五月内身［　　］（中缺）被問依實謹辯。□□狀如前，謹牒。（中缺）［　　］廿三年十月（中缺）［　　］□榆樹年卅六。保人前庭［　　］年卌五，保人承禮鄉人王勝達□□□保人［承］［禮］［鄉］［人］□中通年廿□□□ □□□行通年廿八□□□緒年卌八。(後缺)"一是確定文書年代爲唐貞觀廿三年（649），二是確定文書名稱爲"辯辭"，從而確定其性質，三是確定文書背景爲"婢死事"。朱先生指出："據本墓永昌元年墓誌，推知此前唯唐太宗貞觀行用二十三年。是年五月卒，子李治立，逾年改元。然避父諱，故本件二行之'牒'字寫作'㮘'。"此件文書也是當年已經刊布阿斯塔那二〇六號墓出土《武周永昌元年（689）麴氏墓誌》及十五件文書之漏出多份殘片之一，雖然有墓號，但是没有文書編號，朱先生據人名、内容、筆迹，並及法律文書格式，判定爲當年刊布同墓所出《唐勘問婢死虚實對案録狀》缺失部分。朱先生還對之進行編號，同時指出："姑置附於昔刊件後。唯昔年刊布件釋文、斷代有誤，分段及定名欠妥。"請比較73TAM206：42/11—1《唐勘問婢死虚實對案録狀（一）》（2—304）："□□□前件婢死虚實。"73TAM206：42/11—2《唐勘問婢死虚實對案録狀（二）》（2—304）："榆樹等辨：被問得□□□"[①] 73TAM206：42/11—3《唐勘問婢死虚實對案録狀（三）》（2—304）："□□□鑒（?）㮘（?）□□□ □□□［㮘］［如］上件婢去五月内。"73TAM206：42/11—4《唐勘問婢死虚實對案録狀（四）》（2—304）："□□□十三日。"73TAM206：42/11—5《唐勘問婢死虚實對案録狀（五）》（2—304）："□□□事中間忽闕自有□□□ 73TAM206：42/11—6《唐勘問婢死虚實對案録狀（六）》（2—304）："右件六" 73TAM206：42/11—7《唐勘問婢死虚實對案録狀（七）、（九）、（一〇）》（2—305）："責保問□□□" 73TAM206：42/11—8《唐勘問婢死虚實對案録狀（八）》（2—305）："張久□□□辨：被問所［告］□□□" 73TAM206：42/11—9《唐勘問婢死虚實對案録狀（九）》（2—305）："□□□婢歡□□□婢歡足［年］□□□" 73TAM206：42/11—10《唐勘問婢死虚實對案録狀（一〇）》（2—305）："□□□伍［拾］□□□ □□□柒拾□□□"

再次，不同時代的歷史文獻也可根據某種性質形成一個聚合，形成一個語

---

① "榆"，原録作"撿"，據朱雷訂正。

義場（semantic field），完全可以貫通研究，比如不同時代的出土文獻就是如此。朱雷先生在《吐魯番出土北凉貲簿考釋》第一段就指出："居延出土漢簡中，已見漢代算貲簡。古樓蘭故地所出殘書信中，亦可見到西晉時期計貲制度的某些情況。吐魯番出土十六國時期北凉貲簿殘片的發現，爲我們研究這一制度的演變以及北凉税制提供了寶貴的資料，同時爲貲簿某些細節的進一步考釋提供了若干新情況。"[①]

正是在跟隨朱先生學習和整理研究出土文獻的過程中，我們深感秦漢簡牘對敦煌吐魯番文獻研究的重要性，尤其是一些體裁如書信、契券、訟辭等，要研究它們的發展史，僅靠傳世文獻不够，還要在秦漢簡牘、吐魯番文獻、敦煌文獻裏去尋找它們的發展脉絡，所以，在新的時代，我們很需要將秦漢簡牘、吐魯番文獻、敦煌文獻三者徹底打通，而廣義的吐魯番文獻、敦煌文獻，本來就有簡牘文獻[②]，這也算是對朱雷先生學術研究風格的響應和繼承吧。

以上是我們對朱雷先生在歷史文獻學上的整理與研究成就的初步總結。我與朱先生忘年之交十餘年，讓我印象深刻的，還有以下兩點：

朱先生給我們留下的第一個印象是善良。朱先生對我們後輩的請求，總是有求必應。我每次到武漢大學查找資料，他必然提前一天與石墨林老師聯繫好，然後陪同我去資料室，中午陪我到餐廳，招待我吃飯。我每一次從成都打電話到武漢請教學術問題，他總是誨人不倦，直到説清楚、説透徹爲止。2011年，我撰寫《吐魯番出土文獻詞典》，出版前，請求朱先生爲我的拙著寫《序》，並請先生審改這部300萬字的書稿，先生囑我背上全部紙質件，來到武漢大學珞珈山培訓公寓安營扎寨，一起面對面修改。武漢的夏天，驕陽似火，朱先生的住所又没有電梯，他每天就帶着一頂草帽，早早地從老式教師公寓高高的四樓走下來，走下陡峭的樓梯，走很遠的路，然後步行登上培訓樓三樓，

---

① 《朱雷敦煌吐魯番文書論叢》第1頁。

② 參見拙文《秦漢簡牘對敦煌吐魯番文獻研究的重要性》，《中國社會科學網》"中國歷史"欄目2021年9月29日。

我能够給他準備的就衹有一包香煙，一杯濃茶。先生對《吐魯番出土文獻詞典》逐條審改，疲倦了，他就使勁地抽煙，使勁地喝茶，然後又接着看稿，連在室内挪動一步都舍不得，生怕耽擱時間。每天就這樣起早貪黑，直到燈火闌珊才回家。該書出版後，先生又在《光明日報》2014 年 5 月 8 日發表書評《求其真義·集其大成——王啓濤〈吐魯番出土文獻詞典〉評介》，2018 年 11 月 4 日，我主持的國家社科基金重大項目“吐魯番文獻合集·校注·語言文字研究·語料庫建設”開題報告會暨“走向未來的吐魯番學”國際高峰論壇在成都舉行，先生莅會並發表熱情洋溢的講話。先生還爲拙著《吐魯番文獻合集》撰寫了《總序》，在北京舉行的《吐魯番文獻合集·儒家經典卷》首發儀式上，先生在師母的攙扶下到現場爲我們助陣；在成都舉行的《吐魯番文獻合集·契約卷》首發儀式和《吐魯番學大辭典》啓動儀式上，先生冒着凛冽的寒風，從武漢來到現場祝賀並做精心指導。可以説，先生爲了後輩的成長，真是關懷到家了。

朱先生給我們的第二個印象是和氣。他從來不臧否人物。我與朱雷先生接觸十餘年來，很少聽到他對當代人的評價。如果有評價，都是好的評價。即使是好的評價，也都是如實的、客觀的、理性的評價。在他的論著裏，在他的講話裏，在他爲别人寫的序跋裏，都可以發現他的陳述衹對事，不對人。這其實也是唐長孺先生的風格，亦即是唐門的風格。程喜霖先生告訴我：在唐門，形成了一種風氣：如果不贊同别人的觀點，一般都不必指名道姓，衹需把自己的觀點陳述出來就行了。事實確是如此，衹要我們打開《唐長孺文集》八卷（中華書局 2011 年版），就會發現唐先生的行文，完全是擺事實、講道理；唐先生的文筆，不僅有大格局，而且有大胸懷。朱雷先生在這一點上是完全繼承了自己老師風格的。可以這樣説，唐門在中國現代學術史上之所以具有崇高的地位和威望，除了其博大精深的學術成就外，還與其心胸寬廣、極富包容、海納百川、廣結善緣的學術氣象密不可分。由此我由衷想到司馬遷在《史記》卷四七《孔子世家》裏描述孔門業績之後的總結陳詞：“詩有之：‘高山仰止，景行行止。’雖不能至，然心鄉往之。余讀孔氏書，想見其爲人。適魯，觀仲尼廟堂車服禮器，諸生以時習禮其家，余祇回留之不能去云。天下君王至於賢人衆矣，當時則榮，没則已焉。孔子布衣，傳十餘世，學者宗之。自天子王侯，中國言六藝者折中於夫子，可謂至聖矣!”我們對唐門，對唐長孺先生，對朱雷先生，是懷着史遷當年同樣的心情的。

如今，朱雷先生已經走了，我們再也不能和他在吐魯番徹夜長談，再也不能請他到天府之國來講學，再也不能到武漢去他的書齋訪學了。轉眼寒冬來了，先生書齋外珞珈山的樹木，恐怕早已由層林盡染變爲落葉歸根了。在這寂静的寒夜裏，先生距離我們漸行漸遠，我們除了無盡的懷念外，祇有沿着先生走過的路，繼續前行。